5,000년 만에 탄생한 고전점성술 이론 교과서

김건휘의
실전 점성학

이론편

김건휘의
실전 점성학

글쓴이 | 김건휘
펴낸이 | 유재영·유정융
펴낸곳 | 주식회사 동학사
기획·편집 | 유정융
디자인 | 임수미

1판 1쇄 | 2024년 6월 10일

출판등록 | 1987년 11월 27일 제10-149

주소 | 04083 서울 마포구 토정로 53(합정동)
전화 | 324-6130, 324-6131 / 팩스 | 324-6135
E-메일 | dhsbook@hanmail.net
홈페이지 | www.donghaksa.co.kr
www.green-home.co.kr

ISBN 978-89-7190-886-0 03180

김건휘의 실전 점성학

5,000년 만에 탄생한
고전점성술 이론 교과서

이론편

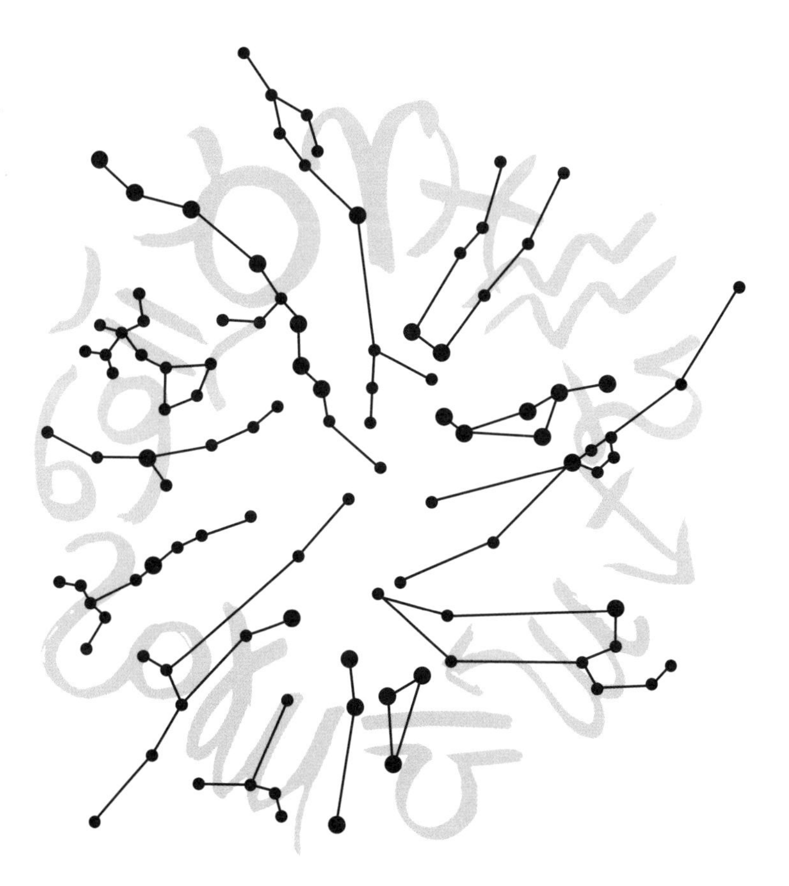

동학사

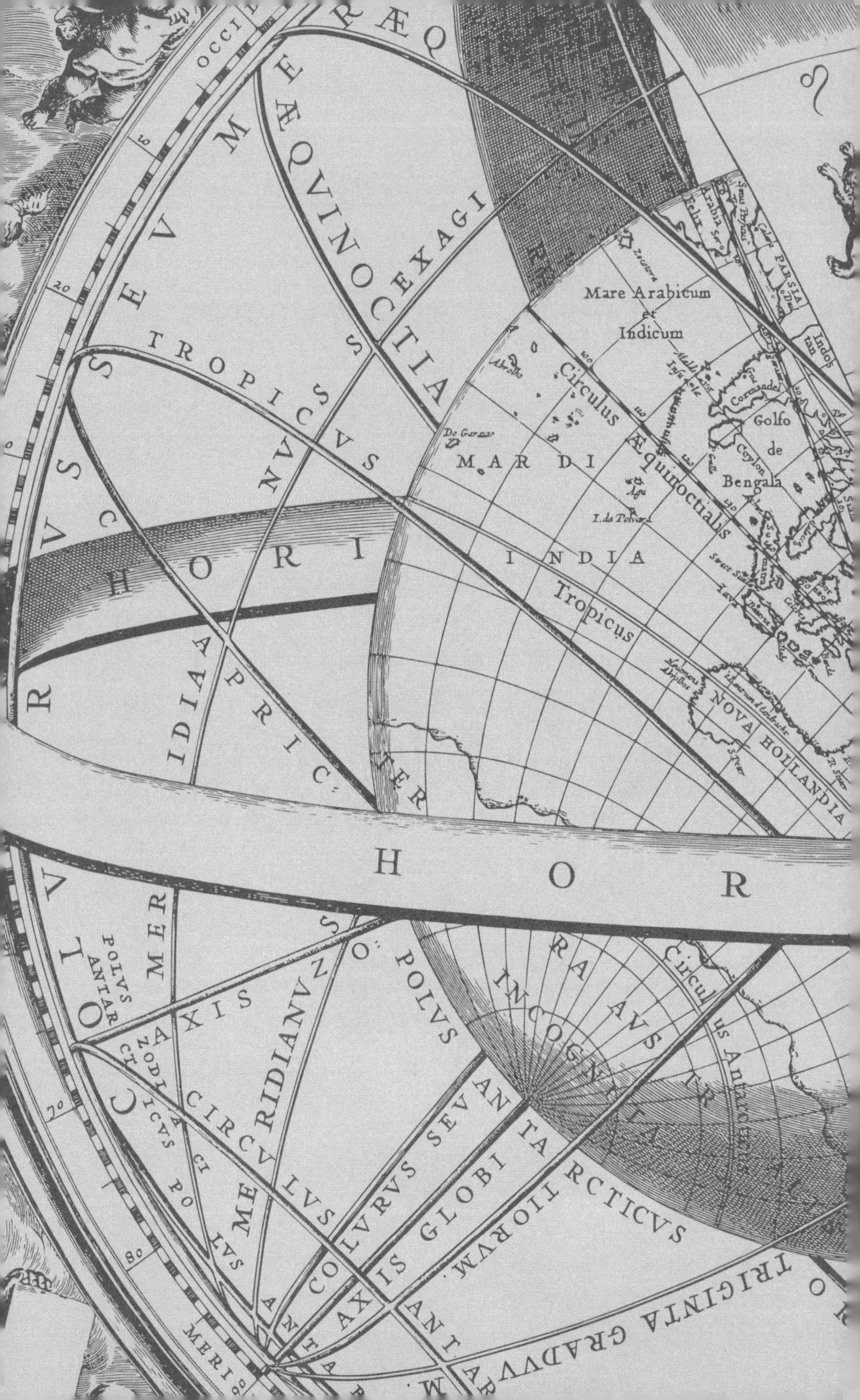

Mare Arabicum
et
Indicum
Circulus Æquinoctialis
MAR DI
INDIA
Tropicus
NOVA HOLLANDIA
Golfo
de
Bengala
Ceylon
PARSIA
Indos
tan
HOR

나아가기 전에

대부분의 고전점성술 책들은 역사와 함께한다.

헬레니즘점성술, 중세아랍점성술, 인도베딕점성술, 헬레니즘점성술의 부활 등을 나열하며, 고대점성가들의 연혁과 발자취를 따라가기 바쁘다. 물론 컴퓨터가 없던 시절에 하늘을 보며 손수 별자리와 행성의 배치를 계산하고, 그 구조를 그려가면서 운명을 예측했던 과학적 사고는 참으로 놀랍다.

하지만 우리의 목적은 실전임상을 포함한 고전점성술의 정확한 이론을 익히는 것이지, 강의와 상담에 전혀 활용되지 않는 역사를 배우려는 것이 아니다. 이것은 수학을 잘하기 위해 피타고라스의 생애와 업적을 달달 외우는 것과 같다.

고전점성술을 제대로 배우려면 실전과 임상을 통해 익혀야 하며, 고서의 문헌에 갇힌 사고에서 벗어나야만 한다. 그렇지 않으면, 아무리 책을 많이 읽고 강의를 열심히 들어도 실전에서 출생차트 하나 간명하지 못한다.

나는 십수 년간 점성술을 연구하면서, 약 3,000명 이상의 일반인 차트를 간명하며 상담하고 강의한 모든 이론을 담았다. 누구라도 차근차근 밟아간다면 실전에 활용할 수 있을 것이다.

점성술을 배우는 이유

ASTROLOGY. 점성술은 '별의 말씀' 혹은 '우주의 말씀'이다.

인간이 태어나면서 첫 호흡을 내뱉으며 울음을 터뜨리는 순간, 그 탄생의 시기에 우주는 우리의 모든 것을 하늘에 기록하여 결정짓고, 대신 자유의지를 주었다.

고전점성술을 배우는 이유는 누구나 동일하다. 바로 '행복하게 살기 위해서'다. 행복의 조건은 사람마다 다르지만, 점성술이 안내하는 길은 크게 다르지 않다.

대부분의 운명학이 그러하듯 고전점성술도 결정론이다. 이것은 우리의 탄생과 함께 우리가 어떤 삶으로 살아가는지 결정되어 우주에 새겨져 있다는 논리에서 출발한다. 그리고 그 결정의 법칙을 기원전 2,800년부터 하나하나 파헤치고 연구하여 통계를 낸 학문이다. 운명이 결정되어 있다는 것은 어찌 보면 잔인한 것이지만, 우리는 자유의지를 통해 '행복한 삶의 길'을 모색할 수 있다.

결정론의 범위에 대해서는 많은 운명학자들과 점성가들의 의견이 나뉜다. 일어날 사건들만 결정되어 있다는 입장이 있는가 하면, 인생의 대부분이 결정되어 있다고 말하는 부류도 있으며, 당신이 매일 선택하는 것, 즉 자유의지조차 결정되어 있다고 외치는 이들도 있다. 무엇이 옳고 무엇이 그른지는 누구도 모른다. 그리고 우리가 태양계의 모든 이치를 깨닫고 운명과 결정론의 범위를 결론짓는다는 것은 어쩌면 교만일 수도 있다.

다만 자신에 대한 믿음과, 인생을 행복하게 만들고자 하는 마음을 담아 점성술을 공부한다면, 지금보다 나은 인생을 살아갈 것이다.

그러기 위해서 천궁도라는 나의 인생그래프를 확인해야 한다. 그것을 읽어나가기 위한 지식을 지금부터 하나씩 배워보자.

점성술의 분류 1

점성술 Astrology (Astro + Logos)	고전점성술
	현대심리점성학

점성술은 크게 고전점성술과 현대심리점성학으로 구분한다.

첫째, 우리가 학습할 헬레니즘점성술과 인도에서 주로 하는 베딕점성술 등은 모두 고전점성술로서, 인간과 국가, 나아가 세계의 운명까지 예측하는 술(術)의 학문이다.

둘째, 현대심리점성학은 현대에 이르러 결정론이 주는 회의감과 힐링에 대한 갈망, 심리학의 유행 등으로 인해 더 이상 운명을 예측하고 단정짓기보다 내면의 세계를 탐구하자는 흐름 속에서 탄생한 학문이다.

나는 현대심리점성학을 시작으로 고전점성술에 정착했다. 내게 상담을 받으러 온 사람들은 결정론을 믿고 앞날을 예측해주기를 바라기 때문에, 미래예측에 최적화된 고전점성술을 깊이 있게 연구했다. 그러나 모든 운명학의 근간에는 심리학이 있다는 것을 깨달은 후, 현대심리점성학에서 중시하는 내면세계도 함께 연구하고 있다. 물론 이에 앞서 고전점성술에 대한 공부가 기본이 되어야 한다.

점성술의 분류 2

<table>
<tr><td rowspan="4">고전헬레니즘점성술</td><td>출생점성술</td></tr>
<tr><td>호라리점성술(단시)</td></tr>
<tr><td>먼데인점성술(국가운)</td></tr>
<tr><td>택일점성술</td></tr>
</table>

고전점성술은 주제에 따라 크게 네 가지로 분류한다.

이 책의 주인공인 ***출생점성술***은 사람이 탄생하는 순간 우주의 배치를 보고, 예정되어 있는 평생의 이야기와 운의 흐름을 예측하는 분야다.

'첫 울음을 터뜨린 순간'의 시간으로 차트를 작성하며, 정확한 양력 생년월일시분, 성별과 출생지까지 기입한 후에 나타난 천궁도를 읽어나간다.

출생점성술은 한 사람의 성향, 받은 양육, 육신과 감정의 건강, 재능, 직업, 풍요, 성공여부, 연애와 결혼, 배우자, 배우자의 자산, 자녀, 경제활동, 부모, 가문의 자산, 유산, 부동산, 인간관계, 후원자, 학업 등의 모든 운과 이사, 이직, 합격, 취업, 승진, 소송의 성패, 질병, 결혼식 등의 시기를 전부 예측하는 학문이다.

호라리점성술은 단시점성술이라고도 한다. 한 사람의 출생프로필은 필요하지 않고 '질문을 받은 시간'의 차트를 작성한다. "어제 헤어진 남자친구와 앞으로 어떻게 될까요?"와 같은 질문이다.

이는 '질문에도 탄생이 있다'는 재밌는 논리다. 주로 점성가가 내담자의 질문을 듣고 이해한 시간을 기입하고, 점성가가 위치한 지역과 질문을 받은 년월일을 넣는다. 출생점성술과 이론이 다르기 때문에 둘은 반드시 분리해서 봐야 한다.

먼데인점성술은 국운을 볼 때 활용하는 국가점성술이다. 국가도 만들어진 순간이 있기에 국가가 성립한 연월일시분을 국가의 탄생이라 가정하여 미래를 예측한다. 출생점성술과는 달리 일곱 행성 뿐 아니라 천왕성, 해왕성, 명왕성 혹은 항성(Fixed Star)이 사용되기도 한다.

택일점성술은 일렉션이라고도 하며, 말 그대로 어떠한 사건에 대해 택일시를 잡아주는 기법이다. 예를 들어, "사업을 언제 오픈하여 리본을 끊을까요?", "결혼식을 올리려는데 언제 시작하는 것이 좋을까요?", "이사를 가려하는데 밥솥을 언제 들여 놓을까요?", "제왕절개를 하려는데, 울음 터뜨리는 시간을 잡아주세요."와 같은 것들이 택일점성술의 질문을 이룬다.

그러나 이것들은 '쇼'일 뿐이지 아무 의미가 없다.

사업의 성패는 당신의 출생차트에 예고되어 있으며 결혼운 또한 당신의 출생차트대로 흘러가는 것이지, 택일시를 잘 잡는다 하여 운이 개선되지 않는다. 좋은 출생차트는 좋은 때에 사업을 시작하며, 흉한 출생차트는 흉한 때에 사업을 시작하기 마련이다.

요즘 일부 점성가들은 잘못된 신념이나 점성술에 대한 맹신, 혹은 자기 지식에 대한 교만, 아니면 돈벌이 수단으로 택일점성술을 유료로 해주기도 한다.

행성 법칙	행성의 속성은 변하지 않는다. 길성은 영원히 우리에게 편안함을 주며, 흉성은 영원히 우리에게 고된 삶을 준다. 흉해진 길성 혹은 길해진 흉성이라도 예외는 없다. 흉해진 길성은 우리의 인생을 타락시키더라도 여유로운 삶과 쾌락을 준다. 길해진 흉성은 풍요를 획득하더라도 그 과정에서 고난과 역경을 준다.
출생차트 법칙	출생차트 위에 가정과 결혼이 있고, 가정과 결혼 위에 국가와 세계, 그 위에 자연이 있다. 같은 출생차트라도 부모의 양육방식에 따라 인생의 길이 달라질 수 있으며, 결혼과 배우자에 따라서도 삶이 달라지곤 한다. 또한 같은 부류의 부모에게서 자란 같은 출생차트라도, 태어난 국가에 따라 삶이 달라진다. 무엇보다, 세계 재앙, 세계 경제문제, 세계 질병문제, 자연법칙에 의해 출생차트가 무용지물이 될 수도 있다. 다시 말해, 모든 것은 자연의 지배를 받고, 인간은 국가와 부모, 배우자의 구속 아래 있기 때문에 영향을 받을 수 밖에 없다.
생시보정 법칙	생시보정을 할 때, 어머니의 기억은 신빙성이 떨어진다. 수많은 생시보정 임상이 증명한다. 어머니의 기억과 다른 가족의 기억에 차이가 있다면, 다른 가족의 기억을 신뢰하라. 물론 예외는 있다.

차트리딩 법칙	차트를 믿어라. 내담자는 자신의 성향과 인생을 잘 알지 못한다. 자기 자신을 객관적으로 판단할 수 있는 이는 드물다. 인간은 자기합리화 속에서 페르조나를 유지하며 살아가는데, 만약 차트와 전혀 다른 성향을 보인다면 가면을 쓰고 있는 것이다. 하지만 그런 확신을 위해서는 고전점성술 외에도 심리학, 인문학 등을 지속적으로 연구해야 한다.
흉사대체 법칙	대다수의 흉사를 대체할 수 있는 것은 '돈'이다. 과한 지출이나 손실을 통해 건강을 지키며 목숨을 구하고, 사건사고를 막기도 한다. 큰 병에 걸린 이가 유산을 자식에게 전부 증여했을 때, 병이 치유되는 효과도 이와 같은 현상이다.
운 법칙	1. 운의 작용은 공평하지 않다. 길한 운은 저절로 작용되지 않고, 흉한 운은 저절로 작용되기 때문이다. 모든 길한 운은 적극적인 노력으로 얻어내야만 하며, 모든 흉한 운은 가만히 있어도 오기 때문에 대체법을 강구해야 한다. 2. 운은 사람을 차별한다. 좋은 출생차트를 가진 이에게 길한 운은 쉽게 작용되며, 흉한 운은 비켜간다. 하지만 안좋은 출생차트를 가진 이에게 길한 운은 비켜가며, 흉한 운은 쉽게 작용된다.

<차례>

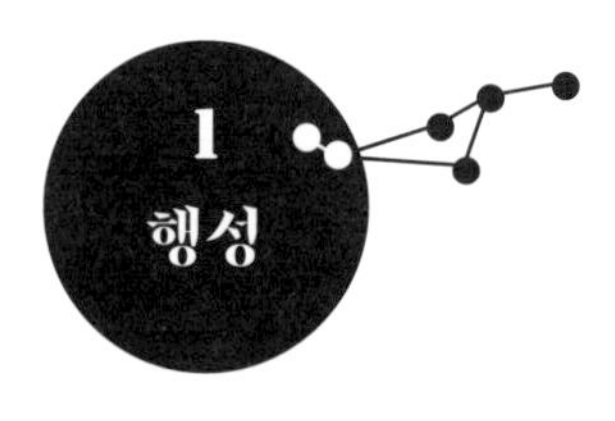

2
별자리

3
하우스

5 행성의 품위

6
실전
중요이론

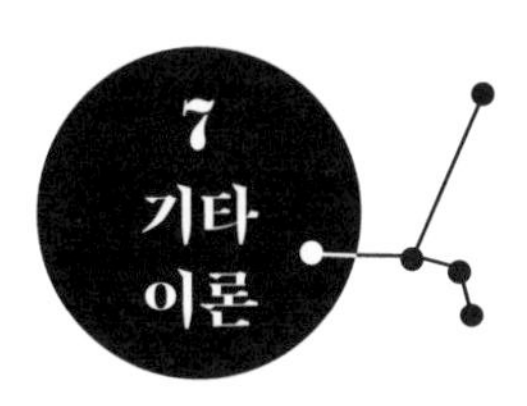
7
기타
이론

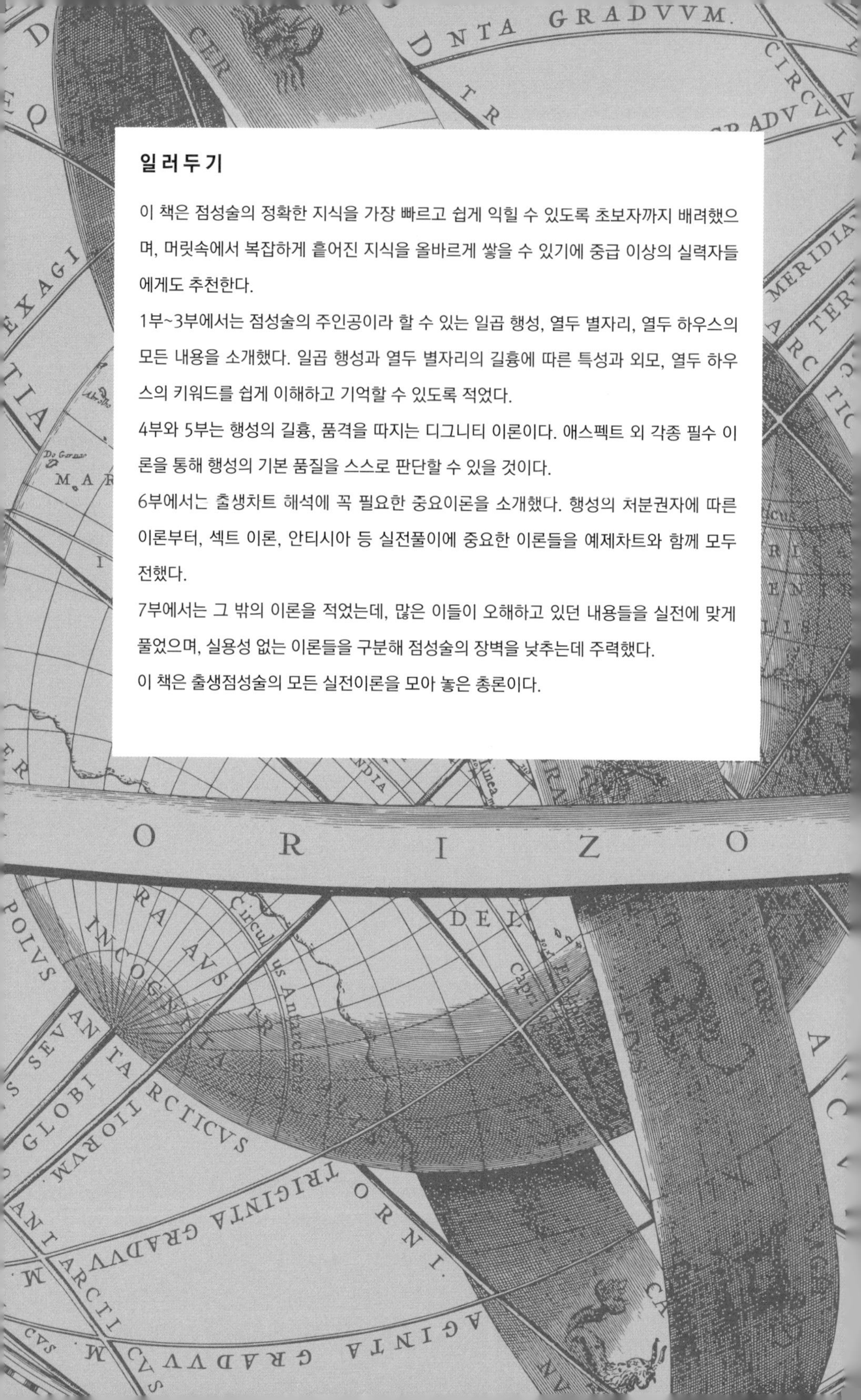

일러두기

이 책은 점성술의 정확한 지식을 가장 빠르고 쉽게 익힐 수 있도록 초보자까지 배려했으며, 머릿속에서 복잡하게 흩어진 지식을 올바르게 쌓을 수 있기에 중급 이상의 실력자들에게도 추천한다.

1부~3부에서는 점성술의 주인공이라 할 수 있는 일곱 행성, 열두 별자리, 열두 하우스의 모든 내용을 소개했다. 일곱 행성과 열두 별자리의 길흉에 따른 특성과 외모, 열두 하우스의 키워드를 쉽게 이해하고 기억할 수 있도록 적었다.

4부와 5부는 행성의 길흉, 품격을 따지는 디그니티 이론이다. 애스펙트 외 각종 필수 이론을 통해 행성의 기본 품질을 스스로 판단할 수 있을 것이다.

6부에서는 출생차트 해석에 꼭 필요한 중요이론을 소개했다. 행성의 처분권자에 따른 이론부터, 섹트 이론, 안티시아 등 실전풀이에 중요한 이론들을 예제차트와 함께 모두 전했다.

7부에서는 그 밖의 이론을 적었는데, 많은 이들이 오해하고 있던 내용들을 실전에 맞게 풀었으며, 실용성 없는 이론들을 구분해 점성술의 장벽을 낮추는데 주력했다.

이 책은 출생점성술의 모든 실전이론을 모아 놓은 총론이다.

1
행성

1. 4원소

동양철학에는 목, 화, 토, 금, 수 다섯 개의 원소가 있지만, 서양철학에는 ***물, 공기, 불, 흙*** 네 개의 원소가 있다. 이것은 고대의학의 4체액설에서도 발견할 수 있으며, 타로와 점성학에서도 같은 기본원리로 사용한다.

4원소의 개념은 참으로 단순하게 만들어졌다 볼 수 있는데, 두 가지로 구분하며, 그것을 또 반으로 쪼갠 것이다.

즉 '차가움과 뜨거움'으로 온도에 따라 구분하고, 그것들을 '습함과 건조함'으로 수분의 유무에 따라 다시 나눴다.

차가움 음의 기운, 소극적, 내향	**뜨거움** 양의 기운, 적극적, 외향

습함 관계성○, 공감○, 이상주의	**건조함** 관계성×, 공감×, 현실주의

이렇게 서로 다른 4가지의 속성을 조합한 것이 4개의 원소가 된 것이며, '차갑고 습함, 뜨겁고 습함, 뜨겁고 건조함, 차갑고 건조함'으로 엮어서 구분한다.

차갑고 습한 것은 **물**, 뜨겁고 습한 것은 ***공기***, 뜨겁고 건조한 것은 **불**, 차갑고 건조한 것은 **흙**이다.

물

물은 차갑고 습한 성질이다. 차갑다는 것은 음양 중에 음의 상징이며, 이것은 여성성, 소극적인 기운, 즉 내향성을 의미한다.

한편, 습하다는 것은 물기가 많다는 의미다. 운명학에서 물기는 마음을 상징하며 감정형 인간을 만든다.

깊은 감정으로 타인과 공감을 잘 하고, 인간애가 있어 관계를 중시하는 습성이다. 즉 자본주의의 메마른 세상에서 내면의 풍요와 이상을 추구하는 것이 습한 기운이다.

물은 습하지만 차갑기 때문에 이상을 감춘다. 그러다보니 생각이 많아지고, 현실도피로 이어진다. 따라서 동기부여가 어렵고, 심하면 일하지 않는 인생이 된다.

공기

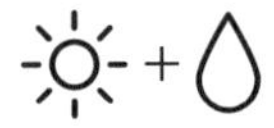

차갑고 습한 물에 열을 가해 발생한 수증기는 점성술 원소에서 공기를 의미한다. 습한 기운은 유지된 채로 온도만 뜨거워졌다.

뜨거움은 음양 중에서 양을 의미하며, 양이라는 것은 일반적으로 남성성, 적극적인 기운, 즉 외향성을 의미한다.

외향적 특성에, 공감능력과 인류애를 갖고 이상을 추구하는 습한 기운이 추가되니, 사람들과 교류하고 대화를 나눈다.

그런 적극적인 관계 속에서 배우는 것이 생기며, 역으로 가르침을 전하기도 한다. 또한 자신의 이상을 사람들에게 표출하는 과정에서 뛰어난 아이디어가 생기고, 그것을 전파함으로써 모두에게 더 나은 삶을 제공한다.

물과 공기가 식물, 동물, 인간의 생명을 유지시키는 원소인 것처럼, 이 원소들에 해당하는 행성들(달, 금성, 목성)은 인간에게 감정과 지식을 전하며 아름다운 세상을 만들어간다.

불

뜨거운 것은 앞에서 말한 것처럼, 남성성, 적극성, 외향성이며 자신을 드러내고 표출한다.

건조한 것은 습한 것과 반대 개념으로, 마음이 메마른 속성이다. 타인의 감정에 신경쓰지 않고 인류애가 없으며, 관계가 중요하지도 않다. 그래서 이상보다 현실을 추구하며, 개인의 이득을 누리며 살아가는 특성을 보인다.

뜨겁고 건조한 불은 현실적인 자신의 목표를 거침없이 추진하며, 뛰어난 의지와 열정으로 좋은 활동성을 보여준다.

하지만 공감능력의 부재로 소통에서 아쉬운 면을 드러낸다. 나아가 상대방 입장을 생각하지 않는 말과 행동으로 인해, 무모하거나 공격적으로 보인다.

흙

동양철학과는 다르게 서양철학의 흙은 차가운 속성이며, 질퍽거리지 않아 습기와는 무관하다. 즉 차가운데 건조하여 마치 메마르고 푸석푸석한 느낌이다. 차가운 것은 음의 기질이며, 여성성, 소극성, 내향성, 표출하지 않는 성향이다. 하지만 이러한 성질에 건조함이 추가되어 공감능력과 인류애를 버리고 관계를 내려 놓은 채 현실 속에서 이득을 취한다.

나대지 않고 성실하게 일하며, 고질적인 소극성을 자본주의 사회에서는 신중함과 계획적인 면으로 이롭게 발휘한다. 굳이 타인과 소통할 필요 없이 현실을 추구하다보니, 실속은 있지만 인생은 고독해지며, 비관적이거나 냉소적인 가치관으로 살아간다.

원소	성향	특징
물 차갑고 습	이상 + 내향	생각이 많음, 동기부여하기 어려움, 감정적, 이상적, 게으름, 의존적, 현실도피
공기 뜨겁고 습	이상 + 외향	인도주의적, 이상적, 아이디어, 지적 호기심, 가르침을 즐김, 상호 교류
불 뜨겁고 건조	현실 + 외향	공격적, 무모함, 충동적(성급함), 열정적, 강한 의지, 목표지향적, 활동적(추진력), 소통 부재
흙 차갑고 건조	현실 + 내향	근면함, 계획적, 냉철함, 계산적, 현실적, 안정적, 메마른 감정, 냉소적

같은 속성의 행성들은 비슷한 기질이 있다.

일곱 행성을 논하다보면 완전히 다른 것 같으면서도, 같은 원소를 두고 특성을 비교하다보면 분위기가 비슷하다는 것을 느낄 수 있다. 앞으로 자세하게 논할 일곱 행성의 특성을 원소 이론과 함께 잘 습득하면, 행성들의 집이라 할 수 있는 열두 별자리의 성향을 이해하는데 상당히 도움이 될 것이다.

물의 행성	공기의 행성	불의 행성	흙의 행성
달, 금성	목성	태양, 화성	토성, 수성

또한, 열두 별자리도 모두 4원소를 순차적으로 부여받으니, 행성의 특성과 별자리의 성향을 원소로 비교분석하여 이해해보는 것도 깊이 있는 공부를 할 수 있는 좋은 방법이다.

별자리의 원소는 보여주는 형태이며, 주인행성의 원소는 숨어 있는 내적 기질이다.

ex) 쌍둥이자리 - 공기 / 쌍둥이자리의 주인 수성 - 흙

비교분석 : 쌍둥이자리는 공기의 모습을 보여주며 세상을 살아가지만, 내적으로는 흙의 기질로 가득 차 있는 사인이다.

ex) 황소자리 - 흙 / 황소자리의 주인 금성 - 물

비교분석 : 황소자리는 흙의 모습을 보여주며 세상을 살아가지만, 내적으로는 물의 기질로 가득 차 있는 사인이다.

2. 고전점성술에서 활용되는 행성

수성, 금성, 지구, 화성, 목성, 토성, 천왕성, 해왕성, 명왕성[1]은 태양을 중심으로 공전하는 태양계의 행성들이다.

하지만 이것은 천문학적인 개념이고, 점성술적인 관점은 다르다.

고전점성술 – 출생점성술의 입장에서 인간에게 영향을 미치는 행성은 다음과 같다.

행성	내행성				외행성		
	☽ 달	☿ 수성	♀ 금성	⊙ 태양	♂ 화성	♃ 목성	♄ 토성
주기	27.3일	0.24년	0.62년	1년	1.88년	11.87년	29.46년

달은 지구의 위성이며, 태양은 행성이 아니다. 심지어 수성, 금성, 화성, 목성, 토성도 태양을 공전하는 것이지 지구를 공전하지 않는다. 그러나 점성술은 철저히 지구중심적인 세계관이며, 인간의 입장에서 바라보는 이기적인 시각의 학문이다. 지구의 지평선에 서 있는 인간의 입장에서 볼 때, 태양은 분명히 동쪽 지평선에서 떠오르며, 남쪽을 지나 서쪽 지평선으로 떨어진다. 즉 태양은 지구를 돌고 있는 것이다. 그 밖에 타 행성들도 태양의 길을 따라 지구를 중심으로 돌고 있는 것처럼 보인다.

또한 천왕성, 해왕성, 명왕성은 인간 입장에서 육안으로 관측되지 않는다. 망원경 없이 우리는 토성까지만 제대로 볼 수 있다. 우리 눈에 보

1) 국제천문연맹에 의해 이제는 왜소행성으로 강등 당했지만, 점성술에서 그런 논점은 중요하지 않다.

이지 않는 행성들은 출생점성술에서 행성으로 취급하지 않는다.

고전점성술에서 개개인에게 영향을 미치는 행성은 ***달, 수성, 금성, 태양, 화성, 목성, 토성***이다. 그리고 속도와 거리, 밝기와 색깔에 따라 길성과 흉성 그리고 중성으로 나뉘어 우리 인생에 작용한다.

천왕성, 해왕성, 명왕성이 점성술에서 활용되는 범위는 한정적이다.
우선 고전점성술에서는 국운을 보는 국가점성술(먼데인)에서 활용되며, 대통령이나 총리와 같은 국가적인 인물의 취임이나 행적 등을 볼 때는 읽어도 좋다.
공전주기가 너무 느리기 때문에 서서히 진행되는 사건만 읽어야 하며, 시시각각 변화무쌍인 일반인의 출생차트에 천해명을 끼워 해석하는 것은 점성술의 남용이라 본다.

그 이유를 정리하자면,

1. 천해명은 공전주기가 너무 길어 특정기간에 태어난 수많은 이들이 똑같은 별자리 배치를 얻게 된다는 것.
2. 그로 인해 분으로 쪼개져 달라지는 출생차트와, 빠른 사건변화가 발생하는 솔라리턴 등에는 적용할 수 없다는 것.
3. 열두 별자리의 룰러쉽이나 엑절테이션, 데트리먼트나 폴 등 별자리 디그니티 테이블이 존재하지 않는다는 것.
4. 물병자리, 물고기자리, 전갈자리의 주인이 각각 천왕성, 해왕성, 명왕성이라는 것도 현대점성가들이 인위적으로 만들어낸 내용이라는 것.
5. 망원경이 발명되기 전에는 육안으로 관측되지 않아 고전자료가 전혀 없어 연구임상자료가 쌓이려면 수세기가 더 필요하다는 것 등이다.

현대심리점성학에서는 천해명을 활용한다. 애초에 예측학문으로서가 아니라, 힐링과 위로를 목적으로 만든 학문이기 때문에 사건의 발생가능성이 없는 행성들을 읽어준다 한들 무리는 아닐 것이다.

이제 일곱 행성의 의미와 특성에 대해 하나씩 살펴보겠다.

3. 달 : 감정과 육신, 양육과 초년, 엄마와 아내

☽ 달 Moon			
원소	물 (차갑고 습하다)	성별	여성
특성	Luminary (광체, 권위자), 모성과 감정의 상징		
신분	여왕, 엄마, 아내	섹트	밤의 행성
신	아르테미스, 셀레네	공전주기	약 27.3일
속성	중성(星) – 때로는 길하며 때로는 흉함		
키워드	역마, 변화, 육신, 감정, 생계, 양육, 유년기, 자연, 인기		
길함	감정적, 공감능력, 내향성, 부드러움, 다정함, 배려심, 친근함, 모성애, 인기, 홍보능력, 품위, 다양한 관심사, 적응력, 융통성, 작문능력		
흉함	변덕, 감정기복, 걱정근심, 불안, 의존성, 선택장애, 겁쟁이, 소심함, 나태함, 무계획, 불안정, 역마살, 과한 희생, 물질적 헌신, 잔소리		

Domicile	♋	Rulership	♋	Exaltation	♉

① 변화, 감정의 행성

달은 <삭 – 초승달 – 상현달 – 보름달(망) – 하현달 – 그믐달 – 삭>의 순으로 모양이 빠르게 변한다. 또한 보름달도 매우 큰 슈퍼문이 있는가 하면, 작은 달이 있듯 크기가 변한다. 게다가 같은 모양과 크기의 달이라도 하얀색, 노란색, 푸른색, 붉은색 등이 섞이며 우리의 눈에 보이는 색깔

마저 달라진다. 이렇듯 달은 타 여섯 행성과 달리 변화가 빠르게 일어나는 행성이기 때문에 점성술에서 '변화'의 상징이 되었다.

인간의 감정은 어제와 오늘이 다르다. 이렇게 변화무쌍한 감정은 마치 점성술에서 변화의 상징인 달과 같다.

더욱이 달이 바다의 밀물 썰물을 일으킨다는 것을 확인한 고대인들은, 달이 물로 가득 차 있을 거라는 믿음이 있었다. 그리고 운명학에서 '물은 감정'이라는 이론이 성립되면서, '달은 감정의 행성'이 되었다.

② 감정의 이면

달은 상당히 감정적인 행성이다. 자신의 내면을 너무나 소중히 여겨 상처받을 때 타 행성들보다 큰 충격을 느끼며, 그것을 잊지 않고 곱씹는다. 종종 감정기복이 심해지기도 하고 마음의 상처로 불안해 한다.

감정의 행성인 달은 타인의 감정에도 매우 민감하다. 타인과 공감하려 하고, 감정이 상하지 않도록 친절하게 대한다. 이런 배려의 모습에서 누가봐도 착한 성품이 느껴지며, 진심을 다해 챙겨주는 모습은 다정한 엄마와 같다.

하지만 지나친 희생이 감정 소모를 넘어 경제적 손실까지 가져오기 때문에 흔들리는 인생을 살아갈 수 있다.

③ 적응력과 융통성, 역마의 행성

감정이 크다는 것은 어쩌면 분산시켜도 모자라지 않다는 것이다. A라는 것에 마음을 쓰고, B라는 것에 마음을 쓰며, C라는 것에 마음을 써도 감정의 상징인 달은 힘들어하지 않는다.

달은 다양한 분야, 다양한 공부, 다양한 직업, 다양한 사람에 마음을 분산시키며, 모든 것에 감정을 쏟는다. 이것은 늘 새로운 것에 관심을 보이는 성향이며, 그러기 위해서 달은 적응력과 융통성을 습득한다.

그러나 다양한 관심사로 인해 한 곳에 집중할 수 없고, 늘 불안정한 상태가 유지된다. 옛말에 '역마'라는 단어에 굳이 죽일 살(殺)자를 붙여 흉을 이야기 한 이유가 여기 있다.

하나의 분야에 종사하는 것이 인생을 안정적으로 만드는 길이며, 빨리 성과를 올리는 길이다. 마찬가지로 연애도 한 명만 만나야 에너지를 낭비하지 않는다. 하지만 달은 여러 분야, 여러 사람, 여러 장소에 에너지를 분산한다. 타인이 보기에는 변덕스러움, 정착하지 못하는 삶이다.

④ 어머니의 행성, 의존성

달의 공전주기는 27.3일로 여성의 배란일과 흡사하며, 이 숫자에 소수점을 뺀 273은 여성의 잉태기간과 흡사하다. 이렇게 달의 숫자는 임신과 긴밀하기 때문에 어머니의 행성이 되었다. 어머니는 자식을 위해 자신을 희생하는 존재로서, 달이 착한 성품을 가진 이유이기도 하다.

그러나 어머니는 누군가의 양육자이기 전에 여성이며 음의 상징이기 때문에, 남성의 보호와 이끌림을 받는 존재다. 이러한 달의 특성은 현실에서 의존성으로 이어진다.

다른 방향으로 의존성을 이야기해 볼 수도 있다. 달은 태양과 함께 빛을 내는 존재로서, '루미너리'라는 타이틀을 갖고 있다. 하지만 달은 태양빛을 우리에게 반사하는 것이지, 실제로 자체의 빛은 없지 않은가? 즉 태양에게 의존하여 '루미너리'라는 타이틀을 얻어낸 것이다.

의존성은 물질적인 면과 감정적인 면으로 나눌 수 있다. 타인을 통해 풍요를 얻고 나태함으로 살아가는 면은 물질적인 의존이며, 타인의 마음과 의사에 휘둘려 자신의 계획 없이 살아가는 면은 감정적인 의존이다.

⑤ 여왕의 품위, 어머니의 훈계

달은 밤을 지키는 왕족으로서 여왕님의 행성이다. 왕족의 행성인 달은 자신의 직분에 맞게 특유의 고상한 멋과 품위를 보여준다. 하찮은 것, 혐오스러운 것, 품격이 떨어지는 것 등을 상당히 싫어하며, 기품 있는 자세와 마음으로 세상을 살아간다.

하지만 오만한 왕족의 품격이 표출되면 늘 대화의 마무리를 자기주장이나 가르침으로 끝내려 한다.

이것은 자신의 입장에서 자녀를 양육하고 훈계하며 잔소리하는 어머니의 또 다른 모습과 같다.

⑥ 출생차트에서 달의 상징

출생차트에서 달이 손상되면 육신의 건강, 마음의 건강에 이상이 생기며, 양육을 의미하는 만큼 유년기, 초년기에 문제를 겪을 수 있다. 또한 어머니의 운(실전에서는 부모 중 한쪽의 운)과, 아내의 운까지 영향을 미친다.

4. 태양 : 정신과 영혼, 생명의 근원, 아빠와 남편

<table>
<tr><td colspan="6">☉
태양
Sun</td></tr>
<tr><td>원소</td><td>불 (뜨겁고 건조하다)</td><td>성별</td><td colspan="3">남성</td></tr>
<tr><td>특성</td><td colspan="5">Luminary (광체, 권위자), 영혼을 담은 명예</td></tr>
<tr><td>신분</td><td>황제, 아버지, 남편
지도자</td><td>섹트</td><td colspan="3">낮의 행성</td></tr>
<tr><td>신</td><td>아폴론, 헬리오스</td><td>공전주기</td><td colspan="3">약 1년</td></tr>
<tr><td>속성</td><td colspan="5">중성(星) - 때로는 길하며 때로는 흉함</td></tr>
<tr><td>키워드</td><td colspan="5">루미너리, 자아, 명예, 공직, 리더, 영(靈)</td></tr>
<tr><td>길함</td><td colspan="5">명예 추구, 지도력, 성실함, 헌신적, 관대함, 높은 신뢰도, 모범적, 사람을 이끄는 힘(리더쉽), 높은 자아와 자존감, 품위를 갖춤, 외향성, 솔직함, 주목받는 외형, 화려함, 멋스러움, 영적세계 연구, 유행을 따르고 잘 활용</td></tr>
<tr><td>흉함</td><td colspan="5">겉치레, 오만, 건방짐, 사람을 괄시, 대접받기만을 원함, 과한 위세, 강한 자기주장, 이기적, 자신만의 세계관, 낭비벽, 과소비, 허세, 실속이 없음, 복수심, 우월주의, 교만한 능력으로 인한 나르시시즘</td></tr>
<tr><td>Domicile</td><td>♌</td><td>Rulership</td><td>♌</td><td>Exaltation</td><td>♈</td></tr>
</table>

① 황제의 행성, 명예

태양은 태양계의 중심이며, 모든 행성은 실제로 태양을 중심으로 돌고 있다. 스스로 빛을 내는 권위자이자, 빛으로 타 행성들의 모습을 감춰버리고 자신만을 드러낸다. 그 강렬한 모습은 실로 황제의 모습이라 해도 과하지 않다. 그렇다면 서구사회에서의 황제, 그 장점과 단점을 논해보는 것이 바로 태양의 장담점이라 생각하면 쉽게 이해될 것이다.

황제라는 직책은 최고의 명예를 얻는 위치다. 명예 자체로 태어난 태양은 언제나 명예를 추구하고 명예에 목숨을 걸며 명예를 위해 어떠한 손해도 감수한다.

태양이 누구보다 성실하게 살아가는 것도, 만인들에게 헌신적이며 관대한 것도 모두 명예가 실추되지 않기 위해서다.

무조건 지시하기보다 솔선수범하는 태양은 대중들에게 신뢰를 받으며, 그에 따라 아낌없는 지도력을 보여준다.

② 실속 없는 허세쟁이

명예를 추구하는 삶은 과소비를 동반하며, '보여주기 위한 허세'까지 나아간다. 우리나라에 "내가 쏜다"라는 말이 있다. 이는 말 그대로 '내가 돈을 지불한다.'라는 것이 아니라, '오늘은 내가 주인공이다.'라는 속뜻이 있다. 우리나라에서는 그날의 주인공 혹은 리더가 소비를 하는 것이 일반적이다.

언제나 주인공, 리더, 황제이고 싶어하는 태양은 항상 계산대에 먼저 달려가며, 모든 이가 보는 앞에서 자랑스레 신용카드를 긁어버린다. 바로 명예 때문이다.

또한 금전적으로 여유가 있으면 갖가지 명품들을 활용하여 자신을 돋보이게 만들고, 그것들이 마치 황제가 입는 용포라도 되는 듯 과하게 어필하기도 한다. 게다가 마트에서 시식이라도 한다면 그냥 지나침이 없이 뭐라도 꼭 사준다. 친구가 보험을 시작해도 들어주고, 돈도 척척 빌려준다. 태양은 실속없는 행성이다.

③ 자존감, 복수심

황제는 가장 상위에 있는 자다. 그래서 태양은 누군가의 눈치를 볼 필요도 없으며 솔직하게 자신을 있는 그대로 표현하는 행성이다. 하지만 왕족의 행성이라 솔직한 표현도 고급스럽다. 자존감은 하늘을 찌르고, 높은 자아는 자신만의 확고한 세계관을 만들기도 한다. 어쩌면 이런 거대한 자존감이 명예를 더욱 추구하게 만드는지도 모르겠다.

또한 가장 높은 직책을 가진 사람의 마인드가 있어, 누구와 갈등이 생길 경우 복수를 꿈꾼다. 황제 입장에서 아랫사람과 시비가 붙고 다툰다면 그야말로 명예 실추다. 그것을 알고 있는 태양은 용서하는 척 하지만 속으로 상대를 무너뜨릴 참수(복수)를 계획한다.

③-2 독재자

폭군 - 우주의 중심이 내가 되어야 하는 성향이 무섭게 발현된다면, 오만함을 넘어서 시건방진 성향에, 너무 강한 자기주장으로 극단적인 이기심까지 드러낸다. 그런 자기위주의 삶은 타인을 무시하는 형태로 발전하고 우월주의가 함께하며, 심하면 나르시스트의 모습을 드러낸다. 이처럼 망가진 태양은 무지렁이같은 타인들에게 대접만 받으려 할 것이며, 그들을 과도하게 지배하고 통치하려는 독재자의 모습 같다.

④ 영혼의 행성

태양이 사라진다면 지구에 있는 모든 생명체가 죽음을 맞이할 것이다. 즉 태양은 생명의 시작이며 근원이다.

인간에게 생명의 시작이자 근원은 바로 영혼이다. 영혼의 소멸을 죽음으로 이야기하듯 말이다. 태양은 곧 영혼을 상징하며, 태양 성향을 사용하는 사람은 영성연구, 정신세계연구 등에 깊은 관심을 갖곤 한다. 황제의 행성이지만 오컬트에 관심을 갖고, 무속적인 기질이 숨어있는 독특한 행성이다.

5. 수성 : 자본주의 지배자, 다재다능의 전달자

<table>
<tr><td colspan="4">☿
수성
Mercury</td></tr>
<tr><td>원소</td><td>흙 (차갑고 건조하다)</td><td>성별</td><td>중성, 양성, 무성</td></tr>
<tr><td>특성</td><td colspan="3">정보전달의 행성, 계산과 논리의 장사꾼</td></tr>
<tr><td>신분</td><td>상인, 자녀, 어린아이</td><td>섹트</td><td>낮 또는 밤의 행성</td></tr>
<tr><td>신</td><td>헤르메스</td><td>공전주기</td><td>약 0.24년</td></tr>
<tr><td>속성</td><td colspan="3">중성(星) - 때로는 길하며 때로는 흉함</td></tr>
<tr><td>키워드</td><td colspan="3">뇌, 생각, 말, 논리, 학업, 진로, 문서</td></tr>
<tr><td>길함</td><td colspan="3">달변, 영업과 교육에 재능, 임기응변, 호기심, 모방능력, 지혜로움, 영리함, 유동적인 학습능력, 꾀, 멀티능력, 논리적, 이성적, 다름을 찾아내는 능력, 토론에 재능, 효율적</td></tr>
<tr><td>흉함</td><td colspan="3">거짓말쟁이, 사기꾼, 음모를 꾸밈, 잔머리, 편법, 교활함, 어설픈 지식, 계산적, 주관이 없음, 남을 따라만 함, 자신만의 재능이 없음, 실없는 농담, 아무 말이나 지껄임, 수다쟁이, 입이 가벼움, 감정을 무시, 사람보다 돈</td></tr>
</table>

Domicile	♊, ♍	Rulership	♊	Exaltation	♍

① 도둑, 사기, 거짓말, 장사, 말의 신

수성은 그리스신화 속 '헤르메스'라는 신의 행태를 보면, 그 기본 특성을 쉽게 이해할 수 있다.

제우스와 마이아 사이에서 태어난 헤르메스는 태어나자마자 신생아

신분으로 아폴론의 가축 떼를 훔쳐왔다. 그런 뒤에 다시 아무것도 모르는 요람 속 신생아로 돌변하여, 어른 신들을 농락하고 잠자는 척했다. 등장하자마자 자신이 '도둑의 신', '사기의 신', '거짓말의 신'이라는 것을 입증한 것이다.

하지만 예언의 신인 아폴론은 자신의 가축 떼가 사라진 것이 헤르메스의 짓이라는 것을 알고, 자는 척하는 헤르메스와 그 곁에서 쉬고 있는 마이아에게 와서는 잘잘못을 따졌다.

마이아는 어이가 없었을 것이다. 신생아가 어찌 가축 떼를 모두 훔쳐온단 말인가. 그럴 리 없다는 마이아와 헤르메스의 짓이라는 아폴론의 대화가 오가고 있을 때, 주위에서 아폴론의 가축 떼 울음소리가 들려옴으로써 헤르메스의 짓이라는 것이 들통났다.

그때 헤르메스가 요람에서 벌떡 일어나 하는 말이, "그래, 내가 그랬다. 내가 진작에 그 누구도 현혹시킬 수 있는 악기를 만들었으니, 가축들의 대가로 이 악기를 주마." 미안하다고 빌어도 모자랄 판에, 거래를 하고 있는 것 아닌가. 헤르메스가 '장사의 신'다운 모습을 보여주는 장면이다.

'헤르메스'하면 많은 이들이 떠올리는 모습은, 제우스의 전령으로서 '말의 신'이라는 것이다. 하지만 우리가 그전에 기억해야 할 헤르메스의 본질은 '도둑, 사기, 거짓말, 장사의 신'이라는 점이다.

수성은 남의 것 특히 타인의 지식을 훔쳐오며, 그것이 자신의 것이라 거짓말을 한다. 언제 어디서든 항상 득실과 이득만을 생각하는 장사의 신이 바로 헤르메스의 본 모습이다.

② 임기응변, 정보전달, 모방능력

'사기'는 말로 행하는 일이다. 수성은 '천천히 말을 하면 타인들이 나의 말이 옳은지 그른지 생각한다'는 것을 안다. 그래서 수성은 빠르게 말을 하며 생각할 여유를 주지 않는다. 그런 말솜씨를 활용하여 영업이나 교육 분야에 두각을 나타내기도 한다.

'거짓'은 진실을 속여 진실인 것처럼 꾸며내는 것이다. 수성은 자신이 모르는 어떤 질문이라도 일단 재빠르게 그럴싸한 것으로 대답을 한다. 이것이 수성의 임기응변이며, 자신이 마치 모든 정보의 근원이라는 듯이 거짓을 진실인 양 어필한다.

뭐든지 대충 둘러대기 위해 수성의 머릿속에는 잡다하고 얕은 지식이 무수히 필요하다. 그래서 수성은 호기심이 많고 그것을 채우기 위해 끊임없이 정보를 듣고 배우며 전달한다.

'도둑질'은 타인의 물건을 몰래 가져오는 것이지만, 수성은 자신의 전문분야인 지식과 말을 훔쳐온다. 우리는 이런 수성의 능력을 모방능력이라고 부르기로 했다. 수성은 무엇을 배우든지 어떤 강의를 듣든지 그대로 흉내낼 수 있는 재능이 있다. 그러나 그것들이 처음부터 자신의 것이라고 둘러댄다.

수성은 흙의 행성이라 풍요를 꿈꾸고 이루려 하는데, 빠른 공전주기를 가진 행성답게 빠르게 풍요를 얻으려 한다. 새로운 아이디어를 내거나 창작을 해본 적이 있는가? 굉장히 많은 시간이 소요되고 상당한 정신적 고통이 따른다. 수성은 빠른 풍요를 위해 남들이 창작한 것들을 모두 훔쳐와 자신이 한 것 마냥 흉내내는 길을 택한 것이다.

③ 정보화시대의 승리자

수성은 다양한 질문에 모두 대충 대답하기 위해, 한 분야의 깊은 공부보다는 여러 분야의 얕은 지식을 습득한다. 그래서 정보를 의미하는 행성이지만 아이러니하게도 학문을 의미하는 행성은 아니다. 어려운 지식이라도 자신만의 편법으로 빠르게 암기를 하고, 심오한 내용은 뒤로한 채, 빨리 외우고 빨리 전달하며 빨리 좋은 성적을 받는다.

이런 방법으로 줄곧 좋은 성과를 내버리니 수성의 본질을 모르는 사람들은, 수성이 진짜 지식인이며 가장 많이 알고 있는 능력자라고 생각한다. 자본주의 사회에서 일곱 행성 중 가장 영리하고 총명하며 꾀가 많은 행성이라 하겠다.

무엇이 좋은 정보이며, 무엇이 가치 없는 정보인지 순식간에 파악을 하고, 좋은 정보만 골라 빠르게 습득하는 수성이야말로 정보화시대의 승리자가 아닐까 싶다.

③-2 자본주의 승리자

후에 자세히 다루겠지만, 하루 종일 의자에 엉덩이를 붙인 채 학문을 깊이 연구하고, 비판적인 시각에서 지식을 의심하기도 하며 밤새도록 학구적인 면모를 보이는 행성은 '토성'이다.

그럼 진정한 학자인 토성 입장에서 수성은 어떻게 보이겠는가?

뛰어난 재능도 없이 남들을 따라하기만 하고, 편법만 쓰며, 말만 번지르르한 장사치 혹은 촉새처럼 보일 수 있다. 하지만 돈은 수성이 다 벌어들이니, 자본주의 사회에서 진정한 승자가 누구인지는 각자의 판단에 맡기겠다.

④ 다른 것을 찾아내는 천부적 능력

수성은 많은 지식을 습득하고 눈치 빠르게 살아가기 위해, 여러 사람과 사물을 빠르게 포착하며 무엇이 다른지를 순식간에 알아낸다.

물건의 위치가 달라진 것, 사람이 달라진 것, 사람의 화장, 옷 등이 달라진 것, 심지어 이야기의 내용이나 서로 생각이 다른 것 등을 참 잘도 찾아낸다. 즉 수성은 '다른 것을 찾아내는 데' 천부적인 재능이 있다. 이런 능력은 같은 흙의 행성인 토성과 비교할 법하다.

토성은 항상 자신이 완벽하다 생각하기 때문에 자신은 틀릴 일이 없다고 여긴다. 그래서 사물이나 남들의 말, 생각, 행위 등에서 찾기에도 어려운 틀린 점을 잘 찾아낸다. 즉 수성은 다름을 찾아내며 / 토성은 틀림(잘못)을 찾아낸다.

수성 입장에서는 너는 틀린 것이 아니라 나와 다를 뿐이니, 대화를 통해 정보를 공유하고 타협점을 찾으면 된다. 그래서 수성은 토론에 재능이 생길 수밖에 없다.

한편 토성 입장에서 너는 나와 다른 게 아니라 틀려먹은 것이니, 대화를 나누거나 토론할 값어치도 없다고 생각한다. 그러니 비평과 비판만 하면 된다. 당연하게도 이에 불만을 가지는 사람은 토성과 적을 질 가능성이 높다.

하지만 수성은 비판을 하기보다는 동등한 입장에서 토론을 하며 이야기를 즐긴다.

⑤ 멀티능력

수성은 이성적이고 논리적이며 과학적인 사고방식을 갖고 있으며, 동시에 여러 가지를 생각하고 모두 수행하는 능력이 있다.

예를 들어 운전을 하면서 + 라디오를 들으며 + 옆 사람과 대화를 주고받으며 + 백미러 사이드미러 보면서 + 앞차 뒷차 옆차 동시에 보면서 + 도로의 전체적인 흐름을 보고 + 네비게이션을 보며 + 내일 있을 약속과 오늘의 계획을 정리한다.

이런 수성의 멀티능력은 뇌를 쉽게 피로하게 만들지만, 세상을 다각도로 보고 여러 관점으로 생각하는 능력자로 만들어준다.

하지만 상대와 대화하는 동시에 이득을 계산하고, 잘못을 할 때마다 갖가지 핑계를 대며, 뛰어난 두뇌회전으로 전략만 짜는 수성은 순수함을 잃은 행성이다.

6. 금성 : 도화(桃花), 사랑, 끝없는 쾌락, 아름다운 소(小)길성

♀

금성

Venus

원소	물 (차갑고 습하다)	성별	여성
특성	사랑, 아름다움, 쾌락의 행성		
신분	광대, 예술가, 무속인 애인	섹트	밤의 행성
신	아프로디테	공전주기	약 0.62년
속성	길성(星) - 대부분 길함		
키워드	사랑, 연애, 결혼, 관계, 예술, 무속, 쾌락, 인기, 경영		
길함	도화, 인기, 사랑스러움, 사교적, 호감의 외형, 좋은 향기, 좋은 음성, 긍정적 사고, 온화함, 친절함, 상냥함, 부드러움, 여성스러움, 주고 싶게 만드는 능력, 타인들로 인한 빠른 성공, 매사에 즐거움, 예술성, 창의력, 아름다움 추구, 뛰어난 직관, 신기, 영적능력		
흉함	음란함, 문란함, 사치, 낭비벽, 자신의 외모로 인한 나르시시즘, 약속을 어김, 시간관념이 없음, 신용이 없음, 쾌락주의, 향락에 빠짐, 본능에 충실, 각종 중독성, 조절하지 못함, 자기관리가 안됨, 게으름, 편안함만 추구, 의존성, 받으려고만 함, 타인을 통해 성공과 풍요를 얻으려 함, 사랑에 집착, 사랑과 관계에 있어 심한 질투와 폭력성		

Domicile	♉, ♎	Rulership	♉, ♎	Exaltation	♓

① 아름다운 별, 인기의 금성

사랑과 미(美)의 여신 아프로디테의 행성 금성은, 일곱 행성들 중 루미너리들을 제외하고 가장 밝게 빛난다. 번쩍이는 그 광채가 보석같이 너무 아름다워 길성으로 지정을 받았지만[2], 천체 구조상 새벽녘 동쪽 하늘과 이른 저녁 서쪽 하늘에서 잠깐씩 관찰할 수 있기 때문에(사실 태양빛에 가려지는 날에는 관찰하지 못할 때도 많다) 소(小)길성이 되었다.

'외모 지상주의', 이것은 금성을 지칭하는 말이며, 금성이 가장 좋아하는 말이기도 하다. 헤라와 아테나와의 아름다움 대결에서도 승리한 금성은 뛰어난 외모, 보기 좋은 패션, 듣기 좋은 음성, 설레는 향기, 달콤한 단어 선택, 윤기 나는 피부 등 빛깔만큼이나 사랑스러움 그 자체다.

그런 자신을 드러내기 위해 사교모임을 즐기며, 어딜가나 사랑을 받고 인기를 독차지한다.

② 친절과 매력에 가려진 의존성

너무 사랑스러운 나머지, 타인들은 금성에게 돈이든 먹을 것이든 뭐라도 주고 싶어하며, 호감을 표하고 구애를 한다.

예쁘고 사랑스러운 금성은 자신의 이러한 매력을 너무나도 잘 알고 있다. 그래서 여유로운 인생을 위해, 자신의 노력보다 수많은 사람들을 통한 이득을 선택한다.

이로써 물질적으로 타인에게 의존하고, 더 나아가 모든 힘든 일과 어려운 일까지 남들에게 맡긴다.

어려서부터 어디를 가나 예쁨 받고 사랑을 받아온 금성의 시각에서 온 세상은 아름답고 핑크빛일 것이다. 그로 인해 온화한 성향이 되었으며, 타인에게도 친절을 베풀고 언제나 상냥하다.

비판과 꾸지람을 받지 않은 예쁜 아이를 상상해 보라. 항상 부드럽고

---

2) 점성술의 시작은 매우 단순하다. 행성의 빛이 밝고 아름다우면 길성이고, 어둡거나 무서운 색이면 흉성으로 취급되었다.

매사에 긍정적이다. 하지만 예쁨만 받아 버르장머리 없게 바뀐 금성이라면, 자신의 외모만 아름답다 여기며 온 세상을 외모로 평가할 수도 있다. 또한, 약속에 늦어도 매력적인 외모로 인해 비난하는 사람이 없으니 시간관념이 좋지 않으며, 그로 인해 조금씩 신용을 잃는다.

③ 육신의 쾌락, 물질의 쾌락

신화 속 아프로디테는 배우자인 헤파이스토스와는 한 번도 잠자리를 하지 않고, 아레스, 헤르메스를 비롯해 미소년인 대다수의 남신 & 남자들과 성관계를 맺었다. 아프로디테가 좋아했던 섹스는 대표적인 쾌락의 상징이며, 이렇게 신화로부터 쾌락의 아이콘이 되어버린 금성은 육신의 쾌락, 물질의 쾌락을 모두 행하려 한다.

육신의 쾌락 - 금성은 육신의 쾌락과 관련된 모든 행위를 선호한다. 땀 흘려 운동하는 것이나 산에 오르는 것, 혹은 스스로 모든 의식주를 해결해야 하는 캠핑 등은 금성이 바라는 삶이 아니다. 금성은 편안한 자가용을 원하고, 항상 쇼파에 누워 있으며, 호텔 조식을 좋아한다.

섹스, 술, 담배, 마약, 인스턴트 음식 등 각종 중독에도 약하기 때문에, 향락에 빠진 삶을 살고 자기관리가 되지 않는다. 목성과 함께 길성의 신분이지만 이러한 모습이 길성이라는 타이틀을 의심하게 만든다.

물질의 쾌락 - 돈을 버는 행위는 쾌락적이지 않다. 과한 업무량을 통해 수익을 올리는 행위는 항상 힘들고 고통이 따르기 마련이다. 돈은 펑펑 쓸 때 쾌락적이다. 금성은 자신이 좋아하는 무언가를 위해 사치를 부리며, 물질의 낭비를 서슴지 않는다.

④ 직관력, 예술성

고대부터 금성의 신분은 무속인이었다. 무속인은 뛰어난 신기를 활용하여 무언가를 보기도 하고 예측을 한다. 또한 무속인은 화려한 옷을 입고 형형색색 화장을 하며, 춤이라는 예술적 행위를 통해 접신을 하기도 한다. 이렇듯 금성은 신기, '남들이 느끼지 못하는 뛰어난 직관'이 발달했으며, 예술, 디자인, 패션 등에 뛰어난 재능을 보인다.

⑤ 사랑의 금성

아프로디테가 수많은 남신 & 남자들과 거침없이 잠자리를 한 것은 그들의 매력적인 외모도 있지만 근본적으로는 '사랑'해서다. 아프로디테는 미의 여신인 동시에 사랑의 여신이다. 금성은 사랑을 갈구하며 이성을 찾아 헤매고, 자신에게 끊임없는 사랑을 주는 이가 옆에 있어야 한다.

사랑문제가 생겼을 때는 슬픔에 헤어나오지 못하며, 집착 혹은 폭력으로 이어질 수도 있다.

신화 속의 신들이 인간을 죽이는 가장 많은 이유가 바로 '신과 인간의 사랑문제'였으며, 트로이전쟁의 시작도 사랑 때문이었다.

옛날부터 사람들은 이른 저녁 서쪽하늘에서 보이는 금성을 '개밥바라기'라 부르고 사랑의 별이라 했으며, 새벽녘 동쪽하늘에서 보이는 금성을 '샛별'이라 부르고 전쟁의 별이라 했다.

7. 목성 : 풍요와 성공, 기승전 목성, 영원불멸 대(大)길성

<table>
<tr><td colspan="6">♃
목성
Jupiter</td></tr>
<tr><td>원소</td><td>공기 (뜨겁고 습하다)</td><td>성별</td><td colspan="3">남성</td></tr>
<tr><td>특성</td><td colspan="5">자기관리의 왕, 목성이라 쓰고 성공이라 읽는다.</td></tr>
<tr><td>신분</td><td>종교인, 교황, 귀족
스승, 리더, 관리자</td><td>섹트</td><td colspan="3">낮의 행성</td></tr>
<tr><td>신</td><td>제우스</td><td>공전주기</td><td colspan="3">약 11.87년</td></tr>
<tr><td>속성</td><td colspan="5">길성(星) - 대부분 길함</td></tr>
<tr><td>키워드</td><td colspan="5">풍요, 성공, 갑(甲), 관리자, 교직, 공직, 사업, 종교
철학, 경제, 법학, 정치</td></tr>
<tr><td>길함</td><td colspan="5">종교적, 철학적, 고상함, 윤리적, 규율 준수, 관대함, 관용과 자선을 베풂, 착한 느낌, 매우 긍정적, 자신감, 철저한 자기 관리, 이미지 관리, (사회적 성공을 위한) 절제, 부정적 마음을 숨김, 조직을 유지, 사람관리, 사람의 장점을 파악함, 넓은 인맥과 그 인맥을 활용, 성공의 힘, 교육능력, 존경스러움</td></tr>
<tr><td>흉함</td><td colspan="5">오만함, 거만함, 속물, 위선자, 돈을 좋아하지만 그렇지 않은 척, 자신의 환경과 상태를 외면, 가면을 쓴 인생, 가식적, 허례허식, 우월의식, 잘난 척, 남을 무시함, 고집스러운 신념, 타협하기보다는 무조건 설득, 훈장질, 잔소리, 오지랖, 술에 취할 경우 극단적인 타락</td></tr>
<tr><td>Domicile</td><td>♐, ♓</td><td>Rulership</td><td>♐, ♓</td><td>Exaltation</td><td>♋</td></tr>
</table>

① 종교지도자, 스승, 귀족

목성은 그리스신화 속 올림푸스 신전의 절대 권력자인 제우스다. 직책으로는 종교 지도자, 귀족, 모든 무리의 관리자다. 여기서 종교지도자란 매우 큰 규모의 교회 목사나 유명한 절의 주지쯤 되며 / 귀족이란 직원들이 많은 기업의 사장님 혹은 유명 대학교의 교수, 또는 정치인을 말한다. 이렇게 나열한 인물들의 장점과 단점이 바로 목성의 특성이다.

목성은 자신이 귀족이자 종교지도자임을 알고 있다. 일반인들과 다르게 종교성과 철학성이 있으며 그 분야를 배우고 전달하는 고상한 행성이다. 항상 품위를 지키려 하는 이 종교지도자의 행성은 존경을 온몸으로 받기 위해 도덕과 윤리를 중시하며 법을 수호하고, 약자들에게 자선을 베풀며 관대하게 대한다.

② 세속적인 성공, 물질 추구

자신은 언제나 깨달음을 추구하며 배움과 가르침의 인생을 살아가는 모양새를 띠지만, 목성이 풍요의 행성인 결정적인 이유는 사실 돈을 밝혀서다. 목성은 돈만을 위해서 움직이며, 세속적인 성공만을 위해 선택한다. 하지만 그런 모습은 속물로 보인다는 것을 알기에, 겉으로는 돈과 거리가 있는 인생인 척을 하며 살아간다. 그래서 몇몇 점성가들은 목성을 최고의 위선자라고 말한다.

③ 성공을 위해 가면을 쓴 목성

목성은 성공만을 위해 태어난 듯하다. 성공을 하려면 무엇을 해야하고 무엇을 하지말아야 하는지 정확하게 판단하며, 그것을 미루지 않고 평생 실천한다. 출세와 돈을 위해 뛰어난 절제력을 발휘하며, 시간관리를 잘하고 약속을 매우 중요시한다.

특히, '인간은 자신의 부정적인 감정을 밖으로 표출할 때 주위 사람들에게 약점을 잡힐 수 있다'는 논리를 알고 있어, 속에 있는 거짓된 마음이나 분노, 이기심, 공격성 등을 완전히 감춘다. 즉 목성은 이미지 관리를 통해 우아하게 자신을 포장한다. 부정적인 관점에서 목성의 이런 특성은 자신의 어두운 내면과 힘든 상황을 외면하고, 밝고 건재한 모습만 보이려는 가면 속의 삶이다.

③-2 사업가

인생을 성공하기 위해서는 돈 관리 뿐 아니라 인맥과 조직관리가 중요하다는 것을 목성은 알고 있다. 목성은 주위 사람들의 장점을 찾아내 칭찬하며 힘을 준다. 그로 인해 사람들은 목성을 따르며 물질과 명성을 그에게 가져다 준다. 이것은 타인의 재산을 빼앗기만 하는 금성과는 다르다. 목성은 그들에게 일거리를 제공해주고, 월급을 주되, 그 외의 남은 수익을 모두 가져오는 사업가 성향이라고 이해해야 한다.

④ 자신감, 긍정성

목성의 진정한 멋은 자신감이다. '나는 할 수 있다', '나는 성공한다'는 뛰어난 자심감이 긍정적으로 실현됨으로써, 언제나 상류층과 최고 권위자를 맡는다.

성공을 위한 방법에서 가능한 것과 불가능한 것을 정확히 파악하고, 가능한 것만 도전하기 때문에 목성의 자신감은 항상 이뤄진다.

④-2 우월의식, 자만심

자신감이 바람직하지 않게 작용하면 우월의식과 자만심으로 이어진다. 언제나 성공적인 삶을 살아왔으니 그럴 만도 하지만, 오만함은 목성이 주의를 기울여야 하는 부분이다.

자신이 성공의 본질이라 생각하기 때문에 타인의 말을 귀담아 듣지 않으며, 자신의 신념이 절대 진리라고 여긴다. 그렇기에 온 세상을 향해 가르침을 전하지만, 그만큼 잔소리나 오지랖도 심하다. 그럼에도 다시 목성은 존경을 받고 항상 승리하는 대(大)길성이다.

8. 화성 : 용기와 도전, 공격과 승리, 무례한 소(小)흉성

<table>
<tr><td colspan="6">♂
화성
Mars</td></tr>
<tr><td>원소</td><td colspan="2">불 (뜨겁고 건조하다)</td><td>성별</td><td colspan="2">남성</td></tr>
<tr><td>특성</td><td colspan="5">분출 욕구, 승리 아니면 패배를 주는 양날의 검</td></tr>
<tr><td>신분</td><td colspan="2">전사, 군인, 기술자</td><td>섹트</td><td colspan="2">밤의 행성</td></tr>
<tr><td>신</td><td colspan="2">아레스</td><td>공전주기</td><td colspan="2">약 1.88년</td></tr>
<tr><td>속성</td><td colspan="5">흉성(星) - 대부분 흉함</td></tr>
<tr><td>키워드</td><td colspan="5">깨짐, 분리, 사고, 구설, 소송, 싸움, 질병, 기술, 수술</td></tr>
<tr><td>길함</td><td colspan="5">용기, 자신감, 화끈함, 외향성, 열정적, 무엇이든 두려움 없이 도전, 경쟁심, 개척정신, 굴복하지 않는 정신, 정의감, 뒤끝 없음, 섹시함, 호불호가 있는 인기, 개그감, 치료능력, 운동신경, 손기술, 이과적 능력</td></tr>
<tr><td>흉함</td><td colspan="5">공격성, 폭력성, 분노조절 안 됨, 상대방 기분을 신경 쓰지 않음, 상대방을 도발, 무례함, 부상에 노출, 규범을 무시, 범법행위, 구설, 사건 사고, 소송과 긴밀한 인생, 뻔뻔함, 불안정, 이기려고만 함, 통제받지 않으려 함, 중도 하차, 본능에만 충실, 산만함, 무모함, 충동적, 성급함, 순서가 없음, 쓸데없는 집착, 성과 달성 후 외면</td></tr>
<tr><td>Domicile</td><td>♈, ♏</td><td>Rulership</td><td>♈, ♏</td><td>Exaltation</td><td>♑</td></tr>
</table>

① 전쟁의 신, 무모한 자신감

아레스는 제우스의 통제를 받기 싫어하는 전쟁의 신이다.

평생 싸움(경쟁)을 통해 승리를 이루며, 열정과 도전이라는 무기를 쥐고 살기에 그 무엇도 두려울 것이 없다.

언제나 용기가 있는 것은 좋지만, 목성이 가능성을 향해 자신감을 보이는 반면 화성은 가능하든 불가능하든 돌진하며 자신감을 드러낸다. 어떻게 보면 화끈하고 적극적이라 하겠지만, 대체로 무모하며 충동적이기 때문에 삶을 위태롭게 만들 가능성이 충분하다.

①-2 지나친 솔직함, 무례함

태양과 마찬가지로 화성도 상당히 솔직하다. 태양은 왕족의 신분답게 솔직해도 격이 있지만 화성은 마치 칼을 혀에 두른 것과 같다. 그래서 언어폭력이나 무례함으로 느껴지기도 한다.

나아가 화성은 앞뒤를 따지지 않는다. 하고자 하는 말과 행동은 상대를 따지지 않고 거침없이 표출한다. 때론 정의감으로 보일 수 있는 이런 화끈함으로 인해 사람들과 다툼이 있기도 하고 구설에 휘말리기도 하지만, 놀랍게도 너덜너덜해진 상대를 뒤로하고 혼자 아무 일도 없었다는 듯이 잊어버린다.

② 지나친 승부욕, 집착, 위험한 매력

아레스는 전쟁의 신이다. 전쟁은 승자와 패자로 나뉠 뿐이고, 내가 죽지 않기 위해서는 반드시 상대를 죽이고 승리를 해야만 한다. 화성의 이러한 성향은 극단적인 경쟁심과, 패배를 인정하지 않고 절대 굴복하지 않는, 쓸데없는 '승리 집착'으로 드러난다.

운동이나 게임에서의 승부욕뿐 아니라, 팔자에 예고되지 않은 직업도 도전해보려 하며, 쟁취하지 못한 사랑을 얻어낼 때까지 마음에 품고 있다. 누가 봐도 절대 불가능한 것이라도 말이다.

혹 위의 글에서, "쟁취하지 못한 사랑을 얻어낼 때까지 마음에 품고 있다."라는 대목을 보고, 화성이 로맨티스트라고 생각해서는 곤란하다. 화성이 무언가를 계속 마음에 품는 것은 한 번이라도 그것을 얻어내지 못했기 때문이며, 얻는 순간 화성의 마음은 다른 곳으로 향한다. 끈기와 인내, 책임감과는 거리가 먼 행성이다.

이런 나쁜 느낌의 유전자를 좋아하는 이들이 있다. 불량식품이 맛있듯, 나쁜 인간으로서의 화성은 인기를 끈다. 단, 언제나 사랑스러운 금성은 누구에게나 좋은 평가를 받지만, 거침없고 나쁜 화성은 호불호가 나뉠 뿐이다. 규칙도 순서도 없고 법을 개의치 않으며, 경쟁과 시비를 두려워 하지 않는 예측불가능 화성은 위험하지만 매력있는 행성이다.

③ 손재주, 의학의 별

아레스 뿐 아니라 아프로디테의 남편인 헤파이스토스 또한 화성으로 묘사된다. 아프로디테는 화성 남자와 결혼했지만 그를 외면하고 다른 화성 남자와 불륜을 저지른 것이다.

화성은 헤파이스토스의 손재주(손기술)와 만들기 능력이 있으며[3], 아레스의 운동신경과 유머러스함이 있다.

또한 화성의 기호 모양은 뾰족한 칼을 의미하기 때문에 칼을 의롭게 사용하는 의술의 행성이기도 하다. 화성이 상징하는 의술은 일반적인 의사나 간호사뿐 아니라 모든 치료 분야를 통칭하며, 심지어 정신과의사까지 포함한다.

④ 남성성의 상징

화성은 남자화장실에 표기되어 있다. 남성호르몬인 테스토스테론을 의미하는 화성은 위험한 운동을 하기도 하며, 거침없는 운전을 하는 등 육신의 손상과 긴밀한 인생을 산다. 이것은 화성이 발달한 여성의 경우라도 마찬가지다.

---

3) 어떤 문헌에는 손기술이 수성에게서 나온다고 되어 있다. 하지만 실전임상에서 손기술은 화성의 영역이며 말쟁이인 수성과는 무관하다는 것을 무수히 확인할 수 있다.

남성들에게 특히 발달한 성적 욕구도 화성이요, 사냥하고 정복하기를 원하는(바람피고 자기 멋대로 구는) 성향도 화성이다. 한편 목표한 사냥감을 잡기 전까지 집착하는 성향도 화성이지만, 성과 달성 후에는 금방 실증을 내고 다른 곳에 눈을 돌리는 것 또한 화성이다.

이렇게 화성은 과도한 분출 욕구가 있는 행성이다. 따라서 안전한 운동을 통해 자신의 에너지를 다소 떨어뜨리는 것이 좋으며, 명상 등을 통해 마음을 안정시키는 법과 멈출 줄 아는 지혜를 배워야 한다.

9. 토성 : 타협이 없는 장인, 완벽, 고독한 대(大)흉성

<table>
<tr><td colspan="6">♄
토성
Saturn</td></tr>
<tr><td>원소</td><td colspan="2">흙 (차갑고 건조하다)</td><td>성별</td><td colspan="2">남성</td></tr>
<tr><td>특성</td><td colspan="5">죽음과 시련, 고난의 연속 – 시간의 할아버지</td></tr>
<tr><td>신분</td><td colspan="2">농노, 노예, 노인</td><td>섹트</td><td colspan="2">낮의 행성</td></tr>
<tr><td>신</td><td colspan="2">크로노스</td><td>공전주기</td><td colspan="2">약 29.46년</td></tr>
<tr><td>속성</td><td colspan="5">흉성(星) – 대부분 흉함</td></tr>
<tr><td>키워드</td><td colspan="5">막힘, 시련, 좌절, 격리, 고독, 독신, 질병, 우울, 절약, 비관, 의심, 학문, 편집, 옛것, 저장, 배신</td></tr>
<tr><td>길함</td><td colspan="5">성실함, 믿음직스러움, 책임감, 인내심, 끈기, 금욕적, 절약, 워커홀릭, (사회적 성공을 전제하지 않은 자기 시험적인) 절제, 과묵함, 신중함, 유치한 것을 싫어함, 성숙함, 학구적, 학식이 뛰어남, 전문성, 점진적인 성취, 편집능력, 잘못(틀림)을 찾아내는 능력, 비평능력, 개인주의, 유행을 타지 않고 자기만의 세계관을 고수</td></tr>
<tr><td>흉함</td><td colspan="5">고립, 무관심, 공감하지 않음, 타협하지 않는 자기만의 세계, 고독한 인생, 우울감, 걱정근심, 무엇이든 의심, 비관주의, 비뚤어진 시각, 용서하지 않음, 불평불만, 투덜이, 만족하지 못함, 잘난 이에 대한 질투, 약자나 소수자 경멸, 게으름, 도전(노력)하지 않음, 자신 없음, 자신의 한계를 정함, 자본주의 세상에 대한 두려움, 자본주의 시각에서 쓸데없는 일을 함, 비효율성, 완벽주의, 윗사람을 인정하지 않음, 조직 거부, 성공이 늦음, 배신자, 음흉함, 독차지, 융통성 없음, 결벽증, 탐욕, 인색함, 유행을 필요 이상으로 거부</td></tr>
<tr><td>Domicile</td><td>♑, ♒</td><td>Rulership</td><td>♑, ♒</td><td>Exaltation</td><td>♎</td></tr>
</table>

① 노예

점성술에서 토성의 신분은 노예다. 그것도 나이가 가장 많고 늙은 남자노예이며, 상류층이 될 만한 자질과 성품을 타고나지 못한, 비관주의와 두려움에 절여진 노예다.

필자는 토성을 좋아하면서도 두려워하고, 토성의 자질이 반드시 필요하다고 외치면서 토성처럼 살지 말라고 가르치고 있다. 길하게 활용하면 참된 인간이지만, 토성을 길하게 활용할 사람은 드물기 때문이다.

② 책임감, 인내심

노예의 행성인 토성은 심하게 근면성실하며 자신에게 부여된 역할에 과한 책임감을 보여주고, 어떠한 고난과 시련에도 인내심을 발휘한다. 그로 인해 업무를 진행하는데 있어서는 진정으로 믿음직스럽지만, 적당히 해도 되는 일까지 밤을 샌다.

그래서 토성은 오랜 시간 묵묵히 일하는 일꾼과 같다.

사람들 몰래 요령을 피우는 법도 모르는 늙은 노예이며, 평생 꾀를 부리고 대충 넘어가는 법이란 없다. 그래서 완벽함 없이 꾀만 많은 이들이 돈을 벌고 명예를 얻을 동안, 토성은 자기만의 세계에 빠져 시간을 허비한다. 따라서 자본주의 사회에서는 가장 도태되기 좋은 성향이지만, 누구도 따라갈 수 없는 지속성으로 완벽을 추구하기에 아무도 그에게 함부로 할 수 없을 것이다.

③ 목성과의 특별한 비교 - 쓸데없는 자기절제, 관계 단절

목성이 출세를 위해서 절제하며 살아간다면, 토성은 성공과는 거리가 먼 절제를 한다. 예를 들어 목성이 경제서적을 읽기 위해서 게임을 끊는다면, 토성은 자신이 과연 게임을 끊을 수 있는지 시험하기 위해 그럴 뿐, 남는 시간에 자기발전을 위한 어떤 노력도 하지 않는다.

한편, 목성은 '성공은 곧 인맥이요, 연줄과 조직이야말로 가장 크고 빠르게 성공하는 지름길이다'는 것을 안다고 했다.

하지만 토성은 사람을 좋아하지 않는다. 태양계에서 가장 멀리 있어 태양계의 '경계'를 의미하는 토성은 사람들 사이에 있을 때 심하게 경계를 한다. 마치 절대 뚫리지 않는 방어막을 두른 것과도 같다. 홀로 있는 시간을 중시하며, 사람을 만나더라도 소수와 관계를 유지하고, 그 만남마저도 끝나면 또 다시 자신만의 동굴로 피신한다. 심할 때는 사람들과의 관계를 전부 단절시켜 소통하지 않으니, 그야말로 고독한 인생일 수밖에 없다. 혼자 있어도 외로움을 느끼지 않는 토성은 공감능력도 떨어지고, 사람으로 인한 성공과는 점점 멀어지게 된다.

④ 완벽주의

토성의 이러한 성향을 연구한 결과 모든 것은 '완벽주의' 때문이라는 결론에 도달했다. 그러나 장점보다 오히려 치명적인 단점으로 작용한다.

토성 위에 상사가 있다고 치자. 토성 입장에서 상사는 완벽해야 한다고 생각한다. 심지어 함께 일하는 동료들조차 완벽해야 한다고 여긴다. 내가 모시는 상사는 실력도, 인격도, 가정도, 행동도, 말도, 습관도, 모든 것이 완벽해야만 한다. 하지만 이는 불가능하다. 그래서 토성은 상사를 무시하고 심지어 배신을 하며, 조직에서 도망쳐 자신만의 공간에서 완벽을 추구하며 홀로 일한다.

신화에서 크로노스(토성)가 아버지인 우라노스(천왕성)를 배신하고 왕위를 찬탈한 것처럼 토성은 배신자의 아이콘이 되었지만, 현실에서는 이 모두가 '쓸데없는 완벽주의'로 인해서다.

⑤ 화성과의 특별한 비교-도전을 못하는 자기불신

토성은 시간의 할아버지다. 오랜 시간 동안 점진적으로 성취한다. 토성은 항상 신중하며 조심성이 있고 깊이 생각을 한다. 사실 이 모든 것도 완벽주의 기질 때문이다.

또 다른 흉성인 화성이 대책 없고 생각없이 도전하며 거침없이 시작한다면, 토성은 많은 생각 후에 조심스럽게 준비한다. 물론 도전조차 하지 못하고 머뭇거릴 수도 있다. 그 시간에 화성은 수많은 도전을 했으며 이룬 성과도 많을 것이다.

신중함을 넘어선 머뭇거림. 토성의 완벽주의 이면에는 '완벽하지 못한 자신이 무엇을 할 수 있으랴'하는 '자기불신'이 있기 때문이다.

⑥ 의심과 한계, 질투와 멸시

태양빛이 닿지 않는 어두운 곳에 홀로 있는 토성은 부정적인 성향과 비관주의적 가치관으로 자신의 능력, 행위, 말, 나아가 인생 전체를 의심한다. 심지어 칭찬과 격려의 말도 의심하니, 온 세상을 삐뚤게 바라보는 경향이 심하다.

이러한 마인드로 살아가는 토성은 내가 해낼 수 있는 것은 '한계'가 있다고 여기며, 두려움을 안고 폐쇄적으로 살아간다.

세상은 때론 작은 노력과 적은 자본으로 큰 이윤을 남기며 흘러가게 되어 있는데, 토성은 그런 꼴을 보지 못하니 도전하지 않고 도망쳐 버리는 것이다.

하지만 성공할 수 없는 자신의 성향을 돌아보지 않고 온갖 부정부패로 만들어진 세상을 탓하며, 잘난 이에 대한 질투로 투덜거리는 인생 즉 불평불만으로 가득한 인생을 살아간다.

부를 이룬 자들이 어떻게 성공했고 어떤 습관과 마인드로 살아왔는지 배울 생각은 조금도 없으며, 그저 자신보다 더한 약자를 멸시하는 것으로 자기 위안을 삼는다.

⑦ 수성과의 특별한 비교-가난한 학자

수성이 얕고 넓은 지식을 활용하여 세상을 윤택하게 살아가는 반면, 토성은 한 분야를 오랫동안 완벽하게 연구해야만 한다. 또한 수성은 다양한 의견을 나누며 인맥을 넓히지만, 토성은 자기주장만 내세워 쓸쓸하게 인생을 걸어간다.

토성의 이런 기질은 학자의 길로 이끈다. 이것이 장점일 수도 있지만 이렇다 할 수익을 낸 적이 없으니 참으로 안타깝다. 토성은 모인 돈이 없으니 돈을 쓸 수도 없으며, 절약이라는 가면을 쓴 채 인색하게 살아간다. 이렇게 가난한 학자가 된 토성은 스스로를 성숙하다 믿으며 유행을 따르지 않기 때문에, 세상과 단절이 심해진다.

2
별자리

1. 열두 별자리(천상의 집)

• 황도대(Zodiac) – 황도 12궁, 12 sign

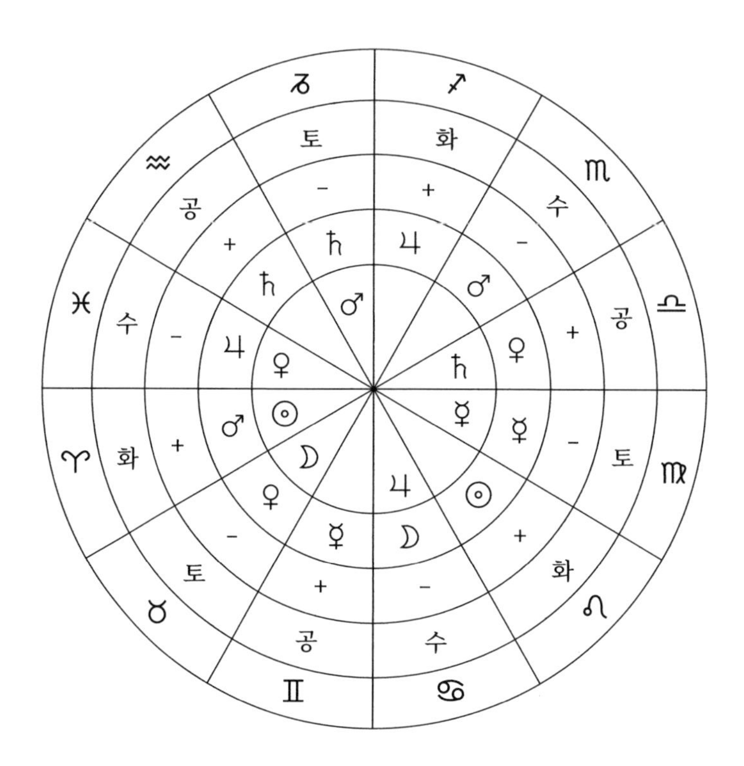

천상의 집인 열두 별자리는 하늘이 내려준 성품으로, 예외가 인정되지 않는다. 특정 행성이나 특정 하우스의 발달로 인해 특성이 살짝 가려질 수는 있어도 성향 발현에 있어서 절대적이며, 어떤 부분에서든 반드시 표출된다.

2. 별자리 구분을 위한 대표적인 4절기

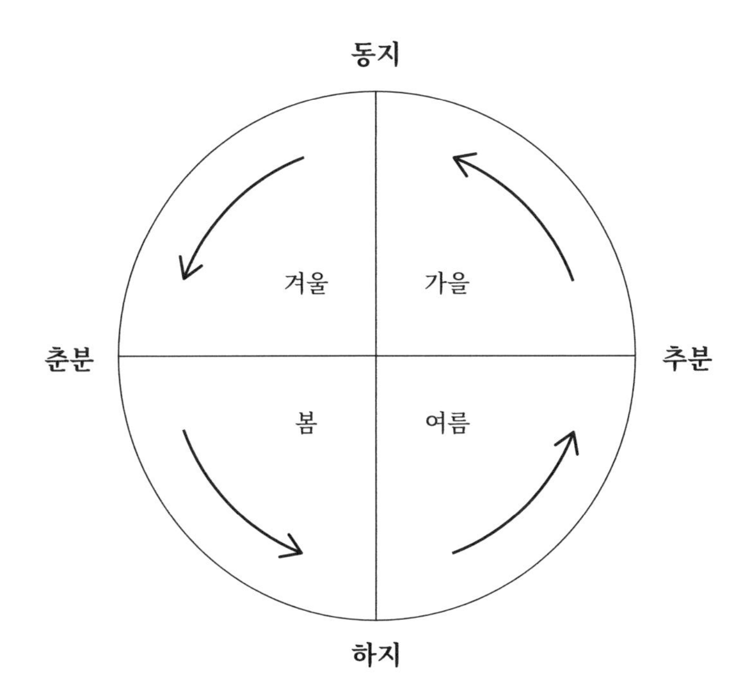

우리는 '입춘, 입하, 입추, 입동'으로 봄 · 여름 · 가을 · 겨울의 시작을 말하지만, 점성술에서는 태양이 지평선 위에 있는 기간에 따라 4계절의 시작점을 구분한다.

바로 '춘분, 하지, 추분, 동지'다.

춘분은 겨울이 지나고 낮과 밤의 길이가 동일한 날로 봄의 시작으로 보며, 이날부터 낮이 밤보다 점점 길어진다.

하지는 점점 늘어난 낮의 길이가 1년 중 가장 긴 날로 여름의 시작으로 보며, 이날부터 다시 낮의 길이는 서서히 줄어든다.

추분은 줄어든 낮의 길이가 밤의 길이와 다시 동일한 날로 가을의 시작으로 보며, 이날부터 밤이 낮보다 점점 길어진다.

동지는 점점 늘어난 밤의 길이가 1년 중 가장 긴 날로 겨울의 시작으로 보며, 이날부터 밤의 길이는 다시 줄어든다.

그렇게 춘분으로 돌아갈 때 낮과 밤의 길이는 다시 동일해진다.

◆ 계절에 따른 별자리 묶음 1

계절	별자리	기호	시기
봄	양자리	♈	3.21~4.20
	황소자리	♉	4.20~5.21
	쌍둥이자리	♊	5.21~6.21
여름	게자리	♋	6.21~7.22
	사자자리	♌	7.22~8.23
	처녀자리	♍	8.23~9.23
가을	천칭자리	♎	9.23~10.23
	전갈자리	♏	10.23~11.22
	사수자리	♐	11.22~12.22
겨울	염소자리	♑	12.22~1.20
	물병자리	♒	1.20~2.19
	물고기자리	♓	2.19~3.21

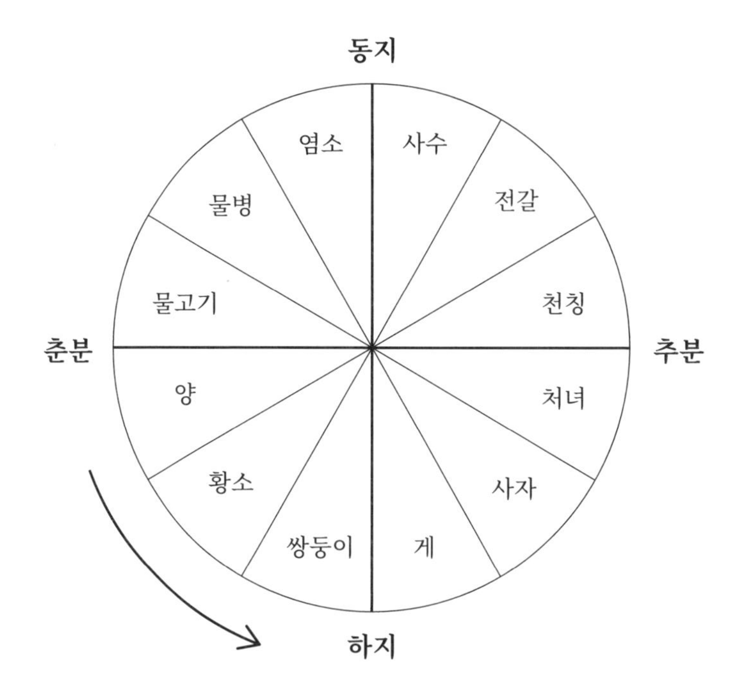

춘분을 시작으로

- ***봄 별자리***인 양자리(♈) 황소자리(♉) 쌍둥이자리(♊)

하지를 시작으로

- ***여름 별자리***인 게자리(♋) 사자자리(♌) 처녀자리(♍)

추분을 시작으로

- ***가을 별자리***인 천칭자리(♎) 전갈자리(♏) 사수자리(♐)

동지를 시작으로

- ***겨울 별자리***인 염소자리(♑) 물병자리(♒) 물고기자리(♓)의 순서대로 열두 별자리가 배치되어 있다.

별자리의 순서와 기호는 어렵지 않으니 스스로 암기하도록 하자.

이렇게 네 개의 계절로 별자리들이 묶였으니, 각 계절별로 세 개씩 묶인 별자리들의 공통 특성이 있을 것이다. 단, 계절별 별자리 특성은 인간이 아닌 자연(식물)의 입장에서 생각해야 이해하기 쉽다.

① 봄 별자리 - 양자리(♈) 황소자리(♉) 쌍둥이자리(♊)

봄은 추운 겨울이 지나 낮의 길이가 길어져 따뜻해지며, 눈이 녹아 습도가 올라가므로 식물들이 마음껏 번성하기 좋은 계절이다. 앞으로 비가 쏟아지며 따뜻해질 날만 기다리고 있으니 세상 근심 걱정이 없다.

나도 평안하지만 주위 모든 식물도 무럭무럭 번성하기 때문에, 굳이 남을 신경 쓸 필요도 걱정할 필요도 없다. 그래서 나, 내 가족, 내 새끼만 챙기면 되고, 긍정적이며 쾌활하고 밝게 살아간다.

장마가 오기 전, 유목(幼木)을 상징하는 봄 별자리들은 어린아이처럼 귀여우나 끈기는 없다.

② 여름 별자리 - 게자리(♋) 사자자리(♌) 처녀자리(♍)

여름은 뜨거움이 너무 과하다. 인간은 더위를 피해 여행을 떠나 극복하지만, 식물은 움직이지도 못한 채 그 열기를 온몸으로 받으며 동물에게 그늘을 제공한다. 그래서 희생과 봉사 혹은 헌신과 연결되는 인생이라 하겠으니, 내면에는 분노를 참아 화병이 생길만 하다.

그중 양(陽)의 기운을 지닌 사자자리는 내면의 화를 불같은 솔직함으로 표출하며, 음(陰)의 기운을 지닌 게자리와 처녀자리는 정신질환이나 예민함으로 표출된다.

한편 습기가 없는 불의 계절인 여름 별자리들은 여러 사람들과 우호적인 관계를 맺기 어렵다.

③ 가을 별자리 - 천칭자리(♎) 전갈자리(♏) 사수자리(♐)

가을이 되면 우리는 단풍여행을 떠나고 가을 냄새를 맡으며 설레이는 시기를 보내지만, 잎이 모두 떨어진 식물은 추위와 배고픔만 있는 겨울을 바라본다.

즉, 가을 별자리들은 죽음을 앞두고 있는 이들이기 때문에 남은 인생을 낭비하려 하지 않는다. 그래서 후대를 위한 학문연구에 게을리 하지 않고 언제나 배우려는 자세가 되어 있다.

항상 절제하고 노력하며 허튼 시간을 멀리하는 삶이 마치 준비된 자들과 같다. 하지만 자신의 그런 성향을 타인에게도 주입시키니, 긍정적인 관점에서는 가르침이지만, 부정적인 관점에서는 잔소리라 하겠다.

가을 사인들의 이런 준비와 절제가 괜한 걱정처럼 보이겠지만, 이들은 평화로운 노후를 위해 미래를 대비할 뿐이다.

④ 겨울 별자리 - 염소자리(♑) 물병자리(♒) 물고기자리(♓)

모두 다 굶주리고 추위에 떨며 죽어가는 계절에 식물은 서로를 품어주기로 한다.

겨울 별자리들은 남을 돕고 위로하며, 자선을 베푼다. 나보다 어려운 약자들에게 관심이 있고, 모두 다 잘 살고자 하는 마음으로 내 것을 나눠줄 수 있는 선함이 있다.

물의 사인인 물고기자리는 온 마음과 물질로 도와주고 함께하며, 공기의 사인인 물병자리는 깨어있는 지식과 위로의 말을 전한다. 그리고 흙의 사인이자 권력과 통치를 상징하는 염소자리는 자신에게 머리를 조아린 사람들에게 아낌없이 베푸는 삶을 실천한다.

차이는 있겠지만 이들은 모두 극단적 상황에서 헌신의 미덕을 보여준다.

여기서 잠깐!

우리는 점성술에서 큰곰자리, 기린자리, 카시오페이아자리, 까마귀자리 등은 취급하지 않고 양자리부터 물고기자리까지 우리가 익숙하게 알고 있는 열두 별자리만을 가지고 이야기한다.

어떤 근거로 정한 것일까?

영혼을 상징하는 태양이 지나가는 길인 '황도'에 우리가 흔히 알고 있는 열두 별자리가 걸려 있기 때문이다.

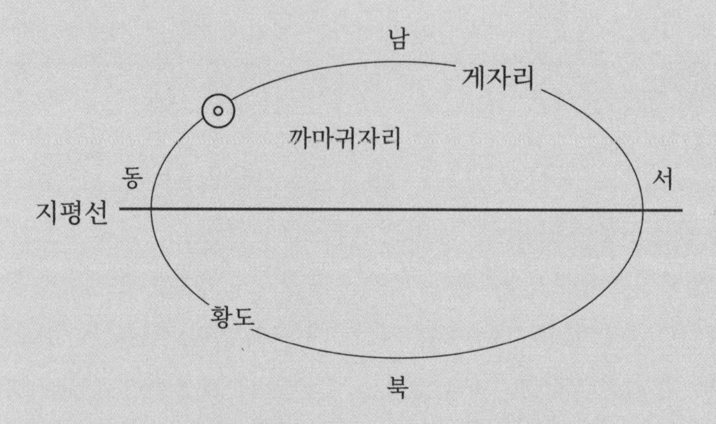

주기적으로 뱀주인자리의 이야기가 나오는 이유다. 하필 뱀주인자리가 황도에 걸려 있기 때문에, 현대심리점성가들이 "황도 13궁으로 부르자.", "이제 열세 별자리라고 하자." 등의 말들을 하는 것이다.

하지만 열두 달의 체계, 계절에 따른 모든 이론, 별자리의 상징성, 그동안의 점성술 통계학을 무너뜨리는 이런 논리를 굳이 토론할 가치는 없다고 본다.

◆ 계절에 따른 별자리 묶음 2

하나의 계절에서 다시 각기 다른 세 가지 형태의 별자리로 분류한다.

① Cardinal (기본적인, 앞장서는) 별자리
② Fixed (고정된, 변치 않는) 별자리
③ Common (공통의) 또는 Double Body 별자리

계절	별자리	기호	분류
봄	양자리	♈	Cardinal
	황소자리	♉	Fixed
	쌍둥이자리	♊	Double Body
여름	게자리	♋	Cardinal
	사자자리	♌	Fixed
	처녀자리	♍	Double Body
가을	천칭자리	♎	Cardinal
	전갈자리	♏	Fixed
	사수자리	♐	Double Body
겨울	염소자리	♑	Cardinal
	물병자리	♒	Fixed
	물고기자리	♓	Double Body

몇몇 점성가들은 위 이론을 한국말로 바꿔, Cardinal은 '활동' / Fixed는 '고정' / Common은 '변화'라고 수정하여 말하곤 한다. 그러나 그렇게

부르면 이론이 가진 본질이 흐려지고, 결론적으로는 변질된 해석을 하고 만다. 그냥 '카디날', '픽스드', '커먼 또는 더블바디' 사인이라고 부르자.

이것은 별자리의 성향을 구분 짓기 위함도 아니고, 삶의 방식을 구분하기 위한 이론도 아니다. 단순하면서 간결하게 계절의 논리에서 만들어진 이론이다.

① 카디날(Cardinal) 사인

Cardinal은 <기본적인, 앞장서는>이라는 의미로, 4계절에서 처음으로 시작하는 별자리들에게 주어진 칭호다.

단순히 봄 별자리 중 앞장서는 사인은 양자리, 여름 별자리 중 앞장서는 사인은 게자리, 가을 별자리 중 앞장서는 사인은 천칭자리, 겨울 별자리 중 앞장서는 사인은 염소자리라는 것이다.

Cardinal의 별자리라 해서 공통된 성향이나 특성을 논하지는 말자. 이들을 묶어 활동적인 별자리나 활발한 별자리로 취급하면 곤란하다.

② 픽스드(Fixed) 사인

Fixed는 <고정된, 변치 않는>이라는 의미로, 봄, 여름, 가을, 겨울 각각의 기운이 정점에 이른 시기에 주어진 칭호다.

봄의 시기 중 황소자리 기간(4.20~5.21)에 자연이 가장 아름답고 따뜻한 기운이 느껴진다.

여름의 시기 중 사자자리 기간(7.22~8.23)은 작렬하는 태양으로 인해 가장 무더운 날씨를 보여준다.

가을의 시기 중 전갈자리 기간(10.23~11.22)에는 낙엽과 함께 식물이 앙상해 진다.

겨울의 시기 중 물병자리 기간(1.20~2.19)은 혹한의 나날이 지속되어 겨울의 정점을 보여준다.

즉 각 계절의 냄새가 가장 짙고 고정된 별자리들이 Fixed 사인이다.

이것을 고집이나 끈기와 연결지어 재해석하면, 별자리 성향분석에 오류가 발생한다.

③ 커먼(Common) 사인

Common은 <공통의>라는 의미이며, Double Body는 말 그대로 '몸이 두 개'라는 뜻이다. 쌍둥이자리, 처녀자리, 사수자리, 물고기자리 이들은 모두, 두 개의 몸을 하나의 몸에 지닌 듯 - 두 개의 계절을 하나의 사인에 '공통'으로 간직하는 별자리들이다.

쌍둥이자리 기간(5.21~6.21)은 봄이지만, 봄의 따뜻함과 여름의 무더움이 함께 느껴진다.

처녀자리 기간(8.23~9.23)은 여름이지만, 여름의 무더움과 가을의 선선한 바람이 함께한다.

사수자리 기간(11.22~12.22)은 가을이지만, 가을의 쓸쓸함과 겨울의 매서운 추위가 공존한다.

물고기자리 기간(2.19~3.21)은 겨울이지만, 눈이 녹고 봄내음을 함께 할 수 있는 기간이다. 물론 마지막 겨울의 강추위를 느끼는 때이기도 하다.

이 계절논리에 따른 이론을, 변덕의 사인이라거나 한꺼번에 여러 가지를 할 수 있는 별자리라는 이야기로 변질시키면 곤란하다.

실전에서는 10하우스의 주인행성이 ***Double body*** 사인에 있으면, 두 가지 이상의 직업을 동시에 하는 경우도 있다.

훗날 모든 것을 이해하고 깨달을 것이니, 지금은 넘어가도록 하자.

3. 원소와 음양에 따른 별자리 특성

열두 별자리의 특성은 계절논리보다 원소와 음양의 논리로 보는 것이 실전에서 활용도가 더 높다.

표를 보자.

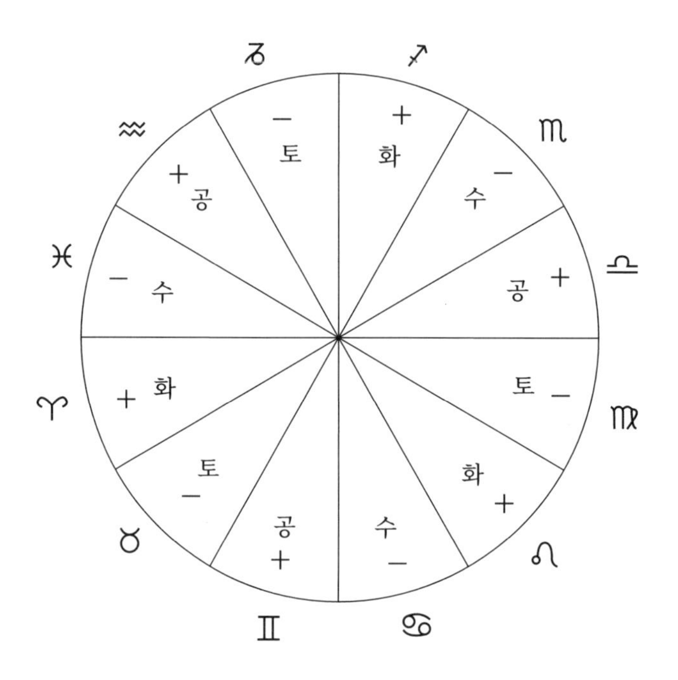

춘분의 시작인 양자리(♈)부터 시작하여, 조디악 순서인 반시계방향으로 화(불) → 토(흙) → 공(공기) → 수(물)로 자리잡히고, 역시 양자리부터 같은 방향으로 다시 + (양) - (음)이 번갈아가며 매칭되었다.

원소	음양	별자리
불	+	양자리, 사자자리, 사수자리
흙	–	황소자리, 처녀자리, 염소자리
공기	+	쌍둥이자리, 천칭자리, 물병자리
물	–	게자리, 전갈자리, 물고기자리

음양에서 모든 불과 모든 공기는 양의 기운이며, 모든 흙과 모든 물은 음의 기운이다. 매우 단순하게 접근할 수 있는데, 손에 네 가지의 원소를 놓았을 경우 위로 향하는가, 아래로 향하는가[1]를 기준으로 구분하여 기억하면 쉽다. 이것이 음양의 기본이다.

위로 올라가는 것은 양이며 / 아래로 내려가는 것은 음이다. 불과 공기는 위로 올라가려는 성질이 있으며, 흙과 물은 아래로 내려가려는 성질이 있다. 불과 공기의 기본 성품은 보여주려는 기질, 표현하려는 기질, 자신을 드러내려는 기질 등 솔직한 방식이다.

흙과 물의 기본 성품은 감추려는 기질, 수용하는 기질, 방어적인 기질로 나타난다.

◆ 불의 사인 – <양자리, 사자자리, 사수자리>

불은 네 가지 원소들 중에 유일한 공격수단이다. 흙, 물, 공기는 전쟁에 무기로 사용하기 어려우며, 고대부터 인간은 쇠와 불을 통해 살상을 저지르곤 했다.

즉, 불의 별자리들은 (자신들은 솔직함이라 하지만) 어떤 자신들만의 표

1) 이것은 관상에서도 기본이 되는 것으로 모든 자연의 이치가 그러하다. 상체가 양이고 하체는 음이다. 하늘은 양이고, 땅은 음이다. 심지어 얼굴 안에서도 이마는 양이고, 턱은 음이다.

출방식 때문에 상대방에게 말로든 행동으로든 상처를 주고, 갈등을 유발시킬 수 있다. 더욱이 불은 습기가 없는 원소기 때문에, 공감하고 진심으로 정서를 나누는 것에는 한계가 있다.

오래전 원거리 연락에 불을 사용한 것처럼, 불의 사인들은 확실히 자신을 표출하고, 남에게 자신의 생각과 말을 전달하는데 타고났다.

어둠 속 불빛이 주변을 밝게 비추듯, 이들은 타고난 밝은 성향으로 인해[2] 주변을 유쾌한 분위기로 만들기도 한다. 또한 활활 타오르는 불도 순식간에 꺼지고 사라지듯, 불의 사인들은 지나간 일에 연연하지 않고, 타 사인들에 비해 뒤끝이 없기로 유명하다.

한편 타로에서 불의 에너지는 Wands로 그려 넣었는데, 필자는 이것을 '몽둥이'라고 표현한다. 즉 불의 별자리들은 몽둥이를 들고 뛰어다니는 용사들이다. 각 주인행성에 따라 차이가 있겠지만 공통적으로 용기가 있으며, 무엇이든 도전하려한다. 생각하고 머뭇거리며 끝나는 것이 아니라 반드시 행동으로 옮기고, 성공을 하든 실패를 하든 꼭 결과를 창출해낸다.

그런 열정과 불같은 에너지로 세상을 살아가니, 사건 사고도 많지만 쟁취하는 것도 많다. 게다가 인생만큼이나 화려한 외형을 보여주며 세상에 자신의 존재감을 알린다.

◆ 흙의 사인 - <황소자리, 처녀자리, 염소자리>

흙은 네 가지 원소들 중에 유일한 방어수단이다. 전쟁이 나거나, 자연재해가 닥치거나, 야생동물의 습격이 있을 때 무엇으로 방어할 것인가? 우리는 흙을 활용해 벽과 성을 쌓고 집을 지어 위험으로부터 스스로를 보호한다.

즉 흙의 별자리들은 인생을 살아갈 때 방어적인 입장에 서며, 누군가

---

2) 긍정성이 아니다. "그래도 괜찮지 뭐~" 식의 밝음이라 보면 이해하기 쉽다.

를 먼저 공격하지 않는다. 그래서 온순하고 부드러운 성향으로 보일 수 있지만, 심한 공격을 받아 방어가 뚫린 상황에 처하면 타 원소의 별자리들보다 훨씬 무섭게 돌변한다. 마치 흙으로 압사시키려는 듯한 모습이다. 불과 마찬가지로 흙은 습기가 없는 원소기 때문에 극단적인 상황에서는 정(情)이나 공감을 스스로 차단해 버린다.

한편 모든 생명체가 흙 위에 서서 흙을 밟고 살아갈 때 안정감을 느끼듯, 흙의 별자리들은 안정을 정말 중요시한다. 그래서 '토지와 집' 등에 관심을 갖거나, '돈'에 몰입하는 경향이 많다. 타로카드에서 흙을 황금덩어리로 그려놓은 것을 보면 쉽게 이해할 수 있다.

자신의 미래를 안정되게 지켜주면서 어떤 사건 사고라도 대비할 수 있을 만큼의 돈이 수중에 있어야 하며, 만약 물질의 결핍이 있을 경우에는 극심한 우울증과 공황장애에 빠져버리기도 한다. 또한 누군가 자신의 풍요에 해를 가할 경우 소름끼치도록 무섭게 돌변한다.

황소자리는 소소하게 돈을 모아 안정된 상황으로 만들며, 처녀자리는 수익창출의 구조와 방법을 설계하고, 염소자리는 돈을 굴려 사업을 벌이는 형태가 일반적이다.

◆ 공기의 사인 - <쌍둥이자리, 천칭자리, 물병자리>

우리가 대화를 주고받을 때, 말은 입에서 나와 공기를 타고 상대의 귀로 전달된다. 즉 공기가 정보를 전달하는 매개체 역할을 하듯, 공기의 별자리들은 소통을 하며 가르침을 주고받기 위해 태어났다. 이들은 지식과 정보를 활용하여 자신과 주변을 더 수준 있게 만들고, 지적 자산을 활용하여 물적 자산을 창출한다.

한편, 점성술 고대문헌에 공기의 별자리들은 '인간적이고 따뜻하며, 정이 넘치고 온화한 성향'으로 기술되어 있다.

공기는 뜨겁고 습한 기질이며, 운명학에서 습한 기운은 감정형 인간을 의미하기 때문이다. 그러나 현실은 그렇지 않다.

이들은 대화, 지식, 언어, 배움, 가르침, 소통의 키워드를 활용해, 고차원적인 지식을 전하는 사인으로서 '인간다운' 면이 있을지언정, 마음으로 정과 사랑을 주고 받아 따뜻한 관계를 만드는 '인간적인' 면은 없다.

이 부분에 대한 실전이론은 타로카드를 생각해보면 좋다. 공기의 원소는 유니버셜 웨이트 타로에서 Swords, 즉 상대에게 상처를 입히는 용도인 검으로 표현했다. 실전에서 보여지는 공기의 별자리들은 칼처럼 차갑고 냉철하며, 과하게 말하면 잔인한 내면을 지녔다. 이성적이고 과학적인 두뇌를 활용하여 감정에 지배당하지 않은 채 올바른 판단을 내린다. 결코 온화하고 따뜻한 사인들은 아니며, 내면은 서늘한 논리로 채워져 있다.

◆ 물의 사인 - <게자리, 전갈자리, 물고기자리>

물은 담는 그릇에 따라 모양이 바뀐다. 인간의 감정을 하나로 규정하지 못하듯 변화무쌍한 물은 우리의 감정과 닮았다. 모래놀이 심리치료과정에서도 사용되는 물은 내담자의 마음과 트라우마를 이해하는 도구가 된다.

특히 운명학에서 물은 인간의 내면과 무의식을 상징하기 때문에, 점성술에서 물의 별자리들은 감정적인 사인으로 규정된다.

감정에 의해 이성과 논리가 흔들리며, 마음의 상태가 인생에 미치는 영향이 타 원소의 사인들보다 크다.

물은 무엇을 섞느냐에 따라 색과 냄새와 종류가 급변한다. 즉 이들은 주변의 영향을 잘 받는 편이다. 좋게 말하면 수용력이 뛰어난 것이지만, 나쁘게 말하면 주변의 상황과 분위기 그리고 사람들에게 휘둘리는 삶일 수도 있다. 그래서 만나는 이들이 정말 중요하며, 인생의 역경이 몰아쳤을 때 힐링과 치유가 반드시 필요한 사인들이다. 하지만 역으로 상대의 정서적인 문제와 정신질환을 잘 치유해주기도 한다.

4. 열두 별자리의 주인행성을 정하다.

사람들은 하늘에 배치되어 있는 조디악 열두 별자리에, 일곱 행성을 각각 넣어 주인으로 정해주기로 했다.

우선 낮의 왕과 밤의 왕이라 할 수 있는 루미너리들(태양과 달)부터 배치시켜, 왕권의 강화를 시작한다. 루미너리의 어원은 '빛나다'이다. 그럼 따뜻한 여름의 시기면서, 빛(낮)이 가장 오래 머무는 '하지로부터 두 달간의 기간'에 배치시키는 것이 합당하다.

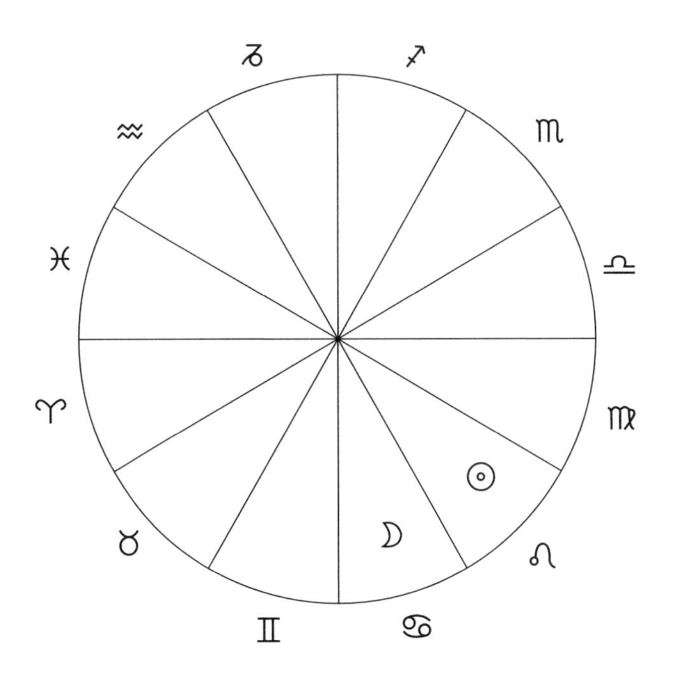

하지로부터 두 달은 게자리와 사자자리가 위치한다. 비가 쏟아져 축축한 시기를 맡고 있는 게자리에 달을 넣어주고, 빛과 열이 작렬하여 1년 중 가장 뜨거운 시기를 맡고 있는 사자자리에 태양을 넣어주기로 한다.

그래서 게자리의 주인은 달, 사자자리의 주인은 태양이 되었다.

인간들은 행성이 위치한 거리를 활용해 간결하게 접근한다. 두 루미너리로부터 가장 멀리 떨어져 있는 행성은 토성이기 때문에 태양과 달로부터 가장 먼 곳인 180° 위치에 토성을 배치했다. 그 결과 염소자리와 물병자리의 주인은 토성이 되었다.

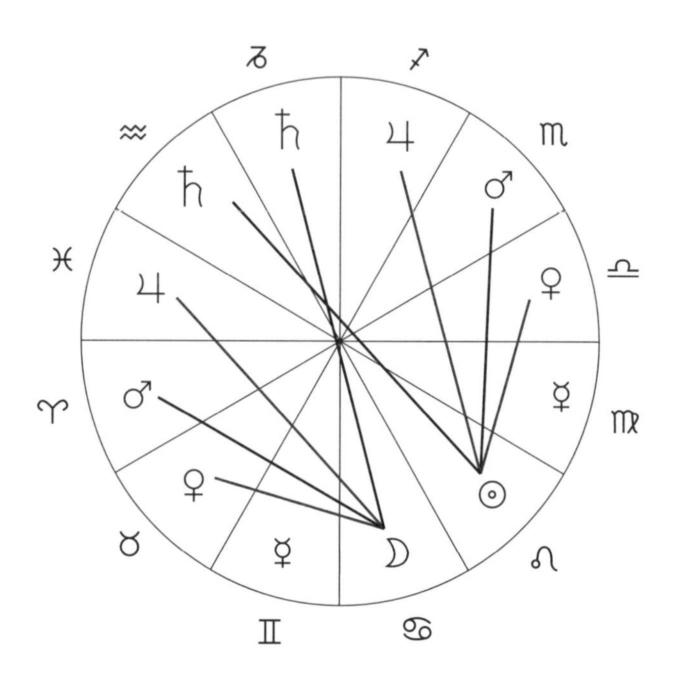

루미너리로부터 토성보다는 가깝지만 그다음 멀리 떨어져 있는 행성은 목성이다. 그래서 토성보다 안쪽 구역이면서 태양과 달로부터 120° 위치에 목성을 배치했고, 사수자리와 물고기자리는 목성이 주인이 되었다.

목성보다 가까운 쪽에는 화성이 위치한다. 그래서 루미너리로부터 목성보다 가까운 90° 위치에 화성을 배치했고, 양자리와 전갈자리의 주인은 화성이 되었다.

사실 태양계에서 화성 안쪽으로 태양과 가까운 다음 행성은 지구지만,

인간 중심의 학문이기 때문에 금성이 그다음이다. 그리하여 금성은 화성보다 안쪽에 위치하여 루미너리들과 60°의 위치인 황소자리와 천칭자리의 주인이 되었다.

그리고 태양과 가장 가까운 수성을 루미너리들에 바짝 붙여놓음으로써 수성은 쌍둥이자리와 처녀자리의 주인이 된다.

용어 배우기!

앞서 본 것처럼, '별자리가 집이고 행성이 주인'이다.
고전점성술에서 별자리 주인은 '로드(Lord)'라고 부른다.
ex) 양자리 로드는 화성이며, 황소자리 로드는 금성이다.

반대로 말하면, 화성의 집은 양자리와 전갈자리다.
점성가들은 집이라는 용어 대신 거주지라는 명칭을 활용하고, '도머사일(domicile)'이라 부른다.
ex) 화성의 도머사일(거주지)은 양자리와 전갈자리며, 금성의 도머사일은 황소자리와 천칭자리다.

집에는 주인의 냄새가 배어있듯, 별자리에도 행성의 냄새가 배어있다.

별자리의 성향을 이해할 때, 가장 쉬운 방법은 주인행성을 대입해 보는 것이다. 즉 양자리 주인은 화성이기 때문에, 양자리 성향의 많은 부분에 화성이 차지하고 있다.

행성의 특성을 올바르게 이해하고 있으면, 별자리의 성향을 공부할 때 이론의 근거를 찾기가 쉽다.

5. 행성과 음양에 따른 별자리 특성

별자리와 주인행성을 외우고 공부했다면, 하나의 의문점이 생길 수 있다. 하나의 행성은 보통 두 개의 별자리라는 집을 소유하고 있고, '별자리 성향'의 상당 부분은 '행성의 성향'으로 정해진다는 논리로 접근할 경우, 성향이 비슷한 별자리들이 발생한다.

즉 화성의 별자리가 양자리와 전갈자리라면, 이 둘의 기본성향은 주인행성인 화성이라는 이야기인데, 실제로 양자리와 전갈자리를 비교할 경우 "같은 주인행성 맞아?" 할 정도로 매우 다른 성향이 있기 때문이다.

같은 예로, 토성의 도머사일 별자리들은 염소자리와 물병자리다. 그래서 이 두 사인들은 토성이라는 공통 행성의 성향을 지녔다고 말할 수 있다. 그러나 실제로 염소자리와 물병자리는 함께 어울리는 것을 힘들어할 만큼 완전히 다른 성향을 보인다. 심지어 이 둘은 같은 겨울의 사인인데도 말이다.

물론 양자리는 불의 기질이며 봄의 성품을 지녔고, 전갈자리는 물의 기질이며 가을의 성품을 지녔기 때문에 다른 성향으로 작용할 수도 있다. 또한 염소자리는 흙의 기질이며, 물병자리는 공기의 기질이라는 것으로 성향차이를 논할 수도 있다.

하지만 똑같은 행성을 주인으로 삼는 두 별자리들이 성향차이를 보이는 가장 큰 이유는 '음, 양'이다. 같은 행성이 주인이라도 어김없이 하나는 음의 사인이고, 다른 하나는 양의 사인이다.

다음의 표를 보자.

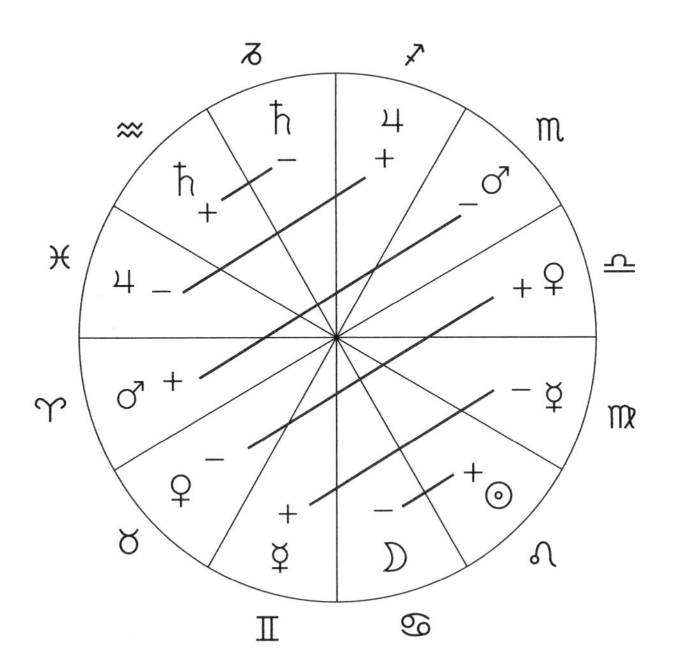

토성을 주인으로 하더라도

- 물병자리는 양(+)의 별자리, 염소자리는 음(-)의 별자리다.

목성을 주인으로 하더라도

- 사수자리는 양(+)의 별자리, 물고기자리는 음(-)의 별자리다.

화성을 주인으로 하더라도

- 양자리는 양(+)의 별자리, 전갈자리는 음(-)의 별자리다.

금성을 주인으로 하더라도

- 천칭자리는 양(+)의 별자리, 황소자리는 음(-)의 별자리다.

수성을 주인으로 하더라도

- 쌍둥이자리는 양(+)의 별자리, 처녀자리는 음(-)의 별자리다.

(달, 태양은 루미너리라는 타이틀로 묶고) 루미너리를 주인으로 하더라도

- 사자자리는 양(+)의 별자리, 게자리는 음(-)의 별자리다.

양의 기운은 주인행성의 활용 방향성이 밖으로 향하고 / 음의 기운은

안으로 향한다. 달리 말해, 양의 기운은 주인행성의 특성을 사람들에게 보여주며 거침없이 표출하는데 반해, 음의 기운은 주인행성의 특성을 내 안에서 깊숙이 활용한다.

같은 주인행성으로 묶인 두 개의 별자리를 음양론을 섞어 살펴보도록 하자.

◆ 사자자리 : 루미너리 + / 게자리 : 루미너리 –

사자자리는 루미너리(빛)를 밖으로 거침없이 표출하려한다. 내 옷, 내 차, 내 직함, 내 명예, 내 외모 등 밖으로 보여주는 부분을 빛나게 만든다. 반면 가정의 평화와 통장의 잔고 등 숨겨진 실질적 풍요는 상대적으로 적을 수 있다.

반면에 게자리는 루미너리(빛)를 내 안에서 은밀하면서도 깊이 꽉 채워 활용한다. 즉 밖으로 보이는 허세가 아니라, 내 통장을 꽉 채워 빛나게 만들고, 사회적인 명예보다 가정의 화목에 중점을 둔다.

◆ 쌍둥이자리 : 수성 + / 처녀자리 : 수성 –

쌍둥이자리는 수성을 밖으로 활발히 사용하며, 마음껏 표출한다. 자신의 이야기를 끊임없이 하고, 계속 말을 한다. 여러 사람들과 정보를 공유하며 지식을 전하고 배우는 데에 삶의 많은 에너지를 쏟는다.

하지만 처녀자리는 수성을 자신의 두뇌 속에서만 사용한다. 정보를 들으면 그것에 대해 분석하고 연구하며, 지식으로 저장하여 언제든지 토론할 준비가 되어 있다. 수성을 머릿속에 은밀하게 모두 저장하니 마치 뇌가 백과사전과도 같다.

◆ 천칭자리 : 금성 + / 황소자리 : 금성 –

천칭자리는 금성을 밖으로 사용하며, 금성포장지를 두른 채 표출하며 살아간다. 고가의 옷이나 사치품, 품격있는 사무실, 각종 성형시술 등으로 자신을 어필하고, 능력 있는 사람을 만나 자신의 외적 가치를 드러내기도 한다. 사회생활에 특화되어 있으며, 속과 다른 밝은 모습으로 상대를 현혹한다.

황소자리는 금성을 굳이 밖으로 사용하려 애쓰지 않는다. 유전자 전체에 금성이 깊숙이 박혀있기 때문이다. 사랑, 로맨스, 부드러움, 이성과 쾌락, 패션과 아름다움, 게으름 등 모든 금성의 단어가 황소자리라 하겠으니, 밖에서 사람들과 있을 때나 집에서 혼자 있을 때나 금성의 모습 그대로다.

◆ 양자리 : 화성 + / 전갈자리 : 화성 –

양자리는 화성이라는 무기를 밖으로 휘두르며 살아간다. 본능을 감추지 않고, 자신의 생각과 마음을 과격하게 표출하는 인생이다. 때로는 도전정신으로, 때로는 공격성으로, 마치 장난감 칼을 휘두르며 노는 다섯 살 어린이 같다.

그러나 전갈자리는 화성이라는 무기를 거꾸로 잡고, 자신의 내면에 휘둘러 상처를 내며 내적질환을 안고 살아간다. 우울증, 공황장애, 애정결핍, 자살이나 범죄의 유혹 등과 긴밀해지는데, 이것을 역이용하는 전갈자리는 오히려 심리학과 범죄연구의 대가가 된다.

◆ 사수자리 : 목성 + / 물고기자리 : 목성 –

사수자리는 목성이라는 성공과 가르침의 힘을 밖으로 사용한다. 올바름과 윤리, 절제와 교직의 힘을 세상에 어필하며, 고상한 신념을 지식의 리더가 되는 일에 사용하고, 사람들에게 존경을 받으며 성공의 길로 거침없이 달려간다.

반면에 물고기자리는 목성이라는 성공과 가르침의 힘을 자기 안에 사용한다. 사회적 성공보다 내적인 평화와 깨달음의 경지로 나아가고, 남을 가르치기보다 무엇이든 배우려는 자아성찰의 삶을 살아간다.

◆ 물병자리 : 토성 + / 염소자리 : 토성 –

물병자리는 토성을 망설이지 않고 있는 그대로 표출한다. 자신은 남들과 다르다, 누구보다 특별하다 외치고, 평범한 사람들과 어울려 살기를 거부한다. 삶을 혼자 즐기고, 조직생활에 어울리지 못하며, 비판능력과 완벽주의를 무기삼아 자신만의 세계를 구축한다.

염소자리는 토성을 내면에 감추고 실속있게 살아간다. 토성의 습성은 자본주의 사회에서 도태된다는 것을 알고 있기 때문에 그 특성을 내면에 은밀히 감춘다. 하지만 토성의 강한 인내심으로 성공의 길을 걷고야 만다.

6. 욕심의 별자리와 섹스의 별자리 논란 종결

고전점성술에는 '정욕의 궁'이라는 명칭을 붙여 많은 점성가들을 잘못된 지식으로 이끄는 이론이 있다. 이 부분은 지금도 똑같이 쓰이고 있다. 문헌에 갇힌 사고가 그저 안타까울 따름이다.

이론적으로 정욕의 궁은 뿔이 달린 별자리 3개와 지느러미 달린 별자리 1개로써, 양자리, 황소자리, 염소자리, 물고기자리를 말하고, 이들은 이름처럼 정욕적이고 섹스와 밀접한 삶이다.

이것은 임상 없는 이론일 뿐, 실전에서는 그렇지 않다. 물고기자리는 성적인 삶과 거리가 멀고, 육체적 쾌락보다 마음의 평화와 정신적 가치를 추구한다.

이 부분은 애초에 단어 선택이 잘못되었다. 정욕의 궁이라는 뉘앙스가 성적인 느낌을 주고 있어 그런 이론이 만들어졌는데, 사실은 '욕심의 궁'이라 해야 한다.

즉 양자리, 황소자리, 염소자리, 물고기자리는 '욕심의 별자리'다.

이들은 조디악 순서로 뒤로 가면서 한 차원 높은 욕심으로 변한다.

양자리는 본능에 대한 욕심이다. 먹고, 싸고, 자고, 사고, 말하고 등 일차원적으로 내가 하고 싶은 모든 본능에 대한 욕심인 것이다.

황소자리는 더 나아가서 사랑과 소유에 대한 욕심이다. 이성과 관계를 맺고 애정으로 가득한 삶을 꿈꾸며, 물질적인 안정에 집착을 보인다.

염소자리는 이것보다 한 차원 높게 권력과 통치에 대한 욕심이다. 자신이 언제나 갑(甲)의 위치에 있어야 하며, 모든 것을 통제하고 다스려야 한다.

마지막으로 물고기자리는 물욕을 벗어 던진 채, 신의 경지에 도달하고자 하는 욕심이다. 즉 우주만물의 이치를 통찰하고자 한다.

점성가들이 욕심의 별자리를 섹스의 별자리로 혼동하는 이유는, 3개의 별자리가 중첩되기 때문이다.

섹스의 별자리는 양자리, 황소자리, 염소자리 그리고 사수자리다. 즉 양자리, 황소자리, 염소자리는 욕심의 별자리면서 동시에 섹스의 별자리인 것이다.

뿔이 달린 짐승의 별자리 3개 그리고 하체가 말(horse)인 켄타우로스 - 사수자리를 기억해두자. 이들이 진정으로 섹스와 연관된 삶이며, 성적인 능력까지 발달되었다.

7. 열두 별자리의 구체적 특성

♈ 양자리		
	원 소	불
	계 절	봄
	Domicile	화성
	Exaltation	태양

화성의 상징과도 같은 양자리는 도전적이고 솔직하다.

언제나 있는 그대로 표현하며 살기 때문에 어린아이와 같은 순수함이 있지만, 이런 성향은 간혹 무례하게 보이고 상대방을 부담스럽게 만든다. 하지만 이들은 아랑곳하지 않으며, 언제나 당차게 살아간다. 어찌보면 눈치가 없다고 볼 수 있어 초년기에 사람들과 어울림에 문제를 겪는 경우가 종종 있다.

돈, 사업, 레저, 관계, 취미 등을 불문하고 위험하거나 모험적인 것이라면 무엇이든 두려워하지 않으며 거침이 없어, 때로는 위험에 직면하거나 사건과 구설에 노출되기도 한다.

타고난 정의감으로 인해 사람들과의 관계에서 문제를 일으키지만, 적어도 계략이나 꿍꿍이는 없다.

영유아기의 소년처럼 쾌활하고 명랑한 기질이 있지만, 주로 자신의 입장에서만 생각하고, 끈기가 없어 중도 하차를 주의해야 한다.

스트레스나 마음의 상처를 받아도, 자신을 즐겁게 만드는 무언가로 인해 금방 회복되며 다시 즐거운 감정으로 돌아간다.

이루지 못한 것에 대한 집착이 강하며, 자기관리보다 본능을 따르기 때문에 타인을 통해 풍요를 획득하고자 한다.

♉ 황소자리	원 소	흙
	계 절	봄
	Domicile	금성
	Exaltation	달

황소자리는 거칠고 무서운 성향을 내면에 감춘 채, 부드럽고 온순하게 타인의 입장을 생각하며 살아간다.

내향적이며 분쟁을 좋아하지 않아서, 남에게 부정적인 감정을 쏟지 않고 참기 때문에 보통 화병이 있으며, 그것이 터질 경우 돌이킬 수 없는 관계를 만든다.

인기의 상징인 두 여성의 행성을 모두 사용하는 사인이기 때문에, 여성스러운 매력이 주목을 끌고, 수용하는 기질이 뛰어나 타인의 이야기를 잘 들어줘 마음을 치유해 준다.

금성의 대표 별자리답게 아름다운 것과 예술을 추구하고, 듣기 좋은 음성과 남다른 패션감각을 타고난다.

흙의 사인인 황소자리는 땅과 돈을 상당히 좋아하며, 수중에 여윳돈이 없을 경우 상당히 괴로워한다.

풍요로운 인생을 살고자 하는 욕망이 크지만, 금성으로 인해 육체적으로 게으르고 자신을 꾸미는데 있어 사치스럽다. 그럼에도 불구하고 흙의 기질을 발동하여 또 다시 성실하게 돈을 모아 안정적인 삶을 추구한다. 다만 각종 중독과 쾌락에 빠져들 수 있어 자기관리가 필요하다.

꽃축제와 동물 발정기, 인간에게는 결혼식(5월의 신부)의 시기를 담당하는 황소자리는 이성, 사랑, 연애 등에 관심도가 매우 높다.

Ⅱ 쌍둥이자리	원 소	공기
	계 절	봄
	Domicile	수성
	Exaltation	X

쌍둥이자리는 언제나 대화를 즐긴다.

처음 본 사람이든 친한 사람이든 정도의 차이가 있을 뿐, 누군가와 꼭 소통하고 있다. 이런 쌍둥이자리가 누군가와 이야기를 하지 않는 경우는, 상대를 배척하고 마음의 문을 닫았을 때 뿐이다.

봄의 사인답게 쾌활하고 밝은 모습을 보여주고, 말이나 행동이 어린아이처럼 귀여울 때가 있다.

하지만 수성은 상인의 행성이라 했다. 귀여움과는 별개로 물질적으로 매우 치밀하고 계산적인 장사꾼의 모습을 지니고 있다. 또한 타인의 것을 마음대로 모방해 풍요의 창출 수단으로 삼는다.

헤르메스인 수성을 밖으로 어필하는 사인이기 때문에 표현이 솔직하고, 남에게 정보를 제공하거나 배우는 것을 좋아하며 잔재주에 능하다.

하지만 정신없이 빠른 말로 남을 현혹시키며 거짓말에 능통해, 말로 인한 문제를 일으키기도 한다.

그리고 타인의 말을 듣기 보다 자신이 말을 하려는 성향으로 인해, 의사소통이 아닌 일방적인 통보를 한다. 반면에 다양한 소재로 끊임없이 말을 이어갈 수 있어 부담없는 이미지를 준다.

수성(중성, 무성)의 기본 특성상, 성적 매력은 떨어진다.

양자리, 황소자리와 함께 쌍둥이자리도 봄의 사인이기 때문에 끈기가 부족하다.

♋ 게자리	원 소	물
	계 절	여름
	Domicile	달
	Exaltation	목성

게자리는 내향적이며 여성적이고, 누군가의 보호자로 살아간다.

어머니를 의미하는 달을 사용하기 때문에 다정하며 부드럽고, 가족 외에도 자기 사람이라 여기면 아낌없이 베푸는 성향이 있다. 하지만 아니라고 판단되면, 무서운 냉철함으로 관계를 단절한다. 심할 경우 달의 여신 아르테미스처럼 보복도 서슴지 않으며 베풀었던 것까지 하나하나 회수해 가는 집요함[3]을 보인다. 이런 양면적인 성향으로 인해 음흉하다고 보는 이들이 종종 있어 호불호가 상당히 나뉘는 편이다.

한편 목성이 굉장한 행복감을 얻는 사인이라 돈과 성공에 욕심이 있으며, 인맥을 활용하려 하고 홍보에 능하다.

누구와도 사적관계로 나아갔다면 공적관계를 무의미하게 생각하며, 과거의 사건을 잊지 않고 곱씹는다.

내성적인 성향과 방어적인 기질로 인해 파악하기 어려운 사람이 대부분이며, 자신을 쉽게 보여주지 않아 가면을 쓴 것과 같다.

나이와 성별을 불문하고 보수성이 매우 강하며, 전통과 관례를 중시하고 남아선호사상을 보이기까지 한다. 감정의 평안이 상당히 중요하기 때문에 소속된 가정이 없거나 안정된 정착지가 없을 경우 매우 혼란스러워한다.

술에 취하는 등 이성의 끈이 풀리면 게의 외껍질을 벗고 흐트러질 수 있다.

---

3) 암(癌)을 cancer라고 이름을 지은 것도 게자리의 집요함처럼 인체에 집요하게 붙어 있기 때문이다.

♌ 사자자리	원 소	불
	계 절	여름
	Domicile	태양
	Exaltation	X

사자자리는 솔직하고 자신을 꾸밈없이 그대로 표현한다.

태양계의 절대 권력자, 우주의 중심인 태양이 주인이기 때문에 자신을 거리낌 없이 있는 그대로 표출하지만, 솔직함이 지나쳐 타인들과 종종 마찰이 있다.

황제가 즉위한 후부터는 자신의 이미지와 누군가의 반역을 신경 쓰며 평생 스트레스 받는 것처럼, 구설이나 뒤통수를 매우 민감하게 받아들인다. 그래서 진정으로 남을 신경쓰지 않는 양자리와는 다르다.

먼저 모범을 보이려는 리더쉽과 대중들을 이끄는 지도력이 있으며, 강하고 화려한 모습으로 좌중을 압도한다.

사람들의 관심이 필요하기 때문에 유행을 선도하며 언제나 그 중심에 서 있다.

또한 사람들을 위해 아낌없이 돈을 쓰기도 하지만 그것은 어디까지나 자신의 이미지 혹은 명예 때문이다. 황제답게 비굴하거나 천한 것을 싫어하며, 항상 당당하게 행동하고 품위를 지키려 한다.

뛰어난 자존감으로 타인과 비교당하는 것을 거부하고, 보통 부유한 이미지를 풍긴다. 하지만 자존감이 정도를 지나치면 자기애성 인격장애(소시오패스가 되기 위한 기질)를 가지고 살아간다.

태양을 활용하여 영성이 발달했으며 정신세계에 대한 관심이 많지만, 불의 대표 별자리라 공감능력이 부족하다.

♍ 처녀자리	원 소	흙
	계 절	여름
	Domicile	수성
	Exaltation	수성

처녀자리는 상당히 계산적이며 실리를 중시한다.

수성이 주인인 동시에 굉장한 행복감도 얻는 사인이기 때문에[4], 매사에 꼼꼼하고 무엇이든지 세분화하여 수치화하는 경향이 있으며, 대체로 흠 없이 깔끔하고 점잖은 모습이다.

책이나 학업 등에 밀접한 인생이며, 주변정리와 자기관리 그리고 머릿속 지식정리를 잘한다. 하지만 모든 것을 문서화 하는 기질과 AI같은 말투로 인해 타 별자리들이 부담스러워 한다.

교직에 종사하지 않더라도 보통 지적이고 학구적인 사람들이 많으며, 자신의 분야에서 완벽을 추구하기에 높은 경지에 오르곤 한다. 심지어 자신의 분야에서 내가 제일 똑똑한 사람이어야 하며, 전문용어를 사용하여 대화를 즐긴다. 그래서 자신의 분야나 지식에서 만큼은 위아래를 가리지 않고 할 말을 한다.

완벽주의가 심해 중요한 일을 결정할 때는 매우 우유부단하고, 관계에 있어 넘을 수 없는 벽을 치는데, 만약 타인으로 인해 자기 기준의 벽이 뚫릴 경우에는 관계를 단절하거나 공격성을 보인다. 그래서 수성 2개를 지닌 사인임에도 토성과 화성의 성향을 활발하게 보여주는 것처럼 느껴진다.

조신하지만 까칠한 느낌이며, 똑똑하지만 차가워 보이는 느낌으로 어필되며, 성적 매력은 떨어진다.

감추는 면이 많은 사인이기에, 술에 취할 경우 자신의 벽을 허물고 평소와 다른 모습을 보여주곤 한다.

---

4) 수성 + 수성 = 토성의 특성과 같다.

♎ 천칭자리	원 소	공기
	계 절	가을
	Domicile	금성
	Exaltation	토성

천칭자리는 금성의 포장지로 예쁘게 둘러싸여 있으나 내용물은 토성으로 가득 차 있다.

겉은 부드럽고 온화해 보이는 금성의 모습이지만 내면은 냉철하고 방어적인 토성의 차가움이 있다. 타인을 배려하고 챙겨주는 금성의 모습과, 선을 긋고 거리를 두는 토성의 상반된 내면이 강하게 충돌하는 사인이다. 주로 밖에서는 금성을 표출하여 친절하고 조화로운 모습을 보이지만, 친한 사람이나 가족들에게는 토성을 표출하여 통제적이고 비판적인 모습을 보인다.

천칭자리는 아직까지 대중들에게 친절의 아이콘이 되어 있는데, 내면은 얼음과도 같다. 긍정성과 부정성이 대립하듯 공존하며, 사이좋고 아름다운 관계를 원하면서도 사람들이 깊은 관계를 요구하면 벽을 친다.

한편 외적인 가치를 중시하여 직함을 중요하게 생각하고, 자신을 고가의 물품으로 품격 있게 꾸미며, 외모에 대해 상당히 신경을 쓰기도 한다. 심지어 자신의 배우자 혹은 애인도 자신의 지위를 올려줄 사람이어야 한다.

대체로 호감형의 이미지로 많은 이들이 좋아하며, 외교의 사인답게 사회적 인맥을 활용하고 사회생활에 특화되어 있다. 또한 상대를 배려하며 대화를 하는 것 같지만, 결국 자신의 생각과 의도대로 이끌고만다.

♏ 전갈자리	원 소	물
	계 절	가을
	Domicile	화성
	Exaltation	X

전갈자리는 자신의 진정한 내면을 잘 감추며, 가장 심오하고, 깊은 무의식과 정신세계를 가지고 있다.

고정된 물, 즉 썩은 물의 상징으로써 탁해진 감정을 의미하는 별자리기 때문에 우울증, 공황장애, 세상에 대한 두려움, 애정결핍, 복수심, 자살, 범죄심리 등과 긴밀한 연관이 있다. 그래서 감정컨트롤에 신경 써야 한다. 하지만 역으로 사람의 심리를 잘 꿰뚫으며 정신적 문제가 있는 사람들을 상대하는 일[5]이 잘 맞는다.

기호의 모양은 Money의 M을 상징하기도 하여, 의외로 물질과 실리를 중시하는 면이 있다. 그래서 오컬트 분야나 철학적인 분야를 좋아하는 자신의 모습과 때로는 상반되는 모습을 보이곤 한다.

많은 이야기를 나누어도 정작 자신의 사적인 이야기는 없거나 진실을 감추고 있어, 음흉하다는 이야기를 듣는다. 화성을 내적으로 사용하는 사인이기 때문에, 아무리 웃는 모습을 보인다 한들 결코 부드러운 사람은 아니다.

몸에서 생식기를 의미하는 전갈자리에게 사람들은 성적 매력을 느끼지만, 정작 자신은 성적인 부분에 관심이 덜하거나 개방되어 있지도 않다.

가면의 사인인 만큼, 술에 취하면 평소와 다른 완전히 상반된 모습을 보여준다. 한편, 전갈은 절지동물이지만 랍스터를 닮아 갑각류의 기운이 있어, 자신의 사람이 아니라 여길시 다리를 절단해 버리듯 관계를 무섭게 잘라내곤 한다.

5) 자살방지센터, 프로파일러, 심리학박사, 정신과의사, 형사, 교도관 등

♐ 사수자리	원 소	불
	계 절	가을
	Domicile	목성
	Exaltation	X

사수자리는 열정적이고 도전적이며, 긍정적이면서 화끈하다.

불의 기질이 풍요의 목성을 폭발시켜, 지식적으로나 물질적으로나 상류층 인생으로 달려나간다. 그 열정과 에너지가 희망에 찬 말로 표출되는 경우도 있고, 말없이 자신감 있는 행위로 드러나는 경우도 있다. 이처럼 사수자리는 성공을 위해 끊임없이 달리는 용사의 사인이다.

이들은 목성의 상징이기 때문에 윤리나 사람됨을 중요하게 생각하여 가르침을 주기도 하지만 때로는 신념의 강요로 전해져 잔소리의 아이콘 취급을 받는다. 특히나 교직에 종사하지 않는다면 그 가르침의 능력을 가정에 쏟아내 자녀들이나 배우자 입장에서 어느정도 괴로워하는 별자리다.

종교적 성향이 발휘되어, 자신이 인정한 사람이라면 끝까지 믿고 따르기 때문에 마치 집착이 심한 것처럼 보이기도 한다.

뛰어난 체력과 활력은 자신이 목표한 바를 이루기 위해서 강인하게 발동하지만 때로는 성적인 부분에서 나오는 경우도 있어, 밤에는 짐승으로 돌변한다.

자신의 생각을 솔직하게 표현하지만, 스승의 이미지가 강하기에 사회생활에서 존경스러운 모습으로 어필이 되는 경우가 많다. 그래서 불의 사인들 중에 제일 구설이 따르지 않는다.

술에 취하는 등 이성의 끈이 풀리면 목성의 껍데기를 벗어던져 상당히 음란해지고 충동적으로 변한다.

♑ **염소자리**	원 소	흙
	계 절	겨울
	Domicile	토성
	Exaltation	화성

염소자리는 권력가이자 오너의 사인이고, 실용주의자이며, 풍요를 중시한다. 이들은 조디악 순서로 가장 꼭대기에 위치했기 때문에 세상을 통치하고 지도하려 한다.

토성을 유리하게 사용하는 이들은, 자신의 안정을 위해서 워커홀릭의 힘을 활용할 수 있으며, 강한 인내심으로 어렵고 힘든 상황이 오더라도 극복하고자 한다.

그러나 성(性)적으로나 물질적으로 쾌락적인 삶이 꾸준히 함께한다. 본능의 행성인 화성이 때때로 폭발하는 사인이기 때문이다.

사적관계라도 공적관계를 우선시하며, 감정컨트롤에 능하고, 싫은 사람이라도 공적으로 활용가치가 있을 경우 웃으며 좋은 관계를 유지한다.

리더의 위치에 있는 염소자리들은 자신이 우위에 있다는 것을 틈틈히 세뇌시키기 위해, 대화 중에 위아래 상관없이 말을 은근슬쩍 놓는다.

토성이 근본이기 때문에 기본적으로 비판적인 성향이 있지만, 사회적인 성공을 위해서 거칠게 표출하지는 않는다.

또한 본래 내향성의 별자리임에도 불구하고, 화성으로 인해 매우 도전적이고 열정적이며, 심지어 공격적인 모습을 보이곤 한다.

사교계에서는 자신이 갑(甲)의 위치에 있거나, 주도권을 쥐는 위치에 있어야 하며, 그렇지 않으면 타인들과 갈등이 쉽게 일어나고 싸움이 잦다. 자기 홍보와 경영에 있어서 그 어느 별자리들보다도 뛰어난 능력을 보여주고 있어, 자본주의에 최적화된 사인이라 하겠다.

♒ 물병자리	원 소	공기
	계 절	겨울
	Domicile	토성
	Exaltation	X

물병자리는 고독한 몽상가다. 토성이 인간이 되어 태어난 것 같은 이 사인은 독창적인 시각과 취향으로 대다수 사람들과 다른 인생을 살아간다. 이러한 면이 더욱 발달하면 약자와 소수자를 위한 삶을 살아가며, 동성애적 기질로 인해 비혼주의로 이어지기도 한다.

서로 간의 사생활을 중시하기 때문에 혼자 있는 것을 즐기고, 피해를 주는 것과 받는 것 그리고 통제받는 것을 극도로 싫어한다. 그래서 개인주의자라는 평을 많이 받는다.

이성과 논리가 발달해 공감하는 것을 어려워하며, 심할 경우 소시오패스적 성향으로 오해받기도 한다. 그리고 사람보다 동물에게 더 깊은 애정을 보인다.

유행을 상당히 싫어하며, 자신만의 세계를 즐긴다. 그래서 예술이나 첨단지식, 물장사, 운명학 등 일반적이지 않은 일로 성공하지 않는 이상 사회적으로 도태될 확률이 높다. 삶의 방향을 잡지 못한 물병자리들은 비관주의와 음모론에 빠지는 회의론자가 될 수 있다.

완벽함을 추구하는 성향으로 인해 대다수의 사람들과 화합하기 어렵고, 자유를 가장 소중하게 생각하여 구속된 환경을 유난히 힘들어한다.

자신의 고차원적인 지식을 타인에게 전달하는 것을 매우 좋아하며, 4차원의 평을 종종 듣는 예술가, 방랑자와 같다.

♓ 물고기자리	원소	물
	계절	겨울
	Domicile	목성
	Exaltation	금성

물고기자리는 신비주의가 강하며 생태계 & 우주의 모든 것과 공감하고 교감하는 능력이 있다.

목성을 내면에 깊이 간직하는 사인이기 때문에 무엇이든 배우는 것을 좋아하고, 종교나 철학적인 분야를 넘어서 모든 오컬트와 무속적인 영역에도 소질이 있다.

별자리 원소로나 계절 원소로나 행성 원소로나 모두 물의 사인인 물고기자리는 인간뿐 아니라, 만물과 정신이 이어져 있다. 그래서 동물이 유난히 잘 따르며, 식물도 이들의 손을 거치면 번성한다.

금성이 굉장한 행복감을 얻는 이들은, 직관력이 매우 뛰어나고 인위적이지 않은 아름다움을 추구하며, 모든 문화 예술 분야에서 두각을 나타낸다.

자신의 가정을 넘어 세계 평화를 소망하고, 인간을 넘어 지구와 자연까지 매우 소중히 여긴다. 그리고 자아성찰과 깨우침을 위해 살아가며, 영성을 세상에 전파한다. 물고기자리는 고차원적인 지식의 높은 경지에 오르는 신의 제자와도 같다.

흉성들이 차트를 심하게 망치지 않는 한 열두 별자리들 중에 가장 온화한 사인이며, 기부활동이나 봉사활동을 통하여 어려움에 처한 모든 것들을 위해 헌신하고 베푸는 데 에너지를 쏟는다.

봄 별자리	
♈ **양자리** Aries 3.21~4.20	양(陽)의 별자리(+) 불의 별자리 Cardinal 기본적인, 앞장서는 주인행성 : ♂ 화성 욕심의 별자리 / 섹스의 별자리 신체부위 : 머리, 얼굴, 귀
♉ **황소자리** Taurus 4.20~5.21	음(陰)의 별자리(-) 흙의 별자리 Fixed 고정된, 변치 않는, 확고한 주인행성 : ♀ 금성 욕심의 별자리 / 섹스의 별자리 신체부위 : 목, 기관지, 성대
♊ **쌍둥이자리** Gemini 5.21~6.21	양(陽)의 별자리(+) 공기의 별자리 Common 공통의 / Double Body 주인행성 : ☿ 수성 신체부위 : 팔, 손, 어깨

여름 별자리	
♋ **게자리** Cancer 6.21~7.22	음(陰)의 별자리(-) 물의 별자리 Cardinal 기본적인, 앞장서는 주인행성 : ☽ 달 신체부위 : 가슴, 위
♌ **사자자리** Leo 7.22~8.23	양(陽)의 별자리(+) 불의 별자리 Fixed 고정된, 변치 않는, 확고한 주인행성 : ☉ 태양 신체부위 : 심장, 혈액, 척추
♍ **처녀자리** Virgo 8.23~9.23	음(陰)의 별자리(-) 흙의 별자리 Common 공통의 / Double Body 주인행성 : ☿ 수성 신체부위 : 배, 장기

가을 별자리	
♎ **천칭자리** Libra 9.23~10.23	양(陽)의 별자리(+) 공기의 별자리 Cardinal 기본적인, 앞장서는 주인행성 : ♀ 금성 무생물의 별자리 신체부위 : 골반, 엉덩이, 신장, 방광, 비뇨기
♏ **전갈자리** Scorpio 10.23~11.22	음(陰)의 별자리(-) 물의 별자리 Fixed 고정된, 변치 않는, 확고한 주인행성 : ♂ 화성 신체부위 : 생식기, 항문, 신장, 방광, 비뇨기
♐ **사수자리** Sagittarius 11.22~12.22	양(陽)의 별자리(+) 불의 별자리 Common 공통의 / Double Body 주인행성 : ♃ 목성 반인반수의 별자리 / 섹스의 별자리 신체부위 : 허벅지, 근육, 엉덩이

겨울 별자리	
♑ **염소자리** Capricorn 12.22~1.20	음(陰)의 별자리(-) 흙의 별자리 Cardinal 기본적인, 앞장서는 주인행성 : ♄ 토성 욕심의 별자리 / 섹스의 별자리 신체부위 : 무릎, 뼈, 치아, 피부
♒ **물병자리** Aquarius 1.20~2.19	양(陽)의 별자리(+) 공기의 별자리 Fixed 고정된, 변치 않는, 확고한 주인행성 : ♄ 토성 신체부위 : 종아리, 발목, 순환기
♓ **물고기자리** Pisces 2.19~3.21	음(陰)의 별자리(-) 물의 별자리 Common 공통의 / Double Body 주인행성 : ♃ 목성 욕심의 별자리 신체부위 : 발

8. 열두 별자리의 구체적 외형

별자리가 외형에 미치는 영향력은 상승궁이 70%, 상승로드가 위치한 별자리가 30%를 차지한다. 다만 쌍둥이자리만 독특하게 상승궁이 20%, 상승로드가 위치한 별자리가 80%로 다르다.

양자리는 양의 얼굴처럼 역삼각형으로 갸름하거나 긴 얼굴형이 많다.

불의 기운을 보여주듯 도전적이고 강인한 분위기를 지녔으며, 충동적일 것 같은 이미지를 풍긴다.

춘분점으로 시작하는 양자리는 새싹을 상징하여 어린아이를 의미하는 별자리다. 아이들이 숨김이 없고 솔직한 것처럼 양자리는 주목받거나 당황할 때 피부가 유난히 빨개진다.

어린아이는 옷을 말끔하게 챙겨 입지 않는다. 또한 어린아이는 형형색색 알록달록한 옷도 소화해 낸다. 양자리는 원초적이며 걸친 듯 마는 듯한 옷을 입어 섹시한 분위기를 내기도 하며, 쨍한 색깔이 있는 옷이나 액세서리 그리고 염색으로 멋을 부린다. 또한 어린아이처럼 천진난만한 표정을 하며, 자신을 표현하고자 하는 언행과 몸짓을 보인다.

잘 삐지고 질투하는 모습, 쓸데없는 경쟁을 하거나 진지함이 없는 태도가 이미지로 고착되지 않도록 주의가 필요한 사인이다.

인기를 상징하는 두 여성의 행성을 활용하는 황소자리는, 자신에게 주어진 최고의 장점인 '아름다운 외모'를 어필하며 살아간다.

보기 좋은 패션을 선보이며 듣기 좋은 목소리와 좋은 향기를 발산한다. 그리고 부드러운 피부와 빽빽한 머리숱에서 매력이 뿜어져 나오고,

붉은 입술, 특유의 고혹적인 눈빛을 뽐낸다. 주로 입꼬리가 올라가 있고 웃을 때 매력적인 광대가 발달했다.

황소자리는 크게 금성의 외모를 타고난 이들과 달의 외모를 타고난 이들로 나뉜다.

금성의 외모는 전형적인 미남 미녀로써 부담스러울 만큼 조각된 얼굴을 보여주고, 큰 이목구비와 볼륨감 있는 육체를 소유했다. 또한 선과 규격에 맞는 진한 화장을 통해 자신의 아름다움을 더욱 발산한다.

달의 외모는 친근하고 훈훈한 얼굴을 하며, 눈이 크지 않더라도 사랑스러운 눈웃음이 특징이다. 몸도 통통하지만 거부감 없는 살집으로 호감을 주고, 자연스러우면서 연한 화장을 선호한다.

황소자리는 대체로 서비스업 혹은 연예인의 분위기를 내며, 자신의 외모를 알고 있기 때문에 어디에서든 고개를 들고 자신감을 보인다.

쌍둥이자리는 열두 별자리 중에 외모의 다양성을 가장 많이 보여준다. 왜냐하면 타 사인들보다 '상승로드가 위치한 별자리'의 외모에 영향을 많이 받기 때문이다.

모방이 생활화 되어 있는 이들이기 때문에, 외모에서조차 다른 별자리를 모방하는 것이다. 주인 수성이 황소자리에 있는 이들은 황소자리 외형을 보여주며, 처녀자리에 있는 이들은 처녀자리의 모습으로 태어난다.

그럼에도 쌍둥이자리 고유 외모에 대한 임상을 전하자면, 크게 두 가지로 구분된다.

첫째, 쌍둥이자리 '기호' 모양처럼 마르고 긴 형태를 하고 있어, 갸름한 얼굴과 날씬한 몸을 평생 유지한다.

둘째, '쌍둥이'라는 별자리 이름처럼 두 개의 몸을 합친 형태로, 통통함을 넘어서 많이 풍만한 외모를 보여준다.

둘의 공통점은 살짝 튀어나온 입과 넓은 이마에 비해 좁은 하관 그리고 지적인 분위기의 외모다.

게자리는 어머니의 행성인 달의 도머사일이기 때문에, 편안함을 주는 얼굴로 부담없이 다가갈 수 있는 이미지를 보여준다. 그리고 친근한 분위기와 상냥한 태도로 더욱 사람들을 모은다.

또한 여왕을 의미하는 달과 귀족을 의미하는 목성을 활용하는 별자리인 만큼, 풍요의 상징인 '살'과 평생 함께한다. 비만인 경우도 있지만 건강미 넘치는 살집이 보통이며, 유난히 부드럽고 말랑말랑한 피부를 지녔다.

둥글게 솟은 광대가 아름답고 눈이 크며 얼굴에서 광채가 나기 때문에 부유해 보이는 외모가 특징이다.

간혹 마음이 안정되지 않은 게자리들은 예민하면서 우울한 얼굴을 하고 있으며, 항상 미간에 세로 주름이 있다.

별자리와 행성과 계절의 원소가 모두 불인 사자자리는, 불처럼 가장 화려한 외모를 보여주고 어디서나 눈에 띈다. 형형색색의 옷과 액세서리로 표현하고, 과감한 색으로 염색을 하기 때문에 마치 연예인을 보는 듯하다.

'수사자'의 형태가 물형법(物形法)으로 활용되면, 갈기를 휘날리는 듯한 파마머리를 하고, 눈매가 상당히 날카로우며, 입이 크고 송곳니가 발달한다. 눈이 삼백안이거나 아래서 위로 눈을 치켜뜨고 보는 습관이 있어 맹수를 보는 것 같다.

양(陽)의 기운이 발달한 사인이기 때문에 사자자리 여성들은 강렬한 숏컷으로 남다른 매력을 보여주며, 지배욕이 강한 이들은 검은색 옷과 검은 머리칼을 선호한다.

왕족의 신분을 하고 있어, 명품으로 자신을 어필하는 경우가 많으며, 독창적인 디자인의 모자나 가방을 활용해 주목을 끈다.

두뇌가 마치 백과사전과 같은 처녀자리들은 똑똑해 보이는 외모로 지식인의 이미지가 많다.

주로 무채색 옷을 입고 까칠한 표정을 짓기 때문에, 처녀자리라는 이름에 걸맞지 않게 화사한 느낌이 아닌 냉철한 학자의 분위기를 보인다.

또한 평상시에는 사람들과 시선을 회피하는 경향이 있으며, 전문분야에서 경쟁을 할 때는 상대를 줄곧 째려본다.

이마가 넓지만 광대는 꺼져있고, 항상 무언가를 고심하기 때문에 미간에 주름이 생겨 차가운 인상이 많다.

출생차트에서 금성이 유난히 발달해 아름다운 얼굴을 하더라도, 마네킹처럼 건조한 눈동자와 어색한 표정으로 인해 사람들에게 불편한 느낌을 준다.

천칭자리는 금성으로 아름답게 포장한 얼굴이다.

적당히 큰 눈과 계란 반숙 같이 둥근 광대, 예쁜 이마와 마늘쪽 같은 둥근 코 등 전체적으로 호감형의 얼굴을 지녔으며, 듣기 좋은 음색과 좋은 비율의 몸을 타고났다.

외교의 사인답게 친근하고 설득력 있는 이미지를 보여주며, 누구라도 함께하고 싶은 외형을 소유하고 있어 사회생활에 최적화 되어 있는 모습이다.

고가의 옷과 액세서리로 자신을 잘 꾸미고, 단정하고 세련된 헤어스타일을 하며, 백화점에서 맡을 법한 고급 향수냄새가 난다. 또한 간단한 시술로 외적인 아름다움을 오랫동안 유지하기도 한다.

주로 자연보다는 도시적인 느낌으로 어필하며, 알록달록한 색보다 차분하고 질리지 않는 검은색, 흰색 계통의 옷을 선호한다.

황소자리처럼 자신의 아름다움을 알고 있기 때문에, 항상 고개를 들고 타인들과 시선을 잘 맞춘다.

독을 상징하는 전갈자리는 차가운 표정으로 어둡고 탁한 이미지를 보여준다.

마치 독에 중독된 듯 검푸른색 입술을 지녔으며, 그것을 감추려고 빨간 립스틱을 선호한다. 또한 검은색 옷과 생머리를 고수하기 때문에 언뜻 보면 흡혈귀처럼 무서운 모습이다.

웃는 얼굴을 하더라도 눈빛이 섬뜩해 마치 무속인을 보는 듯하고, 대화할 때 상대의 눈을 잘 보지 않아 가까이 하기 어려운 느낌이 많다.

화나거나 마음의 혼란이 있을 때도 언성을 높이지 않고 흑빛의 안색을 보여줌으로 결코 함부로 할 수 없는 외모다.

만약 얼굴이 아름다운 전갈자리라도 상냥한 분위기는 흔치 않으며, 자신의 이야기를 잘 하지 않고 비밀을 간직하기 좋도록 입이 작은 이들이 많다.

목성의 도머사일인 사수자리는 화장을 과하게 하지 않고, 헤어스타일도 단정하다. 밝은 안색과 미소짓는 표정이 상당한 호감으로 작용한다.

대체로 키가 크고 어려서부터 성숙한 외모가 특징이다.

반인 반마의 사인인 사수자리의 외형은 상체를 활용하는 '인간형'과 하체를 활용하는 '짐승(말)형'으로 구분된다.

인간형은 바른생활을 하는 모범시민의 이미지를 보이고, 여유로운 삶을 즐기는 사업가 외형이다. 훤칠한 이마와 보기 좋은 광대를 지닌 얼굴이며, 세련되면서 참한 옷을 선호한다.

짐승형은 말처럼 긴 다리와 잔 근육이 많은 몸으로 마치 운동을 가르치는 코치의 모습이다. 몸의 라인이 잘 표현되는 옷을 선호해, 무릎을 덮는 길이의 붙는 원피스 혹은 다리를 훤히 보여주는 숏팬츠를 즐긴다.

사회적 지배계층을 맡고 있는 염소자리는 항상 당당한 자세와 표정을 하고 있으며, 값비싼 옷과 액세서리를 활용해 자신의 위치를 어필한다.

또한 언제 어디서든 결코 언성을 높이지 않으며, 품격있는 중저음의 음색으로 신뢰도를 높힌다.

두 흉성을 활용하는 염소자리는 토성형의 외형과 화성형의 외형으로 구분할 수 있다.

토성형은 실속 있고 성실하게 살아가는 부자의 외형이며, 둥그스름한 얼굴에 하관이 발달하고, 살로 보기 좋게 덮혀 있는 몸집이다.

화성형은 성적인 분위기를 과도하게 보여주며, 피부가 검거나 점이 많고, 두툼한 입술에 환대문(세로주름)이 발달한다. 또한 풍성한 머리숱과 물기가 많은 눈이 특징이다.

토성을 밖으로 과하게 표출하는 물병자리들에게 미남미녀는 드물다. 하지만 질리지 않는 호감형의 얼굴로 상당한 매력을 보여준다.

사회적 통념을 거부하는 사인이기 때문에 몸 이곳 저곳에 타투를 하거나, 코나 귀에 피어싱을 즐겨 강렬하면서도 호불호가 나뉘는 이미지다.

뛰어난 독창성이 있어 눈에 띄는 옷을 걸치고, 시선을 집중시키는 염색을 함으로써 연예인 분위기를 낸다.

꾸밈이 평범하지 않기 때문에 결코 편안한 인상은 아니며, 어투와 행동이 독특해 자신만의 세계를 걸어나가는 예술가의 느낌이다.

주로 홀로 활동하는 물병자리는 환한 웃음을 보일지라도 외로운 눈빛을 지녔다.

종교와 오컬트의 상징인 물고기자리는 천진난만하면서도 세상을 통달한 듯, 알 수 없는 표정을 짓는다.

두 길성을 활용하는 사인이기 때문에 순수한 모습의 자

연미인이 많다.

성형이나 시술을 하지 않고, 한 듯 만 듯 피부색이 보이는 기초화장을 즐기며, 가을 낙엽과 같은 부드러운 염색, 바람에 날린 듯 헝크러진 머리칼이 매력적이다.

알록달록함 없이 자연에서 가져온 식물의 색감을 선호하며, 꽃이 그려진 레이스 달린 원피스와 에코백을 통해 자연친화적인 이미지를 보여준다.

마치 한 그루의 나무처럼 숲속이나 갈대밭에 어울리는 외형이며, 외국과 인연이 깊어 이국적인 얼굴에 주근깨가 돋보인다.

물고기처럼 물기가 많은 눈동자를 지녔고, 동공은 초점이 흐리며, 사시가 많다.

TROPI: TRIGINTA GRADV
POLVS
MERIDIAN
LEO
VIR GO
Molgonzaia
Carli
MARE TARTARICVM
Circulus Arcticus
AMERICA SEPTENTRIONALIS
Mare Arabicum et Indicum
Circulus Æquinoctialis
MAR DI
INDIA
Tropicus
Golfo de Bengala
Ceylon
Coromandel
PARSIA
Indostan
NOVA HOLLANDIA
Nova Guinea
Philippine Insulae
Linea
O R I Z O
DEL
TERRA AVSTRALIS INCOGNITA
Circulus Antarcticus
POLVS
GLOBI ARCTICVS
TRIGINTA GRADVVM.
ORNI.
GRADVVM.

3
하우스

1. 열두 하우스(지상의 집)

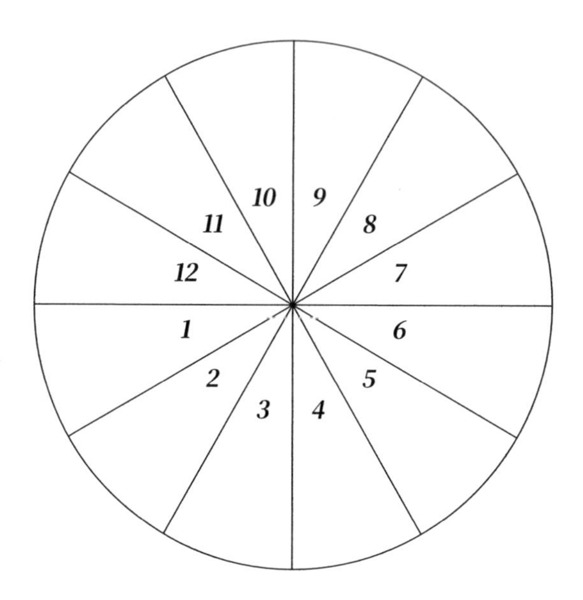

하우스 이론은 언제나 현실로 드러난다. 별자리의 성향이나 행성의 성향에 반대되더라도, 우리 인생에서 하우스는 반드시 삶의 분위기로 표출된다.

예를 들어 희생이나 봉사와는 정말 거리가 먼 별자리가 발달했더라도, 희생과 봉사의 하우스에 자신이 위치할 경우 - 마음의 병이 생길지언정, 실제의 삶은 희생과 봉사의 삶이다.

그래서 우리는 하우스의 수많은 키워드 속에서, 풍요를 창출할 유리한 것을 끄집어 내어 건강하게 사용해야만 한다.

2. 앵글포인트

열두 하우스를 나누는 몇 가지 하우스시스템의 특성과 쓰임을 배우기 전에 우리는 '앵글포인트'를 알아야 한다.

앵글포인트란 영혼을 상징하는 태양이 지나가는 길에서, 동서남북의 모서리 꼭지점을 말한다.

• 앵글포인트

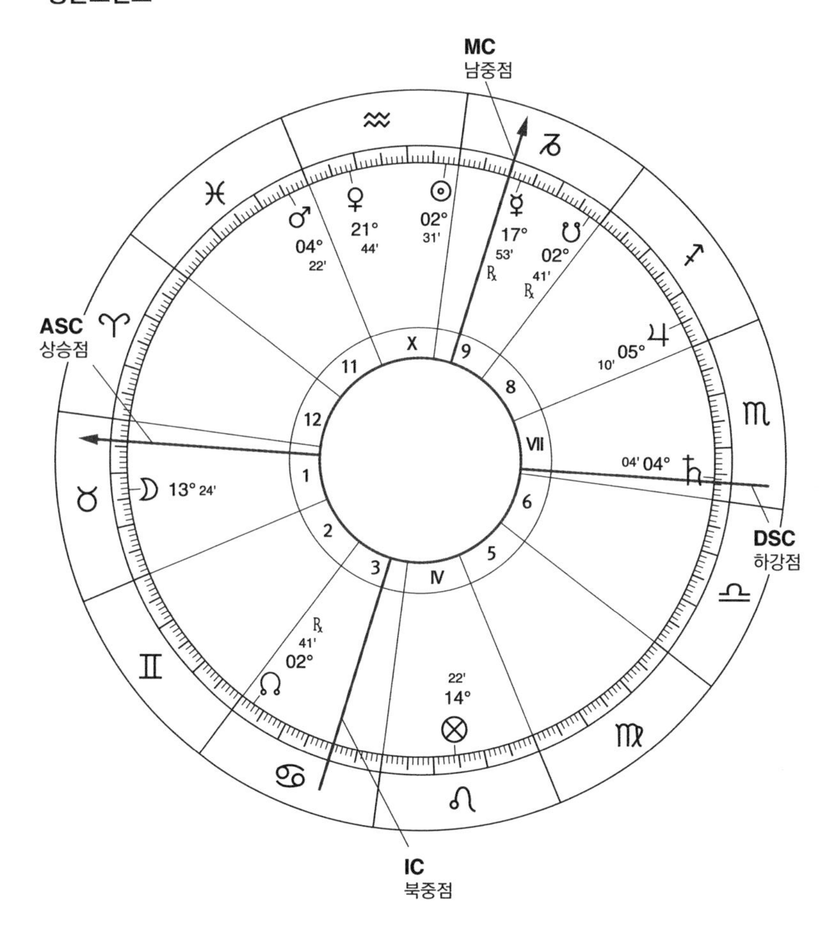

◆ ASC

차트에서 왼쪽에 위치한 동쪽지평선으로, 영혼을 상징하는 태양이 떠오르며 세상을 밝게 비추기 시작하는 지점이다. 사람들은 '영혼이 떠올랐다'는 상징적인 이곳에 '탄생'의 의미를 부여한다.

'ASC'는 ascendant에서 앞 3개의 알파벳을 따온 것으로 영어 그대로 "에이에쓰씨" 혹은 "어쎈던트"라고 부르며, "어쎈"이라고 짧게 말하기도 했다. 하지만 어느 순간 한글과 한자을 쓰자는 취지에서, '상승하는(ascendant)'의 의미를 담아 '상승점'이라고 통칭되고 있다. 혹 어떤 이는 태양이 떠오르는 곳이라며 "라이징(rising)"이라고 부르기도 한다.

상승점은 탄생이라는 의미를 지닌 만큼 '나'를 뜻하는 가장 중요한 지점으로, 이 지점이 위치한 별자리는 나의 탄생별자리가 되며, "상승궁"이라고 부른다. 그리고 상승점을 "라이징(rising)"이라 부르는 이들은, 이곳이 위치한 별자리를 "라이징사인(rising sign)"이라고 말한다.

용어는 의미만 통하면 되니, 자신이 말하기 편한대로 부르자.

많은 이들이 월과 일에 나온 별자리를 나의 별자리라고 알고 있지만, 고전점성술에서는 당신이 태어났을 때, 그 순간 동쪽지평선에 걸려있는 상승궁이 나의 별자리가 된다.

◆ DSC

상승점의 반대편 즉 오른쪽에 위치한 서쪽지평선을 부르는 말이다. 탄생의 의미를 지닌 ASC와 반대의 위치에 있고, 영혼을 의미하는 태양이 아래로 추락하는 지점이기 때문에 '죽음'의 의미를 지녔지만, 출생차트 실전해석에서 DSC를 죽음과 연결지어 해석할 리는 없다.

'DSC'는 'descend' 혹은 'descendant'에서 앞 부분의 알파벳 세 개를 따온 것으로 영어 그대로 "디에쓰씨" 혹은 "디쎈던트"라고 부르며, "디쎈"이라고 짧게 말하기도 했다. 하지만 역시 '내려오다, 하강하다

(descend)'의 의미를 담아 '하강점'이라고 통칭되고 있다.

하강점은 실전에서 나를 의미하는 ASC로부터 맞은편에 있다 해서 '너' 혹은 '배우자'의 의미로 많이 쓰여진다.

그래서 DSC가 위치한 별자리는 결혼이나 배우자의 의미를 담는 사인이 된다.

◆ MC

MC는 태양이 가장 높이 떠오른 지점으로 황도가 지나가는 남쪽 길에 자오선을 연결한 부분이다. 태어난 곳의 계절과 위경도에 따라 위치가 달라지며, 대한민국에서 태어날 경우 9, 10, 11하우스에 위치하지만 북극[1]에서는 ASC 혹은 DSC와 딱 붙어 있기도 한다.

'MC'는 'medium coeli'의 약자로, "엠씨"라고 부르며 '천정점'이라는 의미를 지녔다. 혹 어떤 이는 남쪽에 위치한 중심이라며 "남중점"이라고 부른다.

태양의 길에서 가장 높은 위치인 만큼 성공이나 출세의 의미를 지닌 곳이며, 실전에서는 더 나아가 사회와 직업을 의미하고, 재능이나 적성을 판단할 때 활용한다.

그러나 MC가 위치한 하우스가 직업을 의미하는 하우스라든지 재능과 긴밀한 하우스는 절대 아니다. MC와 MC가 위치한 하우스는 아무 상관없는 별개로 이해하자.

◆ IC

IC는 MC의 반대에 위치한 선이며, 태양이 가장 아래에 떨어진 위치다. 황도가 지나가는 북쪽 길에 자오선을 연결한 부분으로써, 역시 태어난

1) ex) 러시아의 Kola지역

곳의 계절과 위경도에 따라 위치가 달라진다.

MC와 수평인 IC는, 대한민국에서 태어날 경우 3, 4, 5하우스에 위치한다.

'IC'는 'Imum coeli'의 약자로, "아이씨"라고 부르며 '천저점'이라는 의미를 지녔다. 또한 북쪽중심이라며 "북중점"이라고 부르는 이들도 있다.

IC는 나의 거처를 의미하는 선으로, 이민이나 해외 장기거주의 운을 볼 때 중요하게 여기며, 이는 2권의 '해외론'에서 자세히 다루도록 하자.

3. 하우스시스템

앵글포인트를 익혔으니, 본격적으로 하우스시스템을 배우자. 고전점성술에서 하우스의 체제는 크게 두 가지로 구분한다.

홀사인 하우스시스템(Whole Sign HouseSystem)
쿼드런트 하우스시스템(Quadrant HouseSystem)

• 홀사인 하우스시스템

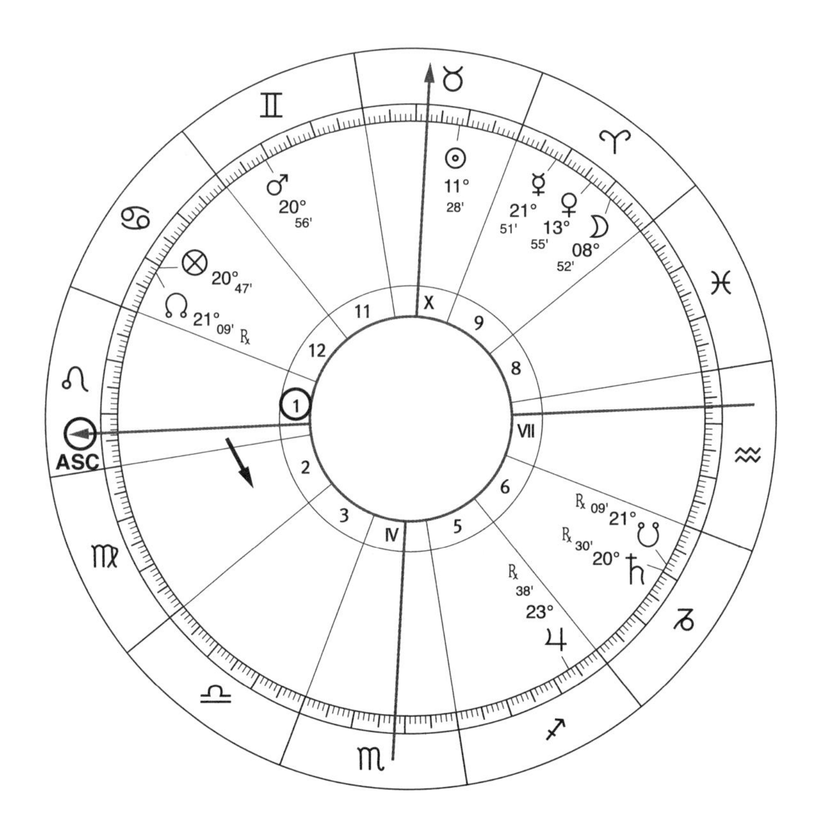

◆ 홀사인 하우스시스템

고전점성술의 첫 시작은 홀사인시스템이었다.

홀사인시스템이란 ASC가 위치한 사인이 나의 별자리이자 1하우스가 되며, 반시계방향으로 하나의 별자리당 하나의 하우스를 지정받는 시스템이다.

하나의 별자리는 총 30°이기 때문에, 하나의 하우스도 30°를 부여받아 모든 하우스의 크기가 동일하다.

홀사인시스템은 고전점성술의 기본이자 정석의 하우스 체제로 상당히 많은 이론을 규정한다.

첫째, 앞으로 배울 ***하우스의 의미를 부여***받는다.

하우스 하나하나에 숨어있는 많은 단어들은 홀사인시스템으로만 적용되며, 혹 다른 쿼드런트시스템은 하우스의 개별 의미가 일체 없다.

둘째, ***행성들의 하우스배치를 영원히 규정***한다.

홀사인시스템으로 행성의 하우스배치가 정해지면, 쿼드런트시스템으로 바꿨을 때 그 행성의 위치가 달라진다 하더라도, 애초에 홀사인으로 부여받은 그 위치가 달라진다고 해서는 곤란하다.

어떤 행성이 쿼드런트로 8하우스에 있다 하더라도, 홀사인으로 9하우스에 있다면, 그 행성은 영원히 9하우스에 있는 것이다. 일곱 행성은 홀사인 하우스시스템으로 정해진 하우스 위치를 절대로 벗어날 수 없다.

셋째, ***행성 길흉의 시작***을 읽을 수 있다.

후에 언급하겠지만 열두 하우스에는 길한 하우스와 흉한 하우스가 절대적으로 정해진다. 길한 하우스는 흉한 하우스가 될 수 없으며, 흉한 하우스는 무슨 일이 있더라도 길한 하우스가 될 수 없는, 고전점성술의 하우스법칙이다. 이 길흉의 정해짐은 오로지 홀사인으로만 읽어야 한다.

즉 어떤 행성이 홀사인으로 흉한 하우스에 있다면, 쿼드런트로 행성의 하우스 위치가 바뀌더라도, 흉한 하우스에 있다고 읽어야만 한다.

넷째, ***애스펙트는 홀사인으로만 파악***해야 한다.

애스펙트 이론도 후에 자세히 다룰 텐데, 행성이 다른 행성이나 앵글 포인트 등에 빛을 비추므로써 인생의 길흉과 행성의 강도에 영향을 주는 가장 중요한 이론이다. 나중에 행성의 길흉 이론을 판단하는 디그니티 파트에서 자세히 학습하도록 하자.

다섯째, 홀사인시스템은 ***행성의 기회성과 가능성에 영향***을 준다. 어떤 행성이 작동하는 기회성과 가능성은 모든 하우스시스템들 중에 홀사인으로만 판단해야 한다.

홀사인으로, 어떤 하우스는 행성의 기회성과 가능성이 매우 강하며, 반대로 어떤 하우스는 기회성과 가능성이 매우 약하다.

홀사인시스템과 쿼드런트시스템에 따라 행성의 강약이 의미하는 바는, 쿼드런트시스템 이론을 배우고 함께 설명하겠다.

쿼드런트시스템은,

ASC - DSC가 잇는 지평선과 MC - IC가 잇는 자오선을 기준으로 발생한 '사분면'을 활용한 하우스 체제다.

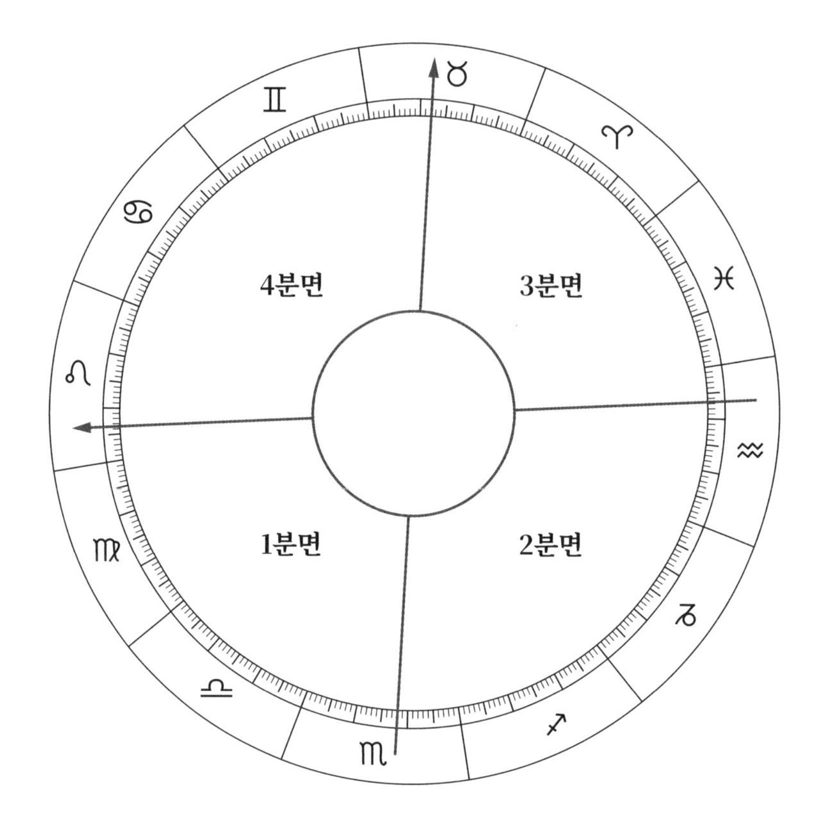

이렇게 나온 4분면을 기준으로, 천문학자 혹은 수학자들이 자기 나름의 이론을 적용하여 마음대로 선을 그어 12개로 분할한 하우스시스템들을 쿼드런트시스템이라 한다.

쿼드런트시스템에는 플라시두스(Placidus), 레지오몬타누스(Regiomontanus), 모리누스(Morinus), 알카비투스(Alcabitus), 포피리우스(Porphyrius) 등이 있다.

필자는 이런 여러 가지 하우스시스템을 모두 활용하며 임상을 통해 시행착오를 겪은 결과, 쿼드런트시스템 중에서 포피리우스(Porphyrius) 시스템만 참고하며, 몇 가지 특별한 이론을 볼 때 활용한다.

◆ 포피리우스 하우스시스템

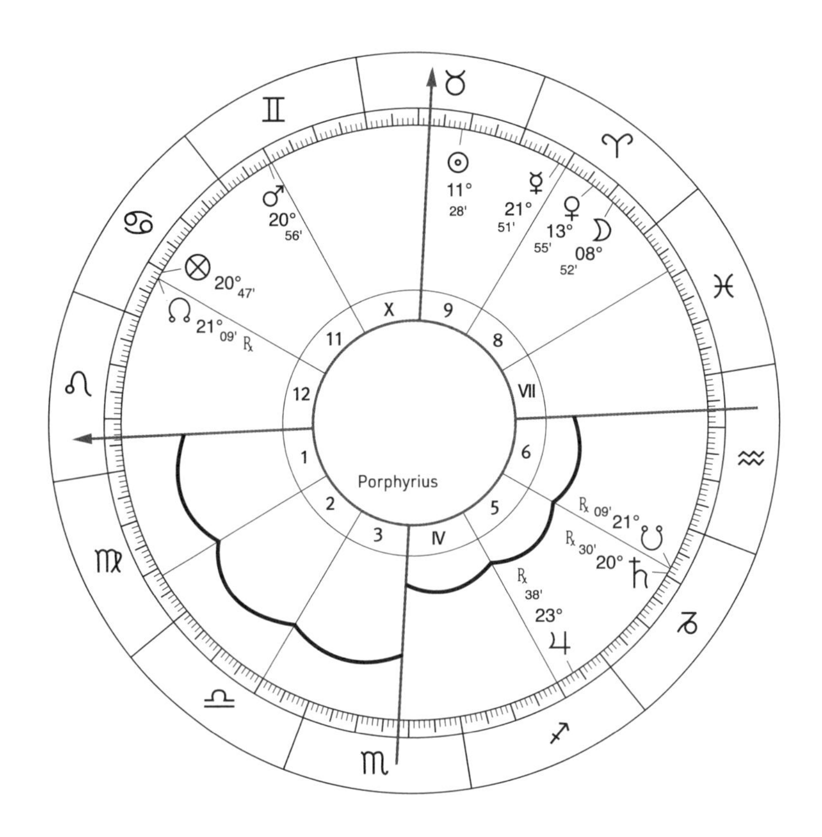

포피리우스시스템이란 4분면 각각을 균등하게 3등분 한 것이다.

ASC와 IC사이인 1분면을 균등하게 3등분을 하여 1, 2, 3하우스로 나누었으며, IC와 DSC 사이인 2분면을 균등하게 3등분을 하여 4, 5, 6하우스로 나누었다.

마찬가지로 3분면과 4분면도 똑같이 3등분하여 총 열두 하우스를 인위적으로 재정립한 것이다.

포피리우스시스템은 특별히 두 가지를 볼 때 활용한다.

첫째, ***수명론에서 힐렉을 정할 때 활용***한다.

힐렉이란 생명을 수여받은 자로써, 우리의 수명을 판단하는 중요한 행성 혹은 지점이다. 2권에서 배우는 '수명론'에서는 홀사인을 활용하지 않고 포피리우스 하우스시스템만을 사용한다.

둘째, 포피리우스는 ***행성의 지속성을 판단***할 수 있다.

모든 행성은 기능이 발현하더라도 일시적일 수도 있으며 오랫동안 유지할 수도 있는데, 포피리우스시스템으로 지속성을 볼 수 있다.

포피리우스시스템은 특히 직업성을 판단할 때 매우 유용하다. 직업이라는 것은 지속적이어야 하기 때문이다.

4. 하우스의 세기

홀사인시스템과 포피리우스시스템으로 일곱 행성이 어떤 하우스에 위치한 경우, 그 행성의 어떤 힘이 강해지며 약해지는지 살펴보자.

강약의 구분은 아래 표와 같다.

하우스	홀사인	포피리우스
앵글하우스 (1, 4, 7, 10H)	기회성과 가능성 100%	지속성 100%
석시던트하우스 (2, 5, 8, 11H)	기회성과 가능성 50%	지속성 50%
케이던트하우스 (3, 6, 9, 12H)	기회성과 가능성 25%	지속성 25%

우리 인생에서 어떤 행성이 발현하여 삶에 영향을 줄 기회성과 가능성이 높으려면, 홀사인시스템으로 앵글하우스에 위치해야 하며, 석시던트하우스에 위치하면 반감이 되고, 케이던트하우스에 위치하면 그 행성의 기회성과 가능성은 1/4이 된다.

하지만 홀사인으로 앵글하우스에 위치한 행성이라도, 포피리우스시스템으로 케이던트라면, 기회성과 가능성은 100%지만, 지속적으로 끌고 갈 수 있는 힘은 25% 밖에 되지 않기 때문에 오래 유지할 수 없다.

이 논리를 자세히 적용하지 않고 홀사인시스템은 제외한 채 포피리우스시스템만으로 힘의 세기를 측정하면, 올바른 판단을 할 수 없다.

◆ 홀사인은 기회성, 가능성 / 포피리우스는 지속성

기회성과 가능성 그리고 지속성은 반드시 높아야만 길하다고 얘기할 수 없다.

직업의 특성에 따라 길흉을 달리 적용해야 한다.

사업가는 풍요의 기복이 있어서는 안된다. 한 해는 사업이 잘되었다가, 다음 해는 사업이 안되면 큰일나는 직종이기 때문이다. 그래서 사업가의 차트에서는 목성이 홀사인으로 석시던트에 있어 기회성과 가능성이 50%라도, 포피리우스로 앵글에 위치하여 지속적으로 끌고 갈 수 있는 힘이 100%인 것이 좋다.

하지만 사업이라도 종류에 따라 달리 판단해야 한다. 바닷가의 해수욕장 조개구이집은 여름에 벌어들인 많은 수입으로 가을, 겨울, 봄을 버티는 업이다. 그런 경우에는 사업이라도 지속성이 필요없으니, 홀사인으로 앵글에 위치하여 기회성과 가능성이 높은 목성이면 족하며, 포피리우스로 케이던트라도 상관없다.

한편 작가는 특정 해에 작품을 발표하여 명예와 풍요가 치솟고, 다시 몇 년 간은 골방에서 다른 작품을 남기려 세상과 단절하곤 한다. 그래서 작가의 차트에서는 목성이 홀사인으로 앵글에 있어 기회성과 가능성이 100%인 것이 좋고, 포피리우스로 케이던트에 있어 지속적으로 끌고 가는 힘이 1/4이어도 문제가 없다.

우리는 직업과 상황을 보고 매우 유동적으로 판단을 해야 하며, '이래야만 좋아!' 하는 식의 단식판단을 하면 곤란하다.

5. 열두 하우스의 구체적인 내용

앵글하우스(Angle House) – 1, 4, 7, 10

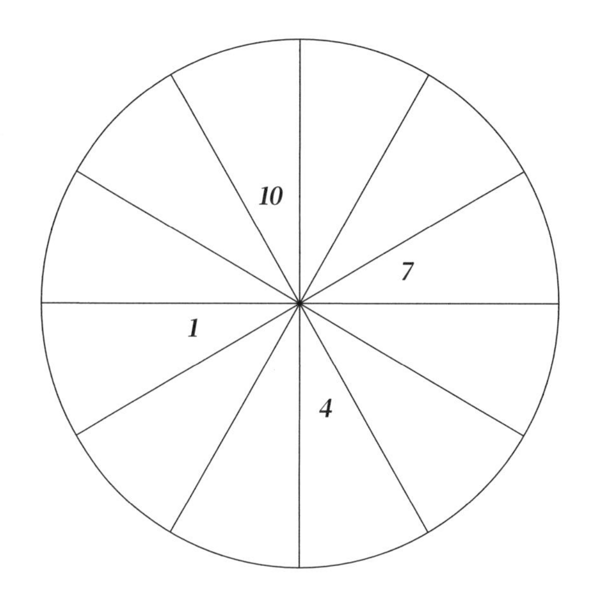

- 가장 중요한 하우스
- 안정되어야 평탄한 인생이 되는 하우스
- 손상될 때 인생에 큰 타격을 주는 하우스

◆ 1하우스

영혼을 상징하는 태양이 떠오르는 동쪽지평선은, '인간의 탄생'을 의미하는 지점이 되고, 상승점이라는 단어를 부여받는다.

상승점이 위치한 1하우스는 바로 이 세상에 태어난 ***나***[2]의 영역이다.

나라는 존재는 ***육신***으로 이루어져 있으며, ***마음***이라는 내면으로 꽉 차 있고, 지구라는 세상에서 옥신각신하며 경쟁을 통해 ***생계***를 꾸려나간다.

즉 1하우스는 육신의 건강과 내면의 건강을 볼 수 있는 곳이며, 성향과 경제적인 윤택함을 판단할 수 있다.

그럼 1하우스에 위치한 행성은 내 영역에서 살게된 행성을 의미하고, 나와 긴밀해진 그 행성은 내 인생에 많은 영향을 줄 것이다.

나의 탄생을 알리는 동쪽지평선이 위치한 영역에서, 대(大)길성인 목성이 금빛 갑옷을 두른 채 승리를 외치며 태어난 구조를 상상해보자. 이번 생에는 사회적으로 높은 지위와 거대한 풍요를 획득한 채로 태어났다고 해도 과언이 아닐 것이다.

① **직업**

1하우스의 업은 조직생활보다는 나라는 존재가 드러날 수 있는 ***소규모 자영업, 프리랜서, 내 이름을 걸고하는 작은 사업***을 한다. 또한 내가 주도적인 위치에서 우위를 점하고 지식을 전달하는 ***교육업***을 하기도 한다.

◆ 7하우스

1하우스의 반대편에 있는 7하우스는, 나로부터 반대편에 서 있는 이들이다. ***적***인 동시에 그들이 살고 있는 ***적국***의 하우스기 때문에 ***가면 안되는 장소***[3]다.

적과는 ***전쟁***을 해야 하며 그러기 위해서는 누군가의 ***죽음***이 필연적이다. 하필 7하우스는 영혼의 상징인 태양이 추락하는 곳이기 때문에 죽음

---

2) 국가점성술에서는 우리나라를 의미하며, 호라리점성술에서는 우리팀을 의미하기도 하지만, 출생차트에서는 철저하게 '나 자신'의 하우스다.

3) 이 단어는 후에 해외 장기거주와 이민운, 매년마다의 이사운에 활용된다.

의 키워드가 합당하다.

적은 ***경쟁자, 소송의 상대*** 그리고 전쟁은 ***경쟁, 싸움, 소송*** 등 현실에 맞는 단어로 바뀌었다.

예로부터 나의 경쟁자와 문제가 발생하지 않도록, 그들과 혼인을 성사시켜 같은 편으로 만드는 사례가 있었다. 7하우스의 적, 경쟁자 등의 살벌한 키워드에서 ***결혼***이라는 아름다운 단어가 탄생한다.

결혼은 ***배우자***와 하는 것이고, 이들은 서로 ***애인***이었으며, ***연애와 사랑***으로 이루어진 관계다.

실전에서 7하우스 해석의 약 70%이상을 차지하는 운은 바로 사랑, 연애, 애인, 배우자, 결혼운이다. 그리고 7하우스에 위치한 행성은 내 배우자(애인)의 직종과 성향에 영향을 미치며 결혼의 길흉을 좌우한다.

예를 들어 7하우스에 화성이 위치하고 있다면, 나의 배우자나 애인은 화성의 성향이거나 화성의 직업군에 종사할 확률이 높다. 그리고 흉성인 화성의 기운으로 인해 결혼의 흉사가 가능하다.

넓은 의미에서 7하우스는 나와 긴밀하게 마주보는 관계를 의미하여, ***너***를 의미하고 이는 곧 ***1:1의 끈끈한 인간관계***를 상징한다. 이것은 더 나아가 ***동업, 중요한 계약***까지 의미한다.

확실히 7하우스에 길성이 있는 이들은 인간관계가 원만하고 부드러우며, 흉성이 있는 이들은 반대의 모습을 보인다.

① 직업

7하우스의 업은 1:1로 협상 혹은 대결을 하는 분야다.

테이블을 두고 마주 앉아 ***상담*** 한다든지, ***계약서에 서명하게 만든다***든지, ***협상***을 주도하거나 ***중재하는 일*** 등이다.

전쟁의 키워드를 활용해 ***싸움을 하게 될 수 있는 일***(격투, 경찰 등)도 가능하며, ***경쟁***을 주도하는 경매입찰도 있다.

그리고, '적'이라는 키워드가 있는 7하우스와 12하우스는, 적을 방어하기 위해 성을 쌓고 벽을 치는 일과 긴밀한데, 그것은 요즘에 ***실내인테리어***나 ***수납인테리어*** 등 ***공간을 나누는 직종***이다.

② 7하우스에 대한 특별한 논점

고전점성술에는 이상한 말줄임 용어가 하나 있다.

이것은 ***1하우스의 주인이 7하우스에 위치한 상황***을 표현한 말로,

"아 상승주인이 ***또 7***하우스에 있네."에서 '또칠'이라는 말도 안되는 용어로 자리잡았다. 몇몇 점성가들이 말하는 '또칠'의 결론은 이렇다.

나의 주인이 적국, 적진(7하우스)에 간 격이니

– 살면서 살인을 할 것이며, 역으로 살해를 당할 수 있고, 그렇게까지 하지 않으면 살의를 품을 것이다. 인간관계에서 심각한 문제를 평생 안고 살아갈 것이다.

마치 7하우스가 고전점성술에서 가장 좋지 않은 하우스인 것처럼 이상한 이론을 만들어 놓았다. 물론 전쟁의 시대에 작성된 고대문헌을 상당히 참고했을 것이다. 지금부터 '또칠'에 대해 결론을 내려주겠다.

1. 상승주인이 길성인지 흉성인지 구분해야 한다.
2. 상승주인이 길성인 경우와 흉성인 경우가 확실히 다르다.
3. 길성이든 흉성이든 상승주인에게 어떤 행성이 빛을 주느냐에 따라 다르다.
4. 빛을 주는 행성이 – 길성이라면 결국 승리를 만들고, 흉성이라면 고난을 안겨줄 수 있다.

7하우스는 1하우스로부터 반대편에 위치한 곳으로 나를 반대하는 자, 즉 '적'의 의미가 있는 것이 맞다. 앞서 배운 것처럼 적국, 적진의 방이 바로 7하우스다. 이를 기본으로 자세하게 풀어보자.

1) 나의 주인이 흉성이면서 7하우스에 위치한 상황은 내가 자객의 입장 혹은 장수의 입장으로 적진에 침투한 격이니, 적국의 장수 혹은 왕을 죽이러 간 것이 틀림없다.

이 구조에 의한 해석은 인간관계의 문제가 있으며, 1:1 관계에서 갈등, 시기, 질투, 음해, 경쟁, 싸움, 다툼 등이 있게 된다.

1 - 1) 이 상황에 흉성인 나의 주인에게 길성이 빛을 주게 될 경우, 그 경쟁과 싸움에서 승리하는 결과를 얻을 수 있다.

1 - 2) 하지만 흉성인 나의 주인에게 다른 흉성이 빛을 주게 될 경우, 관계의 문제들이 더욱 심각해지며, 삶의 성취에 영향을 미칠 만큼 타격이 있을 수 있다.

→ *1 - 2)* 이게 그들이 말하는 '또칠'의 결론이다. 심지어 이 구조라 한들 살인, 살해, 살의와는 전혀 상관이 없다. 이런 해석은 마치 상승로드가 12하우스에서 흉할 경우 객사를 한다는 논리와 같다.

2) 나의 주인이 길성이면서 7하우스에 위치한 상황은 내가 사신의 입장에서 적국으로 간 상황이 된다. 즉 적국의 장수 혹은 왕에게 서신을 전하고, 외교를 펼치며, 화합과 타협을 위한 외교사절의 입장이다.

이 구조에 의한 해석은 인간관계를 우호적으로 맺을 수 있으며, 설득에 능하여 상담이나 외교 혹은 영업을 통한 성과를 얻는다. 배려나 친절이 삶에서 습관처럼 나오는 구조다.

2 - 1) 이 상황에 길성인 나의 주인에게 다른 길성이 빛을 주게 될 경우, *2)*에 대한 해석의 길함이 상승된다.

2 - 2) 하지만 길성인 나의 주인에게 흉성들이 빛을 주게 될 경우, *2)*의 내용에 해당하는 인생을 살아감에 있어서 막힘, 시련, 방해, 뒷통수,

음해, 다툼, 시기, 쓸데 없는 경쟁 등이 동반되기도 한다.

그럼, 7하우스를 '앵글하우스' 입장에서 보면 어떨까?
상승궁의 주인행성이 1, 4, 7, 10하우스에 있는 구조는 인생을 살아가면서 자기주도권을 갖게 되고, 삶의 기복이나 흐름에서 결정권을 갖는 좋은 구조다. 앵글하우스는 힘이 강한 하우스들이기 때문이다.

한편 나의 주인이 배우자 방에 얹혀 있는 상황이니, "둘의 관계에서 배우자가 갑이다."라는 이론이 있지만, 실전에서는 그렇지 않다. 양보를 하다가도 어떻게든 결국 자기맘대로 하는 것이 앵글하우스의 힘이다.

◆ 4하우스

이제 가장 아래로 내려와 보자. 우리 발밑에는 무엇이 있는가?
바로 땅이 있다. 땅은 움직이지 않으며 그대로 있는 재산이라 하여 부동산이라고 부른다. 그래서 4하우스는 ***땅, 집, 건물, 일터*** 등 모든 부동산을 의미한다. 관상에서 부동산운을 볼 때, 얼굴에서 가장 아래인 턱을 보는 것과 같은 이치다.
식물과 자연의 입장에서 가장 아래 위치한 4하우스는 뿌리가 있는 곳이다. 식물을 아래서 지탱하고 지켜주며 키워주는 힘이 뿌리인 것처럼, 우리 인간을 지켜주고 키워주는 힘은 가문이며 부모다.
4하우스는 오래전에 ***조상***의 영역이었으며, ***가문***이라는 용어를 거쳐 현재는 ***가정***의 방이 되었다.
한편 '조상'이라는 단어와 '땅'이라는 단어가 합쳐져 '조상땅'이 되는데 이것은 곧 ***고향***을 의미한다.

옛 문헌에 적힌 가부장적인 시각에서, 사람의 뿌리, 조상, 인생의 토대는 ***아버지***다.

하지만, 현대에 실전해석에서 4하우스로 볼 수 있는 인물은 ***아버지와 어머니*** 즉 ***부모운***을 함께 본다.

<4하우스=아버지 / 10하우스=어머니> 개념은 호라리점성술에서 활용하는 이론이며, 우리가 배우고 있는 출생점성술에서는 두 부모 모두 4하우스 안에 담겨 있다고 기억하자.

실전에서 4하우스의 운으로 보는 90%이상은 지금까지 배운 '부동산운, 부모운, 부모에게 속했던 가정 분위기(***유년기***)'다.

4하우스는 보통 태양이 가장 아래로 내려간 지점이며, 생명력이 완전히 끝나 어둠만 남게 되는 곳을 의미한다. 우리 인생에서 이것은 ***무덤***을 상징하고, 이 의미를 더욱 확장시키면 어떤 일이든지 ***종결***되고 ***마무리***되는 방이 된다.

그런 분위기로 인해 ***퇴직, 실직, 불합격, 패배, 패소, 신용불량*** 등 각종 ***불명예***적인 키워드가 모두 속해 있다. 그 다음에 살펴 볼 10하우스가 '명예'의 하우스임을 알고 난다면, 반대편에 있는 4하우스가 '불명예'의 방이라는 것을 잘 이해할 수 있다.

① 4하우스의 특별한 이야기

4하우스에 '무덤'이라는 키워드가 대체 활용될 수 있을까?

필자는 수년 동안 무덤이라는 단어의 확장형태인 '종결이나 마무리' 등의 키워드만 운세를 볼 때 활용해오곤 했다. 하지만 수많은 임상으로 '무덤'이라는 단어를 사용하기 시작했는데, 그것은 바로 풍수의 ***음택***이다.

즉, ***조상의 무덤을 잘 써서 풍수로 인해 후손이 잘된다는 이론.***

이는 풍수지리학에서나 존재하는 이론이며 과학과 논리로 접근하는 많은 점성가들은 받아들이지 못할 이야기지만 필자는 확실히 임상을 끝냈다.

4하우스의 운이 길한 사람은 각종 부동산운이 길하거나, 부모운이 좋거나, 음택운으로 인해 사회적 성공을 하기도 한다.

② **직업**

4하우스의 업은 배운대로 ***부동산, 땅, 건물과 관련***있으며 ***가업***을 이어 받기도 한다.

또한, ***재택근무***와도 인연이 있고 특히 나의 공간을 중시하여 ***개인 사무실***을 차린다. 예를 들어 교사를 한다 해도, 학교선생이 아니라 학원을 차린다는 것이다.

4하우스는 부동산 즉 움직이지 않는 형태를 의미하며, 이 부동적인 자세는 우리의 가치관에 영향을 미친다. 즉 4하우스는 ***보수적인 영역***이라 옛것을 고수하려 한다. 의사를 하더라도 한의학, 예술을 하더라도 사진작가, 가르치는 과목도 역사 따위다.

바로 후에 배울 10하우스에는 국가라는 단어에서 파생된 '중심'이라는 키워드가 있다. 그 반대인 4하우스는 ***변두리***를 의미하고, 변두리의 확장 해석인 지자체, 지역기반, 약자, 소수자 등을 활용하는 업에 종사한다. 지역문화 혹은 특산물 관련 업, 패미니즘 단체, 노동조합, 한부모 가정 혹은 성소수자 관련 서비스업이 해당된다.

◆ 10하우스

열두 하우스들 중에 가장 꼭대기로 올라가는 영역이다. 보통 태양이 가장 높이 있는 정남쪽 부분을 상징하는 만큼, 가장 밝고 빛나는 영역이다. 우리가 만약 누군가에게 빛나는 인생이라고 표현한다면 그것은 ***명예***롭다, ***성공***했다는 의미가 많이 담겨 있다. 여기서 성공이란 ***사회적 성공***을 의미하고, 그 ***출세***는 ***직업***을 통해서 이룬다.

지금까지의 이야기처럼 10하우스는 보통 직업운을 보고, 사회생활을 통해 출세를 하고 명예를 획득하는 영역이다. 출생차트에서 10하우스에 위치한 행성은 직업과 사회생활의 분위기에 상당한 영향을 미치며, 성공의 성패를 좌우한다.

예를 들어 필자의 10하우스에는 금성이 위치하고 있다. 금성의 직업군에 속하는 연예인이나 예술가는 아니기 때문에, 모든 직장 속에 금성이 있는 형태로 작용한다. 동료, 후원자, 학생, 고객은 95% 이상 여자다.

한편 10하우스는 가장 꼭대기에서 나를 좌지우지하는 인물이나 단체를 의미한다. 바로 직장에서의 ***상사***이며, 사회에서 나보다 **높은** 위치에 있는 누구, 그리고 더 위로 올라가서(우리는 국가의 지배를 받고 있기에) ***국가***를 의미한다.

국가라는 단어로 인해 ***공직, 공무원***의 키워드가 생겨나고, ***국가 수준으로 운영되는 단체***[4]도 10하우스에 속한다.

① 10하우스에 속한 친족문제

문헌에는 4하우스가 아버지, 반대에 위치한 10하우스가 어머니의 영역이라 되어 있다. 임상을 하지 않은 대다수의 점성가들은 10하우스로 어머니운을 보고 있지만 절대 그래서는 안된다.

거듭 강조하지만, 10하우스를 어머니 영역으로 보는 이론은 호라리 점성술이며, 출생점성술에서는 4하우스에 부모운이 모두 들어가 있다.

② 직업

10하우스의 업은 주로 공직이나 대기업이다.

이곳은 출생차트에서 가장 위에 위치한 만큼, 10하우스가 발달한 사람은 자신이 가장 위에 있다고 여긴다. 타인에게 고개를 숙이지 못하고, 자신의 콧대인 명예만을 지키기 원하는 영역이다. 그래서 출생차트에서 10하우스는 결코 사업에 뛰어난 하우스가 아니다. 오히려 소질이 없다.

10하우스는 ***교사, 공직, 공무원***이며 프리랜서를 하더라도 ***국가기관과 연계***되곤 한다.

또한 기업에 들어가더라도 '대기업', 병원에 가더라도 '종합병원', 어떤

---

4) 종합병원, 대기업 등을 말한다.

특정분야를 하더라도 ***우리나라에서 손꼽는 유명한 곳***에서 일을 하게 된다. 10하우스는 곧 죽어도 '명예'다.

이렇게 1, 4, 7, 10하우스는 각각 나, 부모, 배우자, 직업과 성공의 방으로써, 모든 키워드들이 상당히 중요하다 생각될 것이다. 단식판단으로, 이 네 가지 영역에는 길성들이 위치한 것이 길하며, 반대로 흉성들이 위치한 경우 인생의 우여곡절이 심할 수 있다.

물론 앞으로 배울 많은 반전이론으로 이곳에 위치한 흉성들을 성공으로 사용할 수도 있지만, 그럼에도 앵글하우스에 위치한 흉성은 쉽게 풀리는 인생이 아니다.

그럼 앵글하우스보다 풍요로울 수 있지만, 안정성에서 떨어지는 석시던트하우스 - 2, 5, 8, 11하우스에 대해 알아보자.

석시던트하우스(Succedent House) — 2, 5, 8, 11

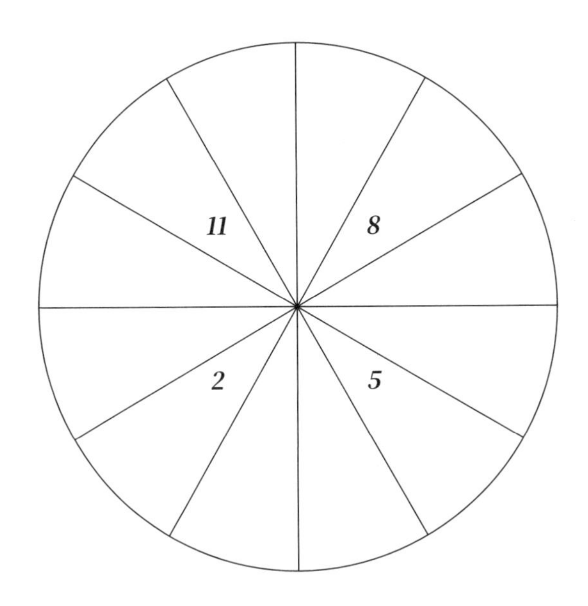

- 붙어있는 앵글하우스를 도와주는 하우스
- 앵글하우스의 결과물
- 자산의 하우스

◆ 2하우스

2하우스는 앵글하우스인 1하우스의 결과물이다.

'인간은 죽어서 이름을 남긴다'는 말이 있지만, 자본주의 사회에서는 그저 고상한 꿈에 불과하다. 고전점성술의 시각으로 보면 '인간은 죽어서 돈을 남긴다.' 돈이라는 물적 자산의 이야기를 시작으로 2하우스를 더 자세히 풀어보자.

2하우스는 1하우스 옆에 딱 붙어서, 1하우스를 도와주는 모든 것들을 의미한다. 앞서 우리가 배운 1하우스는 '나'라는 단어에서 파생되는 '나의 몸', '나의 마음', '나의 성향', '나의 생계' 인데, 나의 몸이 건강하려면 우리는 ***성실함***과 그 대가인 **돈**이 있어야하며, 나의 마음이 평안하려면 꾸준한 ***경제활동***이 있어야 한다. 그리고 나의 성향이 온화하려면 ***물질적으로 안정***되어야 하며, 나의 생계가 윤택하려면 마찬가지로 ***수익창출***과 ***고정수입***이 있어야 한다.

2하우스에 속한 단어를 정리하면 돈, 물적 자산, 경제활동, 수익, 성실함, 고정수입을 의미한다.

한편 전쟁의 시대에서 2하우스는 1하우스를 도와주는 지원국의 하우스였다. 지원국은 먹을 것과 무기(물적 자산)를 보내주고, 병력(인적 자산)을 지원해줬다. 이렇게 2하우스는 인적 자산을 의미하기도 했지만, 현대에서는 5, 7, 11하우스가 인적 자산의 개념이 되었으며, 2하우스는 ***물적 자산***[5]의 의미에만 그친다.

실전에서 2하우스의 운이 좋은 사람은 인복이 좋다고 해석되지 않으며, 꾸준한 경제활동을 통해 돈을 벌 기회성이 많다고 읽는다.

① 직업

2하우스의 업은 직접적으로 돈을 담당하고 관리하는 ***금융업, 경리*** 외에 어떤 이에 대한 ***조력자, 매니저, 인사***를 의미한다.

◆ 8하우스

8하우스는 앵글하우스인 7하우스 옆에 붙어서, 7하우스의 ***결과물*** 역할을 하거나 7하우스를 ***도와주는 것*** 그리고 7하우스를 통한 ***자산***을 의미한다.

---

5) 2하우스의 물적 자산이란 돈 뿐만아니라 보석, 금 등도 의미한다.

① 결과물

먼저 7하우스가 의미하는 죽음, 적, 적국, 싸움, 전쟁, 소송의 ***결과물적인 개념***으로 접근한다.

죽음의 결과물 - 우리는 죽고나서 ***사후세계***에 진입을 하고, ***귀신, 영혼***이 된다. 8하우스는 이처럼 **무속**이나 **오컬트**와 깊이 연결되어 있다.

적, 적국, 싸움, 전쟁, 소송의 결과물 - 적과 전쟁을 치루고 난 후에는 전리품을 획득한다. 내가 모아 번 것이 아닌 남의 자산을 가져오는 **불로소득**이 바로 8하우스다.

반대로 전쟁에서 진다면 나의 자산을 크게 뺏길 수도 있다. 요즘으로 말하면 ***타인을 통한 금전손실***, ***사기***를 당한다거나 어떤 투자 꼬임에 넘어가서 돈을 크게 잃는 방이다.

법이 적용되면, 큰 ***배상금***을 획득하거나 역으로 내가 지불하여 손실을 일으키는 하우스다.

② 도움

7하우스의 가장 큰 의미는 무엇보다 결혼과 배우자다. 자본주의 사회에서는 결혼과 배우자, 애인을 선택하는 조건 중 상대의 자산이 가장 큰 부분을 차지한다.

안정된 결혼을 도와주는 것은 ***배우자의 돈***이며 ***결혼으로 얻는 큰 물질적 해택***이라는 의미다.

③ 자산

모든 석시던트하우스는 붙어있는 앵글하우스의 자산이다. 2하우스가 1하우스의 자산인 것처럼, 8하우스는 7하우스의 자산이다. 8하우스는 배우자의 자산, 넓게는 ***타인의 자산***이다. 또한 죽음을 담보로 얻는 물질, 즉 죽음의 자산인 ***유산***, **보험금**도 8하우스에 속한다.

④ **8하우스의 상징 - 손실**

8하우스는 2하우스의 반대편으로써, 2하우스가 수익인 반면 8하우스는 손실이다. 손실은 크게 세 가지로 분류된다.

<***육신의 손실 / 내면의 손실 / 물질의 손실***>

육신의 손실 : 건강의 문제인 ***질병***, 그로 인한 ***수술***이다.

내면의 손실 : 정신질환을 의미하고, ***우울증, 트라우마, 공황장애*** 등이 있다. 이것이 심해지면 ***자살***도 가능하며 더욱 위험하게 나아간다면 ***범죄유전자***로 이어진다.

고대에는 신병을 정신질환이라 보았다. 악령이 들어가 뇌를 갉아먹고 있다는 것이다. 그래서 ***신기(神氣)***도 내면의 손실에 속한다.

고전점성술에서는 수익을 창출하지 않는 행위를 내면의 손실로 적용하며, 그것은 ***게으름***과 ***나태함***을 말한다.

8하우스를 활용하는 이들은 자신의 뛰어난 능력이 있더라도 ***세상에 대한 두려움***이나 자신의 능력을 과소평가하는 ***비관주의*** 등의 문제로 수익창출로 나아가지 못하는 경향이 있다. 즉 8하우스는 ***재능 낭비***라는 키워드가 함께하며, 점성술에서 재능 낭비는 정신질환으로 보고 있다.

물질의 손실 : 말 그대로 돈을 날리는 행위다.

과소비, 경제관념 상실, 빌려준 후 못 받는 돈 등 나로 인해서든 타인으로 인해서든 금전 손실이다. 또한 ***세금폭탄***과 ***배우자 혹은 부모로 인한 부채***도 해당된다.

⑤ **직업**

흉한 키워드는 주객을 바꿔 업으로 활용함으로써, 인생을 길한 방향으로 개척할 수 있다. 그것을 점성학에서 '업상대체'라고 한다.

8하우스에 속한 직업은 '각종 손실의 키워드와 긴밀한 타인을 만나는 모든 업'을 말한다. 손실이 내게 오지 않고 손실을 겪는 타인을 매일 만나 인생을 개선하는 논리다.

육신의 손실과 관련된 업 : 육신의 질병을 지닌 사람들을 만나는 일 – ***의료업, 보험업, 장례업***

내면의 손실과 관련된 업 : 내면의 질병을 지닌 사람들을 만나는 일 – ***무속인, 종교인, 심리상담가, 정신분석가, 프로파일러, 형사***

물질의 손실과 관련된 업 : 자산문제로 고생하는 사람을 만나는 일 – ***금융업***(특히 파산이나 대출 담당, 카드사)***, 사기꾼, 범죄자, 불법을 활용하는 일, 가정주부***

⑥ **2하우스와 8하우스의 논점**

하우스 일반논리에서, 2하우스는 수익이며 8하우스는 지출이지만, 대다수는 8하우스를 좋아한다. 2하우스는 주어진 시간 안에서 성실하게 일해 벌어들인 소득이지만, 8하우스는 유산이나 보험금처럼 노력 없이 얻어낸 거대한 이득이기 때문이다.

그러나 8하우스는 본래 손실의 방이며, 자산을 얻는다 해도 무언가의 손실을 통해 얻어야 하기 때문에 주의가 필요하다. 또한 누군가의 죽음이나 질병을 통해 얻어낸 돈이니 만큼 월급처럼 보장성도 안정성도 없다. 게다가 자신의 재능을 활용하지 않고 벌어들이는 물질이라 자기발전도 없다. 그럼에도 많은 이들이 불로소득을 꿈꾸며 8하우스에 기대어 살고 있다.

개인의 가치관 차이가 있겠지만, 8하우스를 통해 즐거움을 누리되, 2하우스의 마인드는 유지해야 실패를 최소화 시킬 수 있다.

◆ 5하우스

5하우스는 앵글하우스인 4하우스를 도와주는 역할, 4하우스의 결과물 혹은 자산의 하우스다.

하지만 5하우스는 특별히 두 가지 키워드로 요약하여 접근해보면 쉽다. 바로 ***도박***과 ***즐거움***이다. 도박은 사람을 쉽게 흥분시킨다. 5하우스는 결국 ***쾌락***과 긴밀한 영역이다.

① 도박

모든 종류의 도박 그리고 ***주식, 코인***까지 포함한다.

예술은 도박이다. 자본주의 사회에서 예술은 굶는 자와 재벌로 나뉘어 인기와 수익에서 엄청난 차이가 있다.

자녀는 도박이다. 자녀가 나중에 청와대에 갈지, 대기업에 갈지, 교도소에 갈지를 예측하며 낳는 것은 아니다. 또한 자녀로 인한 평화로운 노후 역시 확실하게 보장된 미래가 아니다.

자녀라는 키워드에서 연결되는 ***임신***, ***어린아이***, ***미성숙한 사람*** 모두 5하우스 안에 담긴 내용이다.

연예, 체육은 도박이다. 이 분야의 대다수는 포기하고 싶을 만큼 벌이가 부족하다.

예술, 연예, 체육 등은 모두 인기를 기반으로 하는 것이기 때문에, 5하우스는 ***인기***나 ***도화***가 긴밀한 영역이다.

부동산 자산과 ***가문의 자산***은 도박이다. 오르는 시점에서는 부동산 자산이 복권보다 더 큰 수익을 낼 수 있지만, 반대로 자산이 속수무책으로 사라지는 경험을 할 수 있다. 또한 가문의 자산도 내가 물려받는다는 보장이 없다.

언약 없는 연애는 도박이다. 보수적인 관점이지만, 결혼이 보장되지 않은 연애는 추억만 남길 뿐 시간과 돈을 갉아먹을 수 있다.

② 즐거움

우리가 쾌락과 즐거움을 느끼는 모든 분야는 5하우스에 속해 있다. 앞서 배운 내용에서도 상당 부분 그렇다. 도박이나 주식을 할 때, 자녀를 기를 때의 뿌듯함, 인기를 누리며 살아가는 인생, 부동산을 통한 부수입, 부모의 후원, 섹스 등이 그것이다. 그 밖에 ***취미활동***, ***문화생활***, ***사치품을 사는 것***에서도 우리는 상당한 즐거움을 느낀다.

③ 도움, 결과물, 자산의 개념

4하우스는 본래 가문의 방으로, 가문을 도와주는 이들의 근본은 후손들이다. 5하우스는 원래 후손의 방이며, 지금의 자녀에 해당한다.

또한 사극을 보다보면 예로부터 가문을 도와주는 책사를 발견할 수 있다. 책사는 지금의 ***컨설턴트***, 나아가 인생을 올바른 길로 안내하는 ***교육자와 조력자***가 되었다.

자녀라는 키워드를 다른 방식으로 이해해도 좋다. 5하우스는 4하우스의 결과물이기 때문에 자식은 가정의 결과물이라는 논리다.

자산 이야기로 풀어간다면, 4하우스는 부동산과 부모를 상징하기 때문에 5하우스는 ***부동산의 자산***과 ***부모의 자산***이 된다.

④ 직업

5하우스의 업은 이미 나온 키워드들 속에 있다. 인기로 먹고 사는 ***연예인, 유튜버, 운동선수, 예술가***들이며, 자식이라는 키워드를 활용하는 ***어린이집***과 ***유치원*** 그리고 ***학교 교사***까지 포함한다.

또한 모든 석시던트하우스는 자산의 방이기 때문에 ***금융***이나 ***투자*** 등 ***자산 관련 업무***가 가능하며, ***건물주***도 여기에 속한다. 그 밖에 ***패션, 문화사업, 카운슬러*** 등이 5하우스의 키워드를 활용하는 직업들이다.

⑤ 실전에서 4하우스와 5하우스에 속한 친족

본래 4하우스에 속한 친족은 아버지지만 현재는 아버지와 어머니가 모두 속한다. 그러나 실전에서 4하우스는 아버지와 어머니 외에 형제자매까지 포함해 모든 가족구성원을 의미한다.

그래서 5하우스는 부모의 자산 외에도 형재자매로 인한 자산과 후원도 해당한다.

문헌에는 3하우스에 형재자매가 기술되어 있지만 실제로 4, 5하우스의 운이 좋은 이들은 부모 외에 형제의 복으로 풍요로운 인생을 살아가는 경우가 많다.

◆ 11하우스

11하우스는 옆에 있는 앵글하우스인 10하우스를 도와주는 영역이다.

즉 10하우스가 지닌 출세, 성공, 직업, 명예, 사회생활을 잘 이루도록 도와주는 키워드들이 모두 11하우스에 들어가 있다.

① 성공과 출세를 위한 인맥 그리고 야망

자본주의 사회에서 성공과 출세를 이루도록 도와주는 것은 무엇일까? 이 질문에 정말 많은 이들이 '노력과 재능'이라고 말을 하지 않아서 씁쓸할 때가 많다. 지금 이글을 읽는 당신도 생각하는 그것, 바로 ***연줄***이다. 조금 품격있게 표현한다면 인맥이며 인복이고 후원자인 것이다. 단, 여기서 인맥이란 ***사회적 인맥***을 의미하며, 유능한 직원까지 포함한다. 즉 나에게 돈과 명예를 줄 수 있는 소수의 후원자만을 말하고, 우리 주위에 흔히 있는 지인들은 여기에 해당하지 않는다.

실제로 11하우스가 발달한 이들은 성공에 도움이 되는 소수의 사람들만 만나는 것을 좋아한다.

연줄, 인맥, 후원자에서 벗어나, 좀 더 깊이 들어가 보자.

무엇이든 그것을 좋아해야만 그것을 얻는다. 돈을 좋아해야 돈을 많이 벌며, 명예를 좋아해야만 명예를 획득하고, 이성을 좋아해야만 애인이 생긴다. 이건 예외가 적용되지 않는다. "나는 이성을 너무 싫어하는데, 우연히 애인이 생겼어요." 따위의 논리는 있을 수 없다. 그렇다면, 성공을 하려면 무엇을 좋아해야 하는가? 당연히 성공을 좋아해야 한다. 그래서 11하우스는 ***성공욕구, 야심, 야망*** 등의 강렬한 욕망이 있는 하우스다.

② 긍정과 희망

성공을 하려면 스스로에 대한 믿음이 있어야 한다.

"난 반드시 성공할 수 있을거야!" 이것은 바로 ***긍정성***이며 삶에 대한

희망이다. 11하우스는 매우 밝고 도전적이면서 부드러우며, 긍정적으로 높이 올라가려는 위대한 방이다.

11하우스가 발달한 이들은, 타인의 장점도 잘 찾아낸다. 그래서 사람들이 모여들게 되어 있으며, 이는 인적 자산으로 이어진다. 이렇게 인적 자산을 활용하는 일이 바로 ***사업***이다.

11하우스가 의미하는 사업[6]은 직원을 3명 이하로 두는 자영업을 의미하는 것이 아니라 다수의 인맥을 거느리고 하는 사업이다.

③ 11하우스와 10하우스의 공통점과 차이점 – 자산

10하우스와 공통점은 국가 혹은 대기업과 관련있는 인생이라는 것이다.

10하우스와 차이점은 11하우스는 성공을 위해서라면 고개를 숙일 줄 아는 사업가 마인드지만, 10하우스는 돈보다 명예를 중시하며 고개가 뻣뻣하다. 그래서 직종을 단식으로 말하자면, 10하우스는 공직, 11하우스는 사업이다.

11하우스를 10하우스의 자산으로 접근하면, ***국가의 자산, 공금, 공공재*** 등을 의미하며, 문헌에서는 어머니 자산이라 하지만, 필자는 앞서 몇 번이나 설명한 것처럼 5하우스를 어머니 자산으로 본다.

④ 11하우스에 대한 논점 1 – 자녀

11하우스는 7하우스 기준으로 다섯 번째 방이기 때문에, 인간으로 적용하면 ***입양아, 배우자가 데려온 자식*** 등의 키워드가 있다. 남성우월주의 시대에는 남자가 외도를 하고 데려온 자식이 종종 있었기 때문이다.

실전에서 이 키워드는 호라리 단시점성술에서만 쓰이며, 출생점성술에서는 사용되지 않는다. 출생차트에서 7하우스 기준으로 다섯 번째 방에 속한 사람은 배우자의 자식이면서 나의 친자식이다. 그리하여 11하우스

---

6) 매우 소수의 직원을 두고 자영업을 하는 하우스는 1, 2하우스로 충분하다.

도 5하우스와 함께 자녀라는 키워드로 적용해야 옳다.

하지만 출생차트에서 자식운을 볼 때는 5하우스의 운만 봐야하며, 11하우스가 의미하는 자식운이란 솔라리턴 등 미래의 운을 점칠 때 활용된다. 즉 가임기 여성은 5하우스 뿐만 아니라 11하우스의 운이 오는 시기에 임신을 하는 경우가 많다.

⑤ 11하우스에 대한 논점 2 - 일확천금

대다수의 점성가들은 복권, 로또 등 행운으로 터지는 일확천금을 5하우스와 11하우스의 운으로 함께 본다. 5하우스는 본래 도박, 주식 등의 키워드가 있기 때문에 로또도 같이 적용하는 것이며, 11하우스는 모든 희망이자 가장 길한 영역이기에 그렇다고 한다.

하지만 로또나 복권처럼 계략이 필요 없으며, 자신의 노력과 의지의 작용이 무의미한 것은 출생차트에서 논하면 곤란하다.

하늘이 주는 기회라 할 수 있는 복권의 운을 예측하는 것은, 출생차트에서는 불가능하며 솔라리턴과 같이 매년마다의 운세차트도 마찬가지다.

⑥ 직업

11하우스의 업은 ***각종 분야의 큰 사업*** 그리고 ***공공 자산***이나 공금와 긴밀하게 연결된 일(세무서), 혹은 ***국가서비스, 공공 서비스***를 제공하는 업 등이 일반적이다.

또한 5하우스와 함께 누군가를 성공의 길로 이끌어주는 ***교육자***도 될 수 있다.

여기서 큰 사업이라 했을 때, 모든 분야를 말하는 것은 아니다. 세세한 내용은 2권 '직업론'에서 자세히 다루기로 하자.

케이던트하우스(Cadent House) – 3, 6, 9, 12

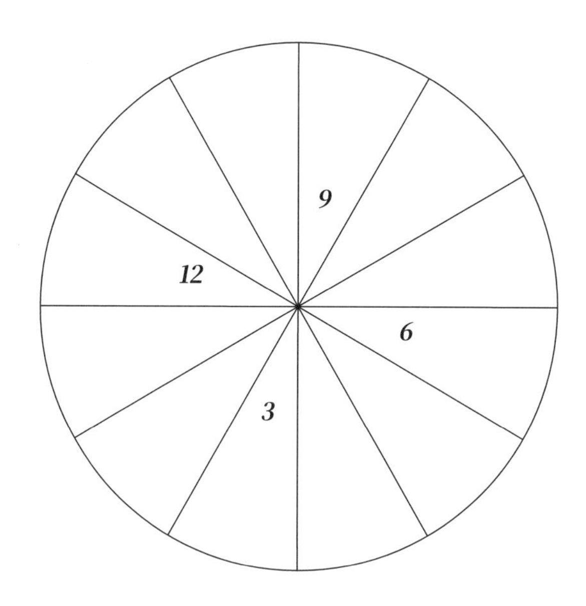

- 살면서 점점 멀리하게 되는 하우스
- 인생에서 중요도가 떨어지는 하우스
- 역마(불안정)의 하우스

◆ 3하우스 & 9하우스

3하우스와 9하우스는 함께 비교분석해야 하우스를 이해하고 학습하는 데 유리하다.

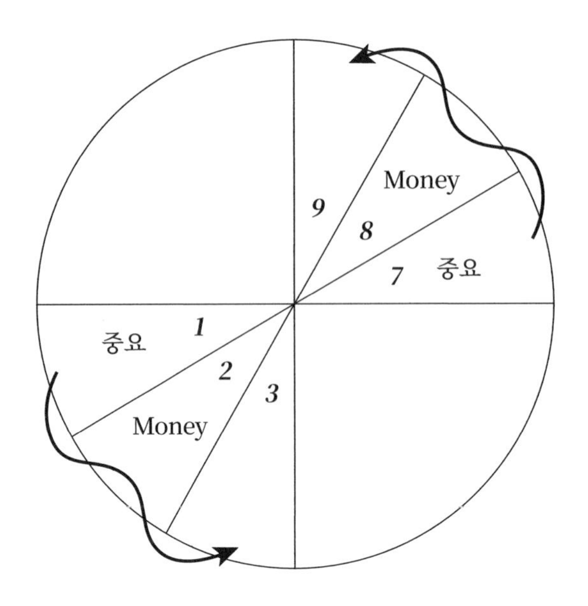

① **학업과 역마**

3하우스와 9하우스는 각각 중요한 앵글하우스인 1하우스와 7하우스로부터, 돈의 하우스인 2하우스와 8하우스 다음에 위치한 곳이다. 우리의 삶에서 돈보다 못한 하우스들이며, 자본주의 사회에서 점점 멀어질 수 밖에 없는 영역이다.

대부분 20대 후반 이후에는 공부를 하지 않는다. 따라서 3하우스와 9하우스는 멀어질 수 밖에 없는 ***학업***의 방이다. 땅에 닿아있는 3하우스는 현실과 실무에 필요한 학업을 의미하고, 하늘에 닿아있는 9하우스는 신에게 가르침을 구하는 종교와 신학 따위를 말한다.

3하우스와 달리 9하우스가 강조된 이들이 유난히 철학적이고 타협하지 않는 신념을 지닌 이유다.

역사는 승자의 기록이다. 대부분 왕족이나 귀족의 입장에 맞춰 유리하게 기술되어 있다. 그들 입장에서 세상은 변화하면 안된다. 계속 기존의 체제를 유지해야 자신들의 위치가 유지되기 때문이다. 그래서 이동과 변화를 상징하는 '역마'라는 단어에 '죽일 살(殺)' 자를 붙여 '역마살'이라 부름으로써, 변화와 이동이 잦은 삶은 인생을 불안정하게 만드는 흉한 것이며 멀리해야 한다고 여겼다. 살면서 점점 멀리해야 하는 3, 9하우스는 그렇게 ***역마***의 하우스가 된다.

그럼 역마의 거리를 구분해보자.

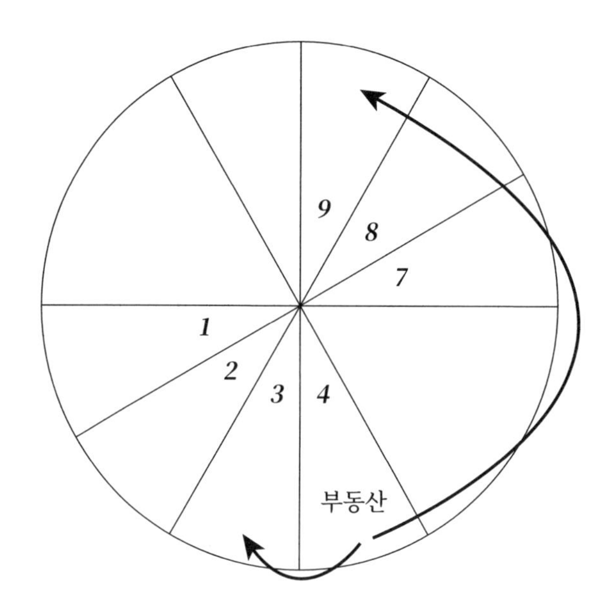

부동산 하우스인 4하우스로부터 가까이 있는 3하우스는 근거리 역마이며 4하우스로부터 상대적으로 멀리 있는 9하우스는 원거리 역마인 ***해외***가 된다.

특별히 9하우스는 ***학업***이라는 단어와 ***해외***라는 단어가 합쳐져 ***성지순례***의 하우스가 되었으며, 이것은 현 시대에 ***유학***, ***이민*** 등의 키워드로 자리잡았다.

② 이동수단, 정보전달

3하우스와 9하우스 모두 역마를 위한 수단인 자동차, 배, 비행기 등 ***탈것***이 추가되었다. 옛날에는 서신이나 말(言)을 전하기 위해 말을 탔다. 역마의 목적에서 ***정보전달***이라는 핵심단어가 파생된다. 정보전달이라는 말은 요즘에 다양한 방법으로 활용된다. 현대사회에서는 ***책, 출판, 강연, SNS, 방송***을 통해 정보를 전달한다. 이 모든 것들이 구분없이 3하우스와 9하우스의 이론이 되었다.

그리고 정보전달을 주의 입장에서 실행하면 ***가르침***이 되고, 객의 입장에서 받는다면 ***배움***이 된다. 상대적으로 위에 위치한 9하우스가 주로 가르침을 의미하며, 아래에 위치한 3하우스가 가르침을 받는 배움의 의미가 더욱 크다. 하지만 실전에서는 3하우스나 9하우스의 키워드를 굳이 가르침과 배움으로 나누지 않는다.

물론 성향을 볼 때는 확실히 구분된다. 3하우스가 발달한 이들은 소통의 과정도 좋고 가르치거나 배우거나 하는 모든 것에 의미를 부여하는데, 9하우스가 발달한 이들은 확실히 내가 우위를 차지하는 위치에서 가르치는 것만을 좋아한다.

가르침의 의미를 지닌 9하우스는 ***스승, 선생***의 방이 되고, 배움의 의미를 지닌 3하우스는 ***제자, 학생***의 방이 된다.

③ 자격증과 각종 문서

요즘에는 정보를 주고 받는 과정을 마친 후에 각종 증서를 통해 자격을 증명한다. 이는 ***자격증, 수료증*** 등을 말한다.

3하우스와 9하우스에 속한 각종 자격증의 종류는 목적에 따라 구분할 수 있다.

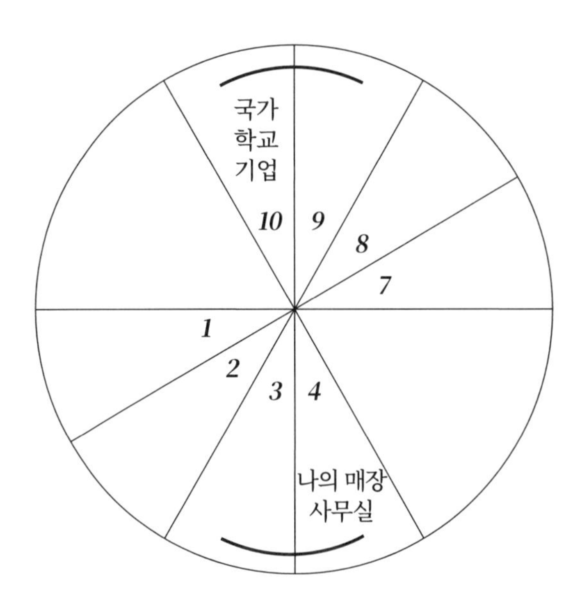

나의 부동산(4하우스) 옆에 붙어 있는 3하우스는 나의 샵, 사무실, 매장 등을 오픈하기 위한 공부와 자격증을 의미한다.

ex) 바리스타자격증, 타로수료증, 제빵자격증

국가, 사회(10하우스) 옆에 붙어 있는 9하우스는, 공공기관이나 회사, 어느 조직에 입사하기 위한 공부와 자격증을 의미한다.

ex) 교사, 대학교수, 공무원

④ 기타

자본주의 사회에서 돈보다 못한 사이는 형제자매다. 어머니 뱃속에서 나오는 순간부터 경쟁상대가 되고 유산싸움을 벌이는 형재자매는, 점성술에서 돈보다 못한 영역인 3하우스에 속한다. 그러나 이 개념은 호라리 점성술에 해당하며, 출생차트 실전해석에서 형제자매는 4하우스로 판단하기 때문에 더이상 논란은 불필요하다.

한편 9하우스는 배우자를 의미하는 7하우스를 기준으로 3하우스가 된다. 3하우스는 본래 문서의 의미가 있다고 익혔으니, 배우자와 증서를 작성하는 하우스가 9하우스라는 것이다. 9하우스는 바로 ***결혼식***의 방이다.

하지만 출생차트에서 결혼이나 배우자운은 9하우스로 보지 않고 7하우스로 본다. 9하우스의 결혼식 키워드는 솔라리턴이나 세컨더리디렉션 등을 통해 미래를 볼 때 활용된다.

⑤ 직업

3, 9하우스의 업은 지금까지 설명했던 모든 분야다.

교직, 학업과 관련된 업, 출판업, 강연 등 정보전달의 업, 작가, 방송, 통신, 미디어, 홍보, 컴퓨터, 웹, 어플 등이다.

교통이나 운수업 등 ***이동과 관련된 업, 배달*** 등도 좋다.

◆ 6하우스

6하우스는 7하우스에 속한 적을 죽이지 않고 아래로 강등시키는 영역이다.

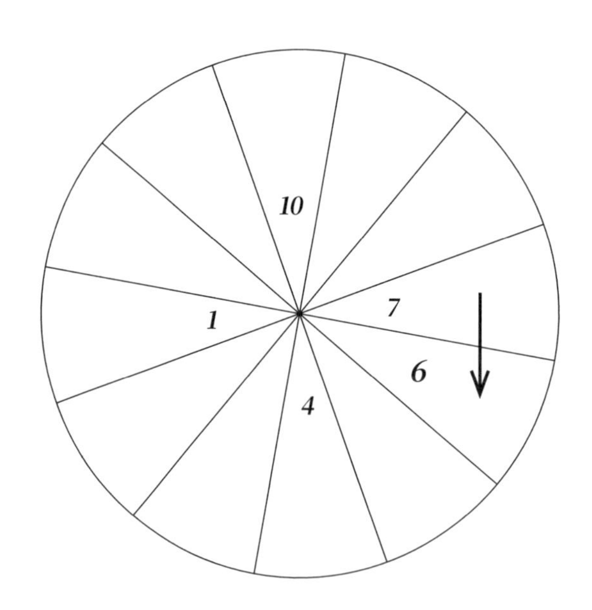

① 노예

6하우스의 첫 시작은 '노예'다.

노예는 받는 대가보다 ***과도한 업무량*** 속에서 ***희생***하고 ***봉사***하는 삶을 살아간다. 이것을 좋게 이야기 하면, ***일복***이 많고 사람들을 위해 을의 입장도 감수하는 인생이라 하겠다. 언제나 헌신하고 양보하며, 그로인해 내가 가진 부분이 부족하더라도 나눔을 실천하니, 참으로 착한 하우스라는 이야기를 많이 듣는다.

한편 노예라는 단어로 인해 6하우스에 부하직원이라는 키워드를 넣는 이들이 있다. 하지만 실전해석에서는 옳지 못한 방법이다. 내게 돈과 명예를 안겨주는 부하직원은 아무리 아랫사람이라 한들 좋은 인복이기 때문에 11하우스에 넣어야 한다.

② 의술, 육신의 질병

오래전 불의 시대에, 정복자들이 모든 적을 죽인 것은 아니다. 정복한 지역에서 쓸모있는 의사나 공예가, 요리사 등을 살려두고, 노예 신분을 벗게 해준 것이다. 역시 예전이나 지금이나 능력있는 자는 살아남는 법이다.

그래서 사실상 노예들이 ***의술***을 행했으며, ***육신의 질병***과 그것을 다루는 모든 치료활동이 6하우스에 포함된다.

한편 모든 케이던트하우스들은 역마성이 있는 방이라 했기에, 6하우스를 이동과 관련하여 적용하는 이들이 있지만, 실전에서는 한계가 있다. 굳이 역마를 적용하여 읽는다면 '고된 출장' 정도로 이해해야 하며, 즐거운 여행이나 이사의 의미는 없다.

③ 애완동물

노예의 방인 6하우스에는 ***애완동물***이라는 키워드가 있다. 고전점성술에서 애완동물이란 나의 노예다. 지금 아무리 애완동물사랑의 시대라도 이 논리를 받아들이지 않는 이들은 점성술 공부에 있어서 갈길이 멀다.

우리 강아지는 내 자식이라며 5하우스의 개념에 넣고자 한다면, 그 강아지는 당신의 대를 이어야 한다. 또 반려견을 7하우스의 개념에 넣고자 한다면, 그 강아지와 성행위를 해야만 인정된다. 따라서 애완동물은 노예의 방인 6하우스에만 들어갈 수 있다.

④ 6하우스와 12하우스의 동물 논점

문헌에 6하우스는 작은 동물, 12하우스는 큰 동물이라 적혀있지만 실전에서는 그렇지 않다.

6하우스는 본래 키웠던 동물, 키워도 되는 동물, 사람과 어느 정도 교감이 가능한 동물, 인간을 따르는 동물이며, 12하우스는 본래 자연에만 있었던 동물, 교감이 되더라도 자연에 있어야만 하는 동물, 크기와 상관없이 사람말을 못 알아듣는 동물이다.

이 구분법이 난해하다면, 동물원에 있는 동물을 12하우스로 여기면 된다.

예를 들어, 우리는 돼지나 소를 보기 위해 동물원에 가지 않는다. 코끼리, 기린, 사막여우, 뱀 등을 보기 위해 동물원에 간다. 돼지나 소는 6하우스이며, 후자의 동물들이 12하우스다.

6하우스에 속한 동물	12하우스에 속한 동물
닭, 소, 말, 돼지, 개, 고양이, 염소, 양, 오리 등	하마, 코끼리, 기린, 사자, 호랑이, 사슴, 뱀, 이구아나, 원숭이, 악어, 임팔라, 늑대, 여우, 삵, 미어캣, 다람쥐, 개구리, 전갈, 각종 곤충 등

⑤ 직업

6하우스는 오래전 노예들의 업이 많다. 노예들은 주인님 병을 치료해야 하고, 머리칼을 다듬어 줘야 하며, 음식을 해줘야 하고, 옷도 만들어줘야 했다.

지금의 ***의사, 헤어디자이너, 요리사, 요식업, 술집, 카페, 메이크업, 네일아트, 풋마사지, 바느질 관련업*** 등을 말한다.

또한 희생과 봉사의 에너지가 많이 담긴 ***사회복지업***이 가능하며, 동물 관련 업인 ***수의학, 애견카페, 강아지나 고양이 용품점*** 등도 6하우스와 긴밀하다.

◆ 12하우스

우리의 인생은 1하우스부터 11하우스까지다. 여기까지가 현실이며 일상이라고 볼 수 있다. 12하우스는 어쩌면 일반적이지 않은 미지의 영역이며, 심지어 고대점성가들도 제대로 정의하기 어려운 곳이었다.

① 격리와 고립, 학문과 해외

12하우스는 이 세상에 속하지 못하고 어울릴 수 없는 어딘가에서 ***격리***되고 ***고립***되는 것과 같다.

조선시대로 따지면 유배를 떠나는 방이다. 권력층의 ***음해***로 인해 격리되는 형벌이 유배기 때문에, 나를 ***모함***하는 ***숨겨진 적***은 12하우스에 속한 단어다.

이렇게 세상과 어울리지 못하고 스스로 ***감금***시켜 ***홀로 있는 자신만의 세계***이며, 이런 고독한 영역에서는 혼자 책을 읽는 등 ***학문연구***에 매진하게 된다.

한편, 감금이라는 단어에서 자연적으로 따라오는 말인 ***자유 손실***과 그 말을 뼛속까지 체감하게 만드는 영역인 ***교도소, 병원, 수도원, 단식원, 탄광***, ***가서는 돌아오지 못하는 어떤 장소*** 등이 모두 12하우스에 속한다.

가서는 못돌아오는 장소는 요즘의 ***해외운***과 ***이민운***으로 작용하니, 출생점성술에서 외국과 인연이 있는 하우스는 7, 9, 12하우스다.

그리고 유배지를 의미하는 곳인 12하우스는 인간의 손길이 닿지 않는 오지나 무인도를 의미했고, 그곳에 있는 ***야생동물***과 울창한 ***식물***들은 모두 12하우스에 포함된다.

② 내적 질병

당신이 자유 손실이 되었을 때 나타나는 증상을 생각해보자. 폐소공포증이 걸릴만한 감옥에 있다거나, 전재산이 특정 주식의 최고점에 물려 움직일 수도 없는 상황 속에서의 반응 말이다. 우울증과 공황장애에 시달릴 것이다.

6하우스가 육신의 질병이라면 반대에 위치한 12하우스는 ***마음과 정신의 문제인 내적 질병***을 의미한다. 하지만 실전에서는 6하우스도 내적 질병이 가능하며, 12하우스도 육신의 질병이 가능하니, 모두 질병의 영역이라 생각해도 좋다. 그리고 8하우스에서 언급했던 모든 내적인 손실과 질환이 전부 12하우스에 포함된다. 다시 8하우스 이야기로 돌아가 확실하게 숙지하자.

고대에는 정신질환을 악령에 빙의되었거나 악령에게 괴롭힘을 당한다고 생각했다. 12하우스는 이렇게 악령과 같은 **무속** 키워드들이 존재하는 곳이며, 8하우스에 속한 ***신기(神氣), 오컬트*** 등과 9하우스에 속한 ***종교, 철학, 영성*** 등이 함께하는 구역이다.

③ 12하우스의 특별한 논점 - 숙박업소

숙박업소에 대한 실전이론을 알아야만 한다. 이 부분에 대해서는 문헌도 무의미하고 하우스 개념도 어긋나기 때문이다.

숙박업소의 하우스라 한다면 어떤 하우스가 먼저 떠오르는가? 하우스의 기본개념을 배운 많은 사람들이 부동산을 의미하는 4하우스 혹은 부동산의 서비스 개념이 있는 5하우스라고 생각할 것이다. 하지만 이것은 실전에 맞지 않다.

숙박업소의 가장 중요한 개념은 부동산이 아니라 여행객이다. 숙박업소는 부동산을 거래하거나 건물 등을 만드는 행위가 아니라, 떠돌아다니는 여행객을 며칠 동안만 머물게 해주고 보내는 일이다. 이것을 부동산 개념으로 인식하기보다는 거주지가 안정되지 않는 이들을 잠시 가둬두는 개념으로 이해해야 좋다. 숙박업에 속하는 호텔, 모텔, 펜션 등의 업은 모두 12하우스에 포함되어 있다고 반드시 기억하자.

④ 12하우스의 특별한 논점 - 시간의 흐름을 알 수 없다

12하우스는 시간이 얼만큼 흘렀으며 세상이 어떻게 돌아가는지 알 수 없는 유배지와 같다.

시간의 흐름은 보통 시계를 통해 알 수 있고, 시계가 없는 실내에서는 창문을 통해 보이는 태양빛의 유무로 파악한다. 다시 말해 시계와 창문이 없는 곳에서는 시간의 흐름을 할 수 없으며, 세상이 어떻게 돌아가는지 알 수 없다.

백화점, 카지노 등이 12하우스의 특별한 공간이다.

⑤ 12하우스의 특별한 논점 - 비트코인

필자는 발전하는 사회에서 새롭게 태어난 단어들을 어떤 하우스에 넣어야 할지 매일매일 고민하면서 살아간다. 그중, 고민이 많았던 단어는 바로 비트코인이다.

도박성이 있는 비트코인은 주식과 함께 5하우스에 속함이 타당했다. 하지만 계속 어긋나는 임상 속에서 고민이 많던 어느 날, 12하우스에 있는 mine(광산, 갱, 채굴하다)을 발견하고 적용하니 해석의 오류가 전부 해결됐다. 채굴한다고 표현하는 비트코인은 12하우스에 해당하는 단어다.

실전에서 주식은 도박의 하우스인 5하우스와 불로소득의 하우스인 8하우스로 판단하며, 비트코인은 5, 8, 12하우스를 모두 보고 판단해야 한다.

⑥ 직업

12하우스는 격리와 감금의 업인 ***수행자와 종교인, 교도소 관련업***, 그리고 ***정신질환과 육신질환의 업인 의사, 심리학자, 점성가, 타로마스터, 관상가*** 등이다.

또한 시계와 창문이 없는 곳인 카지노와 백화점에서 일하며, 식물원이나 동물원 등 자연 속에서 활동하는 업에 종사한다.

일반적으로 ***연구소***에서 일하는 이들도 많고, 작가와 같이 세상과 단절된 채 작품에 몰두하는 직업도 12하우스에 속한다.

7하우스의 개념 설명에서 언급했듯이 ***적***이라는 키워드로 인해 벽을 치는 일인 ***실내인테리어***나 ***수납인테리어*** 등도 가능하며, 앞서 말한 코인전문투자자도 이곳에 속한다.

한편 돌아오지 못하는 장소 개념에서 해외와 긴밀한 직업이 탄생하며, ***외국기업***이나 ***외국에서 일하게 되는 여러 가지 직종***도 12하우스를 활용하기에 좋다. 또한 8하우스와 함께 의존성이 짙은 영역으로 ***가정주부***의 길도 가능하다.

6. 출생점성술에서 열두 하우스의 키워드 모음

1H	나, 건강, 성향, 생계, 교육, 창업, 자영업
2H	돈, 자산, 유동자산, 수입, 경제활동, 지원군
3H	가까운 역마, 이동, 교통수단, 정보전달, 강의, 문서, 작가, 커뮤니케이션, 사교육, 학업, 방송, 통신, 미디어, 출판, 계약, 형제자매, 친구, 지인, 학생
4H	땅, 부동산, 집, 일터, 사무실, 뿌리, 조상, 가문, 음택, 아버지, 어머니, 부모, 가정, 고향, 무덤, 종결, 변두리
5H	도박, 주식, 코인, 예술, 연예, 섹스, 자녀, 아이, 임신, 부동산으로 인한 부수입, 아버지 돈, 가문의 자산, 가문의 후원, 자문, 컨설팅, 교육, 양육, 제자, 취미, 쾌락, 즐거움, 유희, 도화, 사치, 사치품, 운동, 문화
6H	노예, 노예들의 업무, 노동, 일복, 워커홀릭, 성실, 희생, 봉사, 서비스, 질병(육신), 건강, 의료, 활인(活人), 애완동물, 고된 출장, 미용업, 접대
7H	적, 전쟁, 죽음, 다툼, 경쟁, 시비, 소송, 협상, 계약, 결혼, 배우자, 연애, 애인, 사랑, 1:1관계, 동업, 상담, 외교, 가면 안되는 장소, 벽, 칸막이
8H	손실, 물질적 손실, 부채, 사기, 배우자 재산, 유산, 보험금, 내면의 손실, 공황장애, 트라우마, 공포, 우울, 위험, 불법, 게으름, 나태함, 두려움, 재능 낭비, 심리학, 육신의 손실, 죽음과 질병, 활인(活人), 의료, 타인의 돈, 노력 없이 얻는 돈, 불로소득, 주부, 사후세계, 귀신, 무속

9H	장거리 역마, 성지순례, 유학, 해외, 이동, 교통수단, 정보전달, 강의, 커뮤니케이션, 공교육, 학업, 방송, 통신, 미디어, 출판, 계약, 문서, 작가, 종교, 철학, 고등지식, 대학, 스승, 결혼식
10H	성공, 출세, 명예, 직업, 사회생활, 갑(甲), 상사, 국가, 공공기관, 공직, 중심
11H	모든 사회적 인맥, 후원자, 인적 자산, 야심, 성공욕구, 모든 희망, 긍정성, 사업, 가르침, 국가의 돈, 공금, 공공재, 국가서비스, 배우자의 자녀, 행운, 완쾌, 가석방
12H	격리, 감금, 자유 손실, 질병(정신), 병원, 입원, 의료, 주부, 활인(活人), 자연, 야생, 벽, 칸막이, 고립된 환경, 고독, 추방, 해외, 이민, 탄광, 코인, 학문, 연구, 악령, 무속, 신(氣), 영성, 종교, 탈속적인 영역, 숨겨진 적, 구설, 음해, 게으름, 나태함, 불법, 숙박업소, 시계와 창문이 없는 곳, 수도원, 카지노, 백화점, 교도소, 가면 돌아오지 못하는 장소

※ 호라리점성술에서는 하우스의 의미가 달라질 수 있다.

7. 나와 연결되어 있는 하우스

우리는 지금까지 소개한 지상의 집인 열두 하우스 안에서 살아간다. 하나의 하우스들마다 있는 여러 가지 키워드 속에서 어떤 이는 길한 것만을 끄집어내 노력하며 살아가고, 어떤 이는 흉한 것만을 쓰면서 인생을 낭비하곤 한다.

하우스에 속한 길한 단어와 흉한 단어를 사용하는 힘은 보통 배치된 행성이 결정하지만, 자유의지를 지닌 우리는 성공적인 인생을 위해 건설적인 단어를 쓰도록 노력해야 한다.

그럼 출생차트에서 자신과 가장 긴밀하게 작용되는 하우스는 무엇일까?

첫 번째는 달이 위치한 하우스다.

달이 위치한 하우스는 나의 감정이 향한 하우스로써, 그 하우스의 어떤 키워드라도 내 마음이 쏠려 있게 된다.

이것은 특정 시기에 발현하는 것이 아니라 평생 지속적으로 마음을 쏟는 영역이며, 이제까지 셀수 없는 차트를 분석하고 상담하고 임상을 했을 때 예외가 없었다. 즉 반드시 그곳에 내 마음이 향했다고 봐야한다. 만약 상담할 때 달이 위치한 하우스의 내용이 내담자의 마음에 없다면, 출생차트 해석에 있어 실력이 부족하거나 내담자가 객관적으로 인정하지 못한 것이다.

달이 위치한 하우스는 차트주인공의 인생 분위기, 성향과 풍요, 심지어 배우자를 선정하는 기준까지 상당한 영향을 미친다.

달이 위치한 하우스보다 더욱 더 중요한 ***두 번째는 상승로드(1하우스의 주인행성)가 위치한 하우스다.***

상승로드는 감정을 넘어서 나 자체를 의미하는 행성이며, 그 행성이 위치한 하우스는 내가 추구하고 원하는 것, 삶의 목적, 직업의 방향까지 영향을 준다.

따라서 우리는 자신의 출생차트에서 결정된 이 하우스를 받아들여야만 한다. 비록 흉한 하우스에 있다 할지라도, 그 안에 속한 품격있는 키워드를 활용해 인생을 살아가야 한다.

여기까지만 나와 연결된 하우스를 논해도 초중급 단계에서는 무리가 없으나, 고급을 위해 더 나아가 보자.

세 번째는 상승로드의 디스포지터가 위치한 하우스다.

용어 배우기!

디스포지터(Dispositor)는 처분권자라는 의미로 어떤 행성의 결론과 길흉을 최종적으로 평가할 수 있는 행성이다.
출생차트에서 '행성이 위치한 별자리 주인'을 말한다.
ex) 금성이 양자리에 위치하면 금성의 디스포지터는 화성이다. 하지만 금성이 사자자리에 위치하면 금성의 디스포지터는 태양이다.

디스포지터의 활용에 대한 중요한 내용은, 후에 '카운터액션'이라는 이론을 배울 때 자세히 설명하도록 하겠다.

상승로드의 디스포지터가 위치한 하우스에 대한 이해가 어려운 이들을 위해 차트를 통해 설명하겠다.

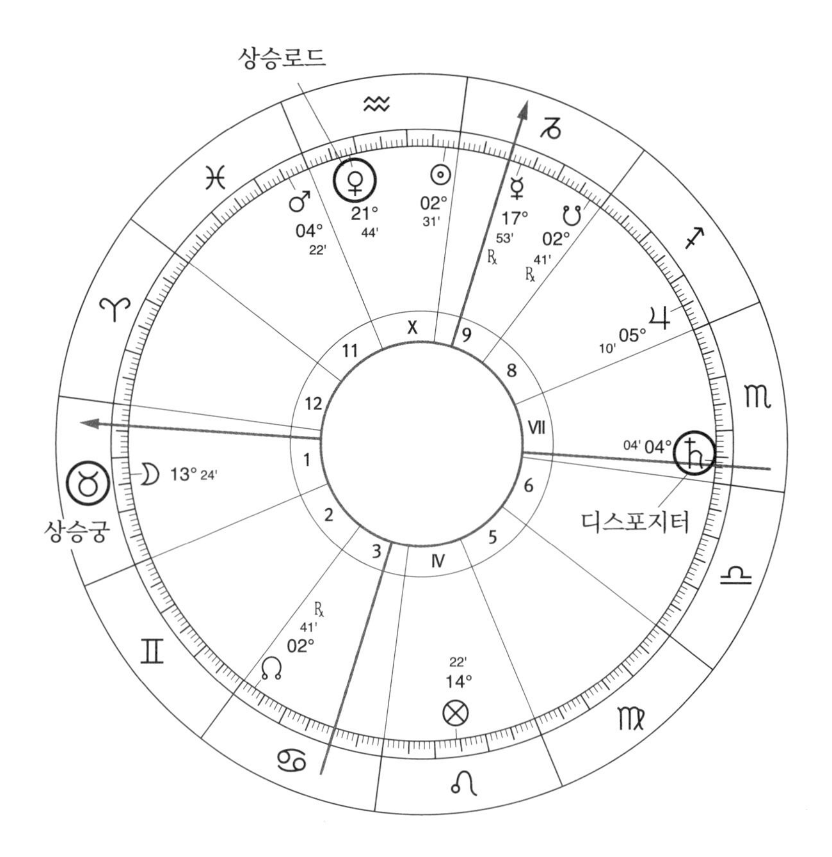

차트에서 상승궁은 황소자리기 때문에 상승로드는 금성이다. 상승로드인 금성은 물병자리에 위치하니, 상승로드의 디스포지터는 토성이 된다. 상승로드는 10하우스에 있고, 디스포지터는 7하우스에 있다.

그럼 상승로드의 디스포지터가 위치한 하우스는 우리 인생에 어떤 영향을 줄까? 달이 위치한 하우스나, 상승로드가 위치한 하우스보다 의미하는 바는 추상적일 수 있지만, 그럼에도 가치 있는 하우스다.

이것은 '상승로드가 위치한 하우스를 도와주거나 구체적인 방향을 제시'한다.

상승로드가 10하우스에 위치한 차트주인공은 삶의 방향성이 명예 중심적이며, 이를 이루기 위해 자기 분야에서 최고가 되려 노력할 것이다. 직업과 사회생활을 통해 성취를 하려 하고, 누구와도 비교를 거부하며 존경받는 위치에 서기를 갈망할 것이다.

한편 상승로드의 디스포지터인 토성은 7하우스에 위치하기 때문에, '1:1의 상담업이나 토론, 상대방을 마주보고 이야기하며 사로잡는 힘'을 활용해, 사회생활을 하고 명예를 획득하게 된다.

8. 하우스의 길흉

고전점성술의 열두 하우스는 길흉이 명확하다.

하지만 출생차트를 해석할 때의 하우스 길흉과 운세차트를 해석할 때의 하우스 길흉에 있어서 다른 부분이 있기 때문에, 하우스의 길흉을 명확하다고 단정지어야 할지 항상 의문이다.

지금은 출생차트에 규정된 하우스 길흉의 정석을 알리고자 하며, 운세차트에 적용하는 내용은 '운세론'에서 배우도록 하자.

하우스의 길흉은 반드시 ***홀사인시스템***으로만 판단해야 한다.

우선 하우스의 길흉을 나누는 이유를 알아보자.

첫째, ***하우스는 행성의 길흉을 평가할 때 기본이 되는 이론이다.***

어떤 행성이 길한 하우스에 위치하면 그 행성의 자질을 평가할 때, 부귀하고 온화한 집에서 좋은 환경의 영향을 받고 자란 행성과도 같다. 그 행성의 길흉평가에서 시작이 좋은 것이다.

반대로 어떤 행성이 흉한 하우스에 위치하면, 가난하고 다툼이 잦은 집에서 태어나 혼란과 불평등한 상황을 겪으며 자란 행성과도 같다. 그럼 길흉평가에서 첫 시작이 흉할 수밖에 없다.

둘째, ***운세에서 흉한 하우스 시기가 들어올 때와 길한 하우스 시기가 들어올 때, 1년간의 분위기가 달라진다.*** 흉한 하우스 시기가 들어오면 확실히 1년간 심신의 우여곡절을 겪으며, 길한 하우스 시기가 들어오면 성공적이면서 평온한 해가 된다. 하지만 이미 말했듯이 운세차트에서 적용되는 하우스의 길흉은 지금 소개할 내용과 약간의 차이가 있음을 기억하자.

그럼, 하우스의 길흉에서 가장 길한 하우스부터 시작하여 가장 흉한 하우스로 마무리하도록 하겠다.

열두 하우스 중에 가장 길한 하우스는 11하우스다. 11하우스의 첫 소개는 ***좋은 영혼***이듯, 가장 선한 영향력을 의미하는 가장 길한 하우스다. 어떤 행성이 11하우스에 위치했다는 것은 흉성이 그 행성에게 너무 강한 흉을 보내지 않는 한 상당히 길한 것으로 판단한다.

심지어 11하우스에 위치한 흉성도 본래의 흉물스러운 성향과 못된 기능이 살짝 떨어지게 되는 것을 보면, 11하우스가 얼마나 아름다운 영역인지 가늠할 수 있다.

두 번째로 길한 하우스는 11하우스 반대편에 위치한 5하우스다. 11하우스 급이 되지 못해 아쉬운 5하우스도 ***좋은 운***이라는 평가를 받으며 길한 하우스에서 2위라는 상당히 좋은 위치를 차지한다. 실전에서는 11하우스보다 길함이 떨어지는 면이 있지만, 다른 하우스들보다 길함은 확실하다.

11하우스와 5하우스 다음으로 ***길한 하우스는 1하우스와 10하우스다***. 태양이 갓 떠올라 탄생을 의미하는 위치인 1하우스와 태양이 정점을 맞아 온 지평선에 작열하는 빛을 주는 10하우스는 길한 하우스에 속해도 문제 없다.

마지막으로 길한 하우스로 취급되는 것은 ***9하우스다***. 문헌에는 확실히 길한 하우스로 그 입지를 높이 평가하지만, 필자는 길하되 그 길함이 가장 떨어진다고 판단한다.

역마성의 의미가 있는 케이던트하우스라 매우 길하다고 평가할 수는 없다. 하지만 종교와 고급지식 그리고 스승의 하우스기 때문에 길한 하우스로 인정한다.

그러나 행운의 의미가 담긴 11, 5하우스의 길함을 절대 따라잡을 수가 없으며, 앵글하우스인 1, 10하우스와 비교해서도 안된다. 9하우스는 11, 5 그리고 1, 10하우스 다음으로 길한 하우스의 마지막 위치를 차지한다.

이제부터는 길하지도 흉하지도 않은 평범한 하우스들이다.

바로 3, 4, 7하우스다. 3하우스는 역마성이 많은 케이던트하우스면서 높은 위치를 차지하지 않으며, 4하우스는 앵글하우스지만 태양이 가장 아래에 있음으로 지평선을 암흑으로 만드는 지역이고, 7하우스는 태양이 지평선 아래로 추락하기 시작하는 곳으로 그 영혼의 끝자락을 의미한다.

이 세 가지의 하우스는 길한 하우스도 흉한 하우스도 아닌 보통의 하우스다. 이곳에 위치한 행성은 그저 평범한 서민의 집에서 태어나 보통의 교육을 받고 시작한 행성과 같다.

그럼 지금부터 흉한 하우스들을 그나마 나은 순서대로 소개할까 한다. 고전점성술에서 ***흉한 하우스는 2, 6, 8, 12하우스***며, ***그중에 그나마 나은 평가를 받는 하우스는 2하우스다.*** 확실히 6, 8, 12하우스보다는 흉함이 적지만, 지금껏 소개했던 길하거나 평범한 하우스들보다는 흉하다고 판단해야만 한다.

2하우스가 그나마 흉한 하우스들 중에서 괜찮다고 판단되니, 많은 점성가들이 흉한 하우스를 말할 때 6, 8, 12하우스라 하지만, 우리는 꼭 2, 6, 8, 12하우스를 모두 흉함으로 기억해야 한다.

2하우스보다 더 흉한 다음 하우스는 8하우스다.

8하우스는 육신과 감정 그리고 물질에 있어 모든 손실을 상징하는 만큼 흉의 의미가 상당히 많다. 하지만 커다란 소득이라도 있으니 인생의 길흉에서 6, 12하우스보다는 낫다.

남은 두 하우스 중에 조금 더 나은 영역는 6하우스다. 6하우스는 ***불운***

의 하우스로써, 이곳에 위치한 행성은 어떤 지표성이든 인생의 고난이 함께한다.

비록 성공을 하더라도 직선으로 가는 인생이 아니라 돌아가는 인생이며, 주기적으로 하락의 길을 스스로 만드는 행성이 되고야 만다.

6하우스에 있는 행성들은 기본적으로 흉함을 얻은 행성이라고 봐도 무방한데, 그럼에도 12하우스보다 나은 이유는 열심히 살아가려는 의지라도 있기 때문이다.

가장 흉한 최악의 하우스는 12하우스다. 12하우스는 **악한 영혼**의 하우스로써, 그곳에 위치한 행성은 마치 악령에게 평생 괴롭힘을 받는 행성과도 같다.

6하우스보다 살아가려는 의지도 미약하며, 사람들과의 우호적인 관계도 없고, 에너지가 넘치는 위치도 아니다. 이곳에 위치한 행성을 나쁘게 표현하면, 빛도 없는 지하무덤에서 온갖 기생충에 둘러싸인 채 벽을 긁고 있는 행성이라 하겠다.

12하우스에 위치한 행성은 포르투나나 스피릿[7]이 2, 3, 12하우스에 위치하여 반전을 일으키지 않는 한 가망이 없는 행성이 된다.

고대부터 2, 6, 8, 12하우스를 흉한 하우스로 지정한 이유는, 후반부 '행성의 도머사일 관리에 대한 논점'에 나와 있으니 끝까지 읽어보자.

그중에서도 6, 12하우스가 더 흉한 하우스인 이유는 흉한 하우스인 2, 6, 8, 12하우스 중에서도 힘이 떨어져서 약한 위치, 즉 케이던트하우스라서다.

---

7) 포르투나와 스피릿은 풍요에 상당이 중요한 지점으로, 2권에서 자세히 다룬다. 포르투나나 스피릿이 위치한 곳이 다시 1하우스로 계산되는 반전이 있다.

<table>
<tr><td rowspan="4">길한 하우스</td><td rowspan="9">길함
↕
흉함</td><td>11</td></tr>
<tr><td>5</td></tr>
<tr><td>1, 10</td></tr>
<tr><td>9</td></tr>
<tr><td>평범한 하우스</td><td>3, 4, 7</td></tr>
<tr><td rowspan="4">흉한 하우스</td><td>2</td></tr>
<tr><td>8</td></tr>
<tr><td>6</td></tr>
<tr><td>12</td></tr>
</table>

DNTA GRADVVM.
TROPI:
TRIGINTA GRADV
LEO
VIR
GO
POLVS
MERIDIA
Mare Arabicum
et
Indicum
Circulus Æquinoctialis
MAR DI
INDIA
Tropicus
Golfo
de
Bengala
Coromandel
Ceylon
NOVA HOLLANDIA
Nova Guinea
Linea
Carli
MARE
TARTARICVM
Circulus
Arcticus
AMERI
SEPTEN
NALIS
O R I Z O
DEL
INCOGNITA
POLVS
GLOBI
TRIGINTA GRADVV
ORNI

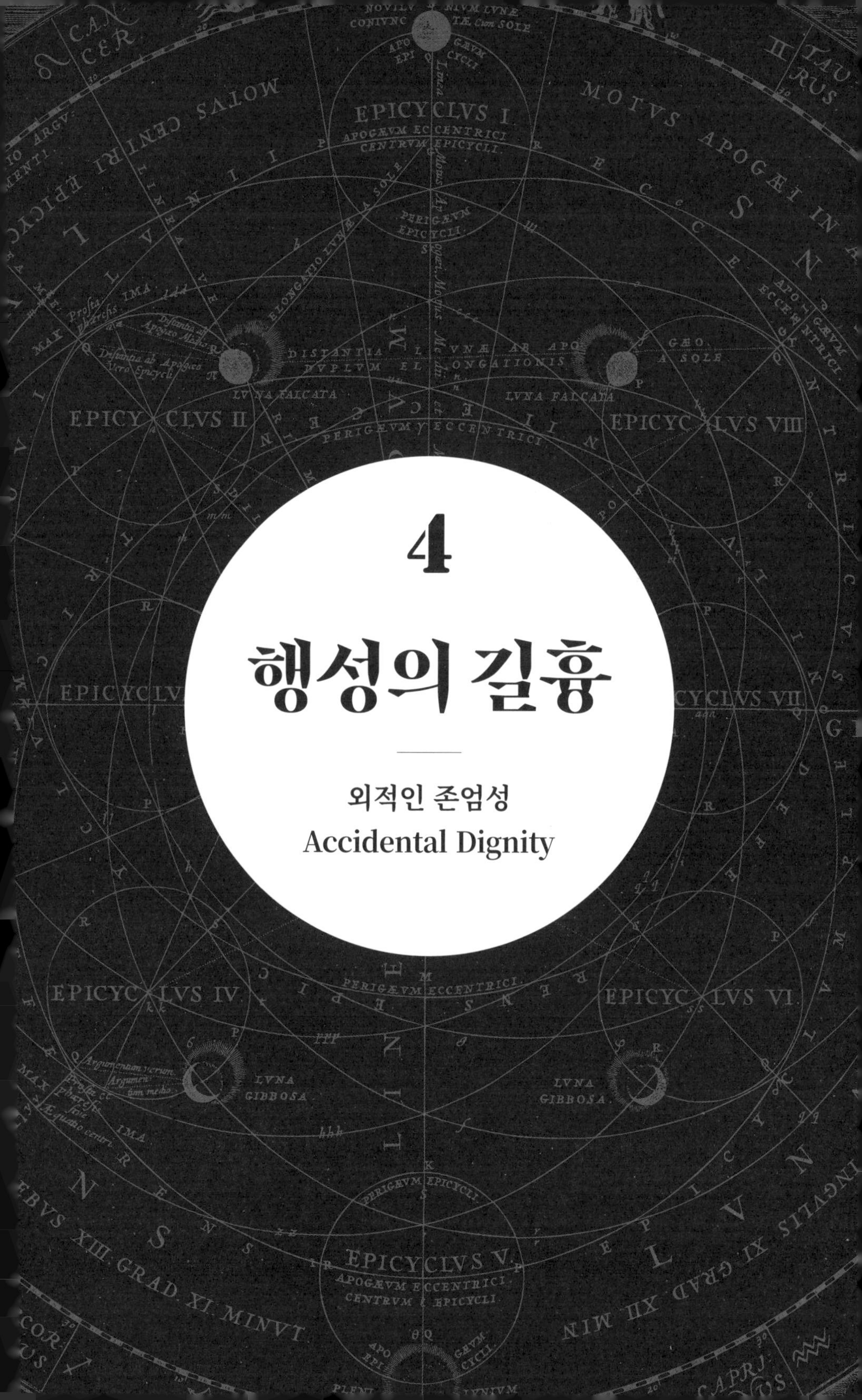

4

행성의 길흉

외적인 존엄성
Accidental Dignity

디그니티(Dignity)는 '품위, 위엄'이라는 의미로, 행성의 외적 & 내적 품위, 즉 길하고 흉한 정도를 평가하는 이론이다.

사람도 외적인 평가(사회적 지위, 명예, 돈)가 있고, 내적인 평가(성향, 인격)가 있듯이, 행성들도 평가를 나누어 보아야 한다.

외적인 품위를 보는 것은 액시덴탈 디그니티(Accidental Dignity)라고 하며, '우발적 위계'라고 부르고, 행성의 외적 상태를 따진다. 내적인 품위를 보는 것은 이센셜 디그니티(Essential Dignity)라고 하며, '본질적 위계'라고 부르고, 행성의 내적 상태를 따진다.

여기서 '본질적'이라는 말의 분위기가 의미있게 느껴지기 때문에, 본질적 위계가 더 중요하다고 생각될 수 있다. 그러나 실전에서는 반대다. '우발적 위계'가 인생의 길흉에서 99%의 지분을 차지하며, '본질적 위계'는 1% 가량 만이 영향을 미친다. 심지어 '본질적 위계'가 좋지 않아야 인생이 길한 부분도 있다.

액시덴탈 디그니티(Accidental Dignity) - 우발적 위계는 행성의 외적인 길흉을 보는 것으로, 출생차트에서 해석할 수 있는 ***행성의 실질적인 모든 길흉***을 의미한다. 이는 숨어 있는 성품이 아니며, 외부적으로 표출되는 인생의 길흉이고, 건강, 돈, 직업, 재능, 성공, 인간관계의 길흉, 결혼의 길흉 등 인생 전반을 읽게 된다.

이센셜 디그니티(Essential Dignity) - 본질적 위계는 행성의 내적 성품을 보는 것으로, 출생차트에서 ***품격과 성향***만을 본다. 내면에 숨어 있는 길/흉의 성품이기 때문에 밖으로 표출되지 않을 가능성이 매우 높으며, 친밀도가 깊은 사람들만이 이것을 알 수 있다. 본질적 위계는 행성의 외부적 길흉에 영향이 거의 없으며, 사회생활이나 성공과는 무관하다.

물론 나중에는 이센셜 디그니티가 액시덴탈 디그니티에 미치는 영향인 - 리셉션, 리젝션 이론이 있지만,

우선적으로 우리는 액시덴탈 디그니티 - 우발적 위계를 중시해야 하고 완벽하게 공부해야만 한다.

다시 반복하자면, 이센셜 디그니티 - 본질적 위계는 출생점성술에서 성향의 품격에만 거의 작용하며, 오히려 호라리 단시점성술에서 길흉을 평가하는 주요이론이다.

본질적 위계와 우발적 위계의 예를 들면,

옆집에 사는 김씨 아저씨가 서초에 빌딩 하나, 잠실에 빌딩 하나, 일산에 빌딩 하나, 판교에 빌딩 하나 있다고 하자.

이를 두고 김씨 아저씨는 액시덴탈 디그니티가 좋다고 한다.

하지만 김씨 아저씨와 친해져 보니, 구두쇠에 도덕성도 떨어지고 약자를 무시하며 바람둥이 기질이 많다는 것을 알았다.

이를 두고 김씨 아저씨는 이센셜 디그니티가 좋지 않다고 한다.

일반적으로 사람들은 김씨 아저씨를 보고, 빌딩 네 채를 보유한 부자로 인식하지, 못된 성향을 지닌 인간으로 보지 않는다.

즉 우리 인생에서 "출생차트가 길하다", "성공적인 천궁도다"라고 부르는 것은 모두 액시덴탈 디그니티 - 우발적 위계가 좋다는 의미다.

가장 중요한 이론이니 만큼 우발적 위계의 모든 이론을 배워서 정확하게 행성의 외적 평가를 내리자.

< 행성의 외적 상태 - 실질적 길흉 >

1. 하우스배치
2. 애스펙트(Aspect)
3. 컴버스트(Combust)
4. 역행(Retrograde)
5. 행성의 속도
6. 오리엔탈, 옥시덴탈

행성의 외적 상태를 판단하는 이론은 대표적으로 총 여섯 가지가 있으며, 출생점성술 - 실전에서 활용하는 이론은 1~4까지다. 가장 중요한 이론 두 가지는 1. 하우스배치와 2. 행성 간에 빛을 주고 받는 이론인 애스펙트(Aspect)다.

출생차트에서 행성의 길흉을 평가하는 중요이론이니 만큼, 반드시 보고 또 보고 몇 번을 봐야 한다.

1. 하우스배치

하우스배치는 매우 간결하고 딱 떨어지는 이론이면서, 행성의 길흉평가에 상당히 중요한 지분을 차지하고 있다. 따라서 처음 배우는 이들이 쉽게 볼 수 있는 좋은 이론이다.

비록 바로 뒤에서 배울 애스펙트(Aspect) 이론보다 행성의 길흉평가의 지분률은 미세하게 떨어지지만 그럼에도 중요이론임은 틀림없다.

행성이 위치한 하우스는 태어났을 때의 집안과 같다.

좋은 하우스에 위치한 행성은 부유한 계획도시에서 태어나 잘 성장한 행성같으며, 흉한 하우스에 위치한 행성은 우범지대에서 태어나 범죄를 배우며 자란 행성과 흡사하다.

이미 배운 길한 하우스와 흉한 하우스, 그리고 평범한 하우스로 쉽게 구분하며, 하우스시스템은 반드시 홀사인이다.

길한 하우스	흉한 하우스	평범한 하우스
1, 5, 9, 10, 11	2, 6, 8, 12	3, 4, 7

길한 하우스는 작은 숫자부터 적은 것에 불과하며, 실제로 가장 길한 순서대로 나열한다면 1위 11하우스, 2위 5하우스, 공동 3위 1, 10하우스, 5위 9하우스다. 그리고 흉한 하우스도 실제로 가장 흉한 순서대로 나열한다면 1위 12하우스, 2위 6하우스, 3위 8하우스, 4위 2하우스다.

어떤 행성이 1, 5, 9, 10, 11하우스에 위치하면 길함과 흉함의 평가에서 일단 시작부터 매우 좋으며, 흉한 2, 6, 8, 12하우스에 위치하면 길흉평가의 시작부터 흉하게 판단하며 들어가게 된다.

길한 하우스에 위치함과 흉한 하우스에 위치함을 체감으로 표현하여 예를 들어보면,

달이 가장 길한 11하우스에 위치한 상태에서 흉성[1]과 긴밀한 합(컨정션)을 이루고 있을 때와, 가장 흉한 12하우스에 위치한 상태에서 흉성과 긴밀한 합을 이루고 있을 때는 천지차이다.

전자의 경우 - 달이 5성급 호텔에 머물며 조식뷔페를 맛있게 먹고 바다가 보이는 통유리 앞에서 흉성에게 뺨을 맞는 경우라면,

후자의 경우 - 달이 곰팡이로 둘러싸인 빛도 안드는 지하실에서 물새는 벽에 웅크린 채 흉성에게 칼에 찔리고 있는 경우다.

이건 당하는 입장에서만 이야기 한 것이고, 가해자인 흉성 입장에서 본다면, 11하우스에 위치한 흉성은 - 화목한 집에서 정규교육과 인성교육을 받은 힘센 남자지만,

12하우스에 위치한 흉성은 - 우범지대에서 아무 교육도 받지 못하고, 부모의 싸우는 모습만 보고 자란, 미래가 없는 악한이다.

한편 점성술에서 행성의 하우스배치를 판단할 때, 길한 하우스와 흉한 하우스만 고려하여 판단하면 곤란하다. 하우스시스템 이론을 배울 때, 강약에 대한 내용이 기억나는가?

홀사인과 포피리우스로 앵글, 석시던트, 케이던트에 있을 때 - 기회성, 가능성 그리고 지속성의 문제까지 생각하여 행성의 하우스배치를 고려해야 한다.

---

1) 흉성이 어떤 흉성인지, 낮의 차트와 밤의 차트에 따라서, 그리고 길성들의 도움, 포르투나나 스피릿 기준으로의 반전효과 등을 모두 고려해야 한다. 자세한 내용은 후에 배우기로 하고, 지금은 단식으로 예를 들어도 충분하다.

하우스	홀사인	포피리우스
앵글하우스 (1, 4, 7, 10H)	기회성과 가능성 100%	지속성 100%
석시던트하우스 (2, 5, 8, 11H)	기회성과 가능성 50%	지속성 50%
케이던트하우스 (3, 6, 9, 12H)	기회성과 가능성 25%	지속성 25%

길흉으로 나눈 하우스들과 홀사인과 포피리우스를 통해 강약으로 나눈 하우스들의 구분에 따른 유기적 이론을 지금 적용하기는 어려움이 있으니, 실전서에 들어가면서 차차 습득하는 것이 좋다.

왜냐하면 갖가지 주제와 상황 속에서 이론이 달라지기 때문이다.

목성의 길흉만을 평가할 때는 11하우스에 위치함이 가장 좋지만, 차트 전체의 안정과 풍요를 판단할 때는 앵글하우스에 위치한 목성이 더 좋다. 한편 불안정 하더라도 크게 터지는 수익만을 본다면 석시던트하우스에 위치한 목성이 좋다. 이렇게 지금 당장 여러 가지를 혼합해서 생각하다가는 지식이 산으로 갈 수 있으니, 일단 길한 하우스와 흉한 하우스에 위치함이 행성의 길흉에 상당한 영향을 준다는 것만 기억하자.

2. 애스펙트(Aspect)

애스펙트는 '행성이 빛을 보냄'을 표현하는 용어다. 행성이 타 행성이나 앵글포인트 등에 빛을 보낼 때, "애스펙트 한다. 애스펙트를 이룬다. 애스펙트를 맺는다"고 말한다. 고전점성술에서 가장 중요한 이론이며, 행성의 하우스배치보다 길흉의 작용력에 있어 약간 더 우세하다.

즉 어떤 행성이 길한 5하우스에 위치해도, 두 흉성이 너무 긴밀하게 애스펙트하고 있다면, 그 행성은 실제로 흉해진다. 반대로 어떤 행성이 흉한 8하우스에 위치해도, 두 길성이 긴밀하게 빛을 주어 잘 도와주고 있다면 상당히 길해진다.

애스펙트 이론은 호라리 단시점성술에서 보는 이론과, 우리가 지금 배우고 있는 출생점성술에서 보는 이론이 다르다.

호라리점성술에서는 길각과 흉각의 의미가 매우 강하지만, 출생점성술에서는 길각과 흉각을 특별히 구분하지 않고 영향을 주는 행성이 길성인지 흉성인지에 대한 속성이 더 중요하다.

즉 호라리점성술에서는 어떤 행성이 흉성과 애스펙트를 이룬다 해도 길각으로 맺으면 길하게 해석되는 경우가 있지만, 출생점성술에서는 길각이든 흉각이든 흉성이 주는 모든 애스펙트는 거의 흉하다. 앞서 말했듯, 출생점성술에서는 애스펙트(각)의 종류가 중요한 것이 아니라, 영향을 주는 행성이 길성이냐 흉성이냐가 더욱 중요하기 때문이다.

출생점성술에서는 길각이냐 흉각이냐의 영향이 미미한 대신 '강한 각이냐, 약한 각이냐'가 중요하다. 즉 길성이나 흉성이 주는 애스펙트라도 약한 애스펙트가 있으며 강한 애스펙트가 있고, 영향을 받는 행성 입장에서는 그에 따른 차이를 크게 느낀다. 일단 애스펙트의 기본이론을 배우도록 하자.

◆ 애스펙트 이론

행성이 행성에게 빛을 주는 애스펙트는 반드시 ***홀사인 기준***으로 계산하여 하우스의 위치관계로 판단해야 한다.

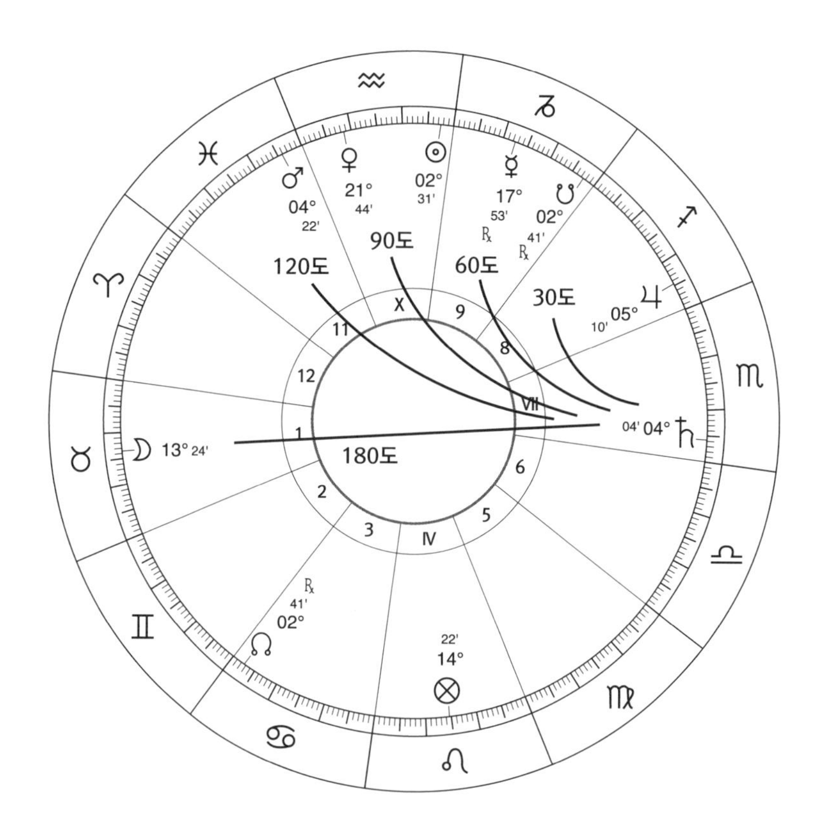

어떤 하우스와 그 옆의 하우스는 30° 관계다.

즉 7하우스에 있는 토성과 8하우스에 위치한 목성은 30° 관계다.

그럼, 어떤 하우스와 그 옆의 옆에 있는 하우스는 60° 관계다. 7하우스에 위치한 토성과 9하우스에 있는 수성은 60° 관계다.

하우스가 이동될 때마다 30°씩 추가가 되는 셈이니, 7하우스에 있는 토성과 10하우스에 있는 행성들과는 모두 90° 관계다.

애스펙트는 각도기로 각을 재는 개념이 아니라 하우스 개념이기 때문에, 7하우스에 위치한 토성과 태양도 90° 관계고, 토성과 금성도 90° 관계인 것이다.

그럼 마주보고 있는 달과 토성의 관계는 180°가 된다.

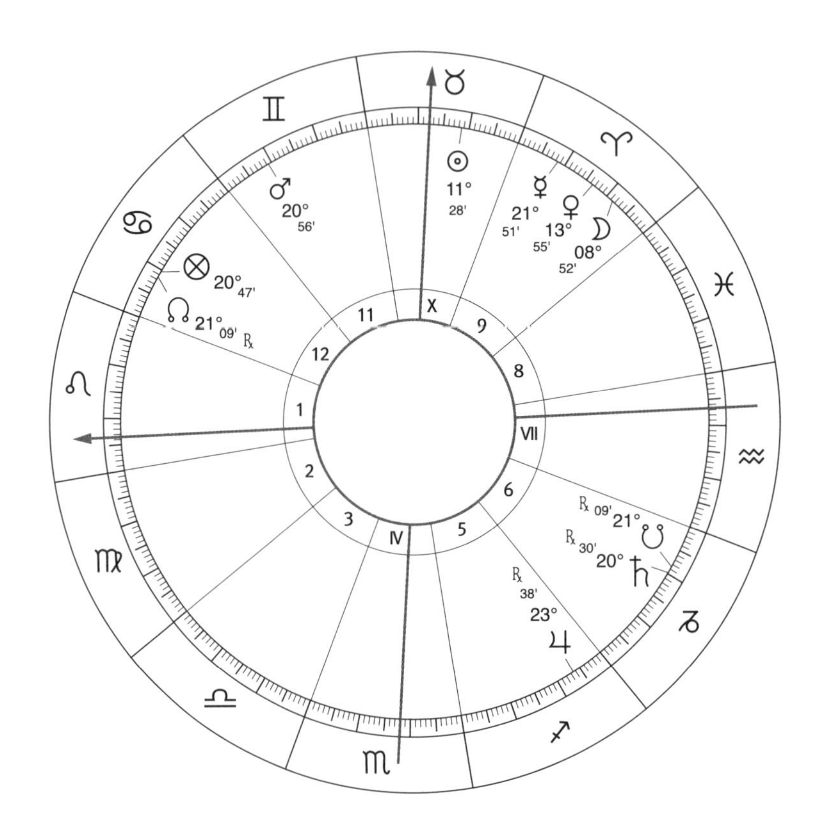

차트를 보고 다시 연습을 해보자.

11하우스에 위치한 화성과 9하우스에 위치한 수성, 금성, 달은 모두 60° 관계다. 그리고 9하우스에 위치한 수성, 금성, 달은 모두 6하우스에 위치한 토성과 90° 관계다.

6하우스에 위치한 토성과 11하우스에 위치한 화성은 150° 관계며, 10하우스에 위치한 태양과 5하우스에 위치한 목성도 150° 관계다.

6하우스에 위치한 토성과 5하우스에 위치한 목성은 30° 관계며, 10하우스에 위치한 태양과 12하우스에 위치한 ⊗포르투나는 60° 관계다.

• 애스펙트의 종류

호의적인 애스펙트 - 길각		
60° (Sextil, 육각)	♀ 스타일의 애스펙트	길하되 기복이 있고 힘도 약하다.
120° (Trine, 삼각)	♃ 스타일의 애스펙트	지속적으로 길하다.

호의적이지 않은 애스펙트 - 흉각		
90° (Square, 사각)	♂ 스타일의 애스펙트	기복이 있되, 파괴적이다.
180° (Opposition, 대립각)	♄ 스타일의 애스펙트	지속적으로 힘들게한다

애스펙트에 속하지는 않지만, 애스펙트보다 더 강력한 효과가 있는 관계	
하나의 하우스에 같이 있는 경우 (Conjunction, 동궁, 회합, 합)	길성과 같은 하우스에 있는 경우 같이 있는 행성은 길한 영향을 받고, 흉성과 같은 하우스에 있는 경우 같이 있는 행성은 흉한 영향을 받는다.

애스펙트를 이루지 않음, 서로 빛을 주고받지 않음	
30°, 150° (Aversion)	서로 관여하지 않음. 영향력 없음. (단, 안티시아, 컨트라안티시아로 맺어지는 경우 서로 영향을 준다.)

이제 출생점성술에서 활용되는 실전 내용을 알아보자.

① 길각 : 60°, 120°

⇨ ***길성들의 길각은 길하다. 흉성들의 길각은 흉하다.***

우리는 처음에 행성의 기본법칙을 배운 바 있다.

행성의 속성은 변하지 않는다.

길성들이 어떤 행성에게 길한 애스펙트를 줄 경우, 그것을 받는 행성이 길해짐은 누구나 예상했을 것이다.

하지만 문제는 흉성이다. 아무리 상태가 좋은 흉성의 길한 애스펙트라도, 극단적인 흉이 아닐 뿐, 흉성은 항상 타 행성들에게 지연과 막힘을 주고 격변과 깨짐을 준다.

그럼에도 출생차트에서 흉성이 주는 길각과 흉각을 구분하는 이유는, 흉성의 흉각보다 길각이 그나마 나아서다. 하지만 인생에서 흉성의 길각과 흉각의 차이를 명확하게 구분하여 체감하기는 쉽지 않다. 간혹 흉성의 길각은 흉을 예측할 수 있으며, 흉성의 흉각은 흉을 예측할 수 없다고 주장하는 이들이 있지만, 그것은 임상 없는 이론일 뿐이다.

② 흉각 : 90°, 180°

⇨ ***길성은 흉각도 길하다. 흉성의 흉각은 매우 흉하다.***

흉성들이 주는 길각도 흉하다고 했는데, 흉성들이 주는 흉각은 어떨지 생각을 해보라. 누구나 '더 흉하다'고 판단할 수 있을 것이다.

하지만 길성들은 흉각에서도 진가를 발휘한다. 금성과 목성은 언제나 타 행성들을 도와주기 위해 태어난 존재들이기 때문에 자신이 극단적으로 흉한 입장이 아닌 한, 길각이든 흉각이든 모든 애스펙트에서 길한 역할을 한다.

③ 길각과 흉각의 결론

• ***길성들의 모든 애스펙트는 길하다.***

• ***흉성들의 모든 애스펙트는 흉하다.***

출생점성술에서는 빛을 주는 행성의 속성이 중요하지, 그 행성이 어떤 종류의 애스펙트를 주느냐는 부차적인 요소다. 길성과는 어떻게든 어울려야 하고, 흉성과는 왠만하면 마주치지 말아야 한다.

④ 컨정션 - Conjunction

회합은 이론적으로 애스펙트로 보지 않는다. 애스펙트라는 것은 하우스와 하우스가 바라보는 개념이기 때문이다.

하지만 실전에서는 굳이 일반 길흉각의 애스펙트와 구분하지 않되, 서로 더 강력한 영향을 주고 받는 것으로 판단한다.

⑤ 어버전 - Aversion : 30°, 150°

이 관계에 있는 행성은 서로 쳐다보지도 않고 관여하지도 않는다.

서로 어울림이 없기에 서로 간에 영향을 주고 받지 않는다.

특별한 경우[2)]를 제외하고 모든 행성들은 길성들과 어버젼을 하면 길성들이 쳐다보지도 않는다는 뜻이기 때문에 속상한 구조지만, 흉성들과 어버젼을 하면 흉성들의 영향이 전혀 없으니 매우 행복한 구조가 된다.

◆ 앵글포인트와 행성의 연계성

앵글포인트는 행성의 힘을 강하게 만드는 장소다.

앵글포인트의 종류를 불문하고, 행성이 그곳과 연계될 경우 출생차트

---

2) 후에 특별한 중요이론을 다룰 것이다. 안티시아(Antiscia), 컨트라안티시아(Contra Antiscia)라고 하며, 어버젼 관계임에도 서로 간에 영향을 주고 받는 반전이론이 있다.
점성술은 반전이론과 반전구조가 많다. 처음에는 그저 하나하나 습득을 하며 차트에 적용하겠지만, 나중에는 기본이론과 반전이론을 한눈에 파악하여 유기적으로 볼 수 있게 될 것이다.
그래서 모든 이론을 배워 판단할 수 있기 전까지는, 기본이론만으로 출생차트의 길흉을 단정지어서는 곤란하다.

를 지배할 정도의 강한 힘을 얻는다. 그 행성은 주인공의 성향과 사랑 그리고 직업과 출세 등 인생의 모든 분야에 상당한 영향을 미친다.

앵글포인트에 행성이 4° 미만으로 근접해 붙어 있거나, 4° 미만으로 애스펙트하는 경우를 말하며, 루미너리는 넓게 6° 미만까지 인정한다.

또한 앵글포인트와 행성이 안티시아를 이뤄도 마찬가지다. 안티시아 이론은 후에 실전 중요이론 파트에서 자세히 배우게 될 것이다.

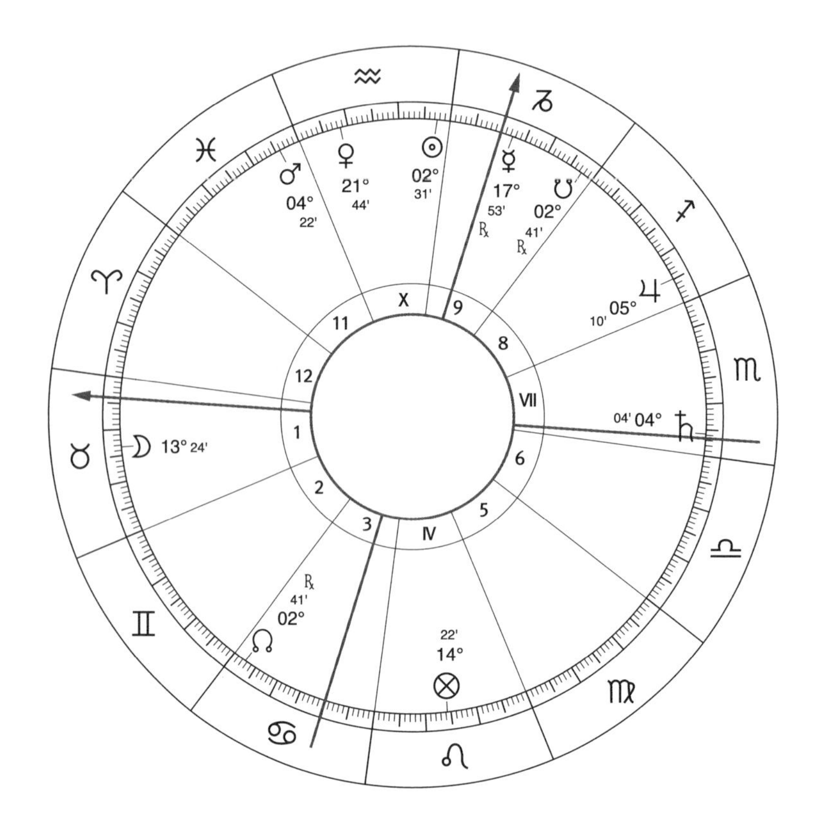

차트를 보고 '앵글포인트와 행성 간 연계성'을 익혀보자.

모리누스 프로그램에서 출생차트를 열고 키보드 F1을 누르면 앵글포인트와 행성의 정확한 위치가 표시된 상자가 나온다.

	Longitude	Latitude	Rectascension	Declination
Asc	03° 29' 19" ♉	0° 00' 00"	31° 15' 27"	12° 40' 46"
MC	20° 29' 19" ♑	0° 00' 00"	292° 09' 34"	-21° 52' 43"
♄	4° 04' 26" ♏	2° 28' 58"	212° 40' 32"	-10° 32' 24"
♃	5° 10' 30" ♐	0° 50' 03"	243° 24' 07"	-20° 20' 37"
♂	4° 22' 10" ♓	-0° 58' 02"	336° 36' 01"	-10° 48' 34"
☉	2° 31' 16" ♒	0° 00' 00"	304° 47' 50"	-19° 35' 55"
♀	21° 44' 31" ♒	-1° 33' 41"	324° 38' 15"	-15° 44' 15"
☿℞	17° 53' 20" ♑	3° 22' 30"	288° 54' 43"	-18° 53' 57"
☽	13° 24' 28" ♉	-4° 02' 50"	42° 11' 42"	12° 00' 04"
☊℞	2° 41' 07" ♋	0° 00' 00"	92° 55' 35"	23° 24' 50"

※ 도 = ° 분 = ' 초 = "

앵글포인트와 행성이 위치한 별자리, 그리고 정확한 지점이 Longitude 아래 도, 분, 초까지 자세히 표기되어 있다. 1°를 60개로 나눈 것이 분 단위(')며, 1'을 60개로 나눈 것이 초 단위(")다.

앵글포인트 중 DSC, IC는 각각 ASC, MC와 위치가 같기 때문에 나오지 않는다.

표를 참고하여, 예시차트를 통해 앵글포인트와 행성 간의 연결을 찾아보자. 차트에서 앵글포인트에 근접하여 붙어 있는 행성은 MC에 수성, DSC에 토성이다. 토성은 한눈에 봐도 DSC와 거의 일치한 걸로 보이지만, 수성과 MC의 간격은 4° 미만인지 확인해 볼 필요가 있다. MC는 20° 29'이며 수성은 17°53'이니, 둘 사이 간격은 3°가 채 되지 않아 수성은 MC에 긴밀하게 붙어 있는 것으로 판단한다.

수성과 토성은 앵글포인트에 근접한 행성으로 차트의 전체적인 분위기를 만드는 힘이 있고, 주인공의 성향, 사랑, 직업, 성공 등 여러 가지 방면에 영향을 미칠 것이다.

이제 앵글포인트에 4° 미만으로 애스펙트하는 행성들을 찾아보자.

MC는 9하우스에 위치 하기에 이곳에 어버젼인 30°, 150°를 제외하면, 애스펙트를 할 수 있는 행성은 토성, 화성, 달이다. 이중 MC의 도수인 20°29′에 4° 미만으로 빛을 주는 행성은 없다.

ASC는 당연히 1하우스에 위치하고, 이곳에 애스펙트를 주는 행성은 ***화성, 금성, 태양, 수성, 토성***이다. 8하우스에 위치한 목성은 1하우스에 어버젼하여 빛을 주지 못한다.

이중 ASC의 도수인 3°29′에 4° 미만으로 빛을 주는 행성은 화성(4°22′)이 1° 내 섹스타일(60각)로, 태양(2°31′)이 1° 내 스퀘어(90각)로 긴밀하게 영향을 준다. 토성은 DSC에 붙어 있으니 ASC에는 당연히 긴밀한 대립각(180각)을 줄 수밖에 없다.

토성은 앵글포인트에 붙어 이미 최고로 강한 위치를 차지했으며, 화성과 태양은 ASC에 4° 미만으로 애스펙트를 하기 때문에 상당히 강한 힘을 얻게 된다. 화성과 태양은 앵글포인트에 붙어 있는 행성보다는 못하지만 차트 내에서 목소리가 꽤 큰 행성이 되고, 역시 주인공 인생의 여러 가지 부분에 영향을 줄 것이다.

DSC와 IC에 긴밀한 애스펙트를 주는 행성은 따로 볼 필요가 없다. ASC에 긴밀한 빛을 주는 행성은 위치상 당연히 DSC에 빛을 주게 되고, MC에 긴밀한 빛을 주는 행성도 역시 IC에 빛을 주게 되니 말이다.

◆ 애스펙트의 강약

출생점성술에서는 애스펙트의 길흉이 중요한 것이 아니라, '강약'이 중요하다.

컨정션을 포함하여 모든 애스펙트 중에 컨정션이 가장 강하며, 60°가 제일 약한 애스펙트다.

강도 차이를 강한 순서대로 나열하면,

컨정션 > **어포지션, 트라인** > **스퀘어** > **섹스타일**

실전에서는 ***어포지션, 트라인, 스퀘어***의 강도를 굳이 구분하지 않아도 해석의 오류는 나지 않는다. 하지만 확실히 컨정션이 미치는 효과가 가장 강하며, 섹스타일은 타 애스펙트들보다 1/2의 강도로 약한 영향을 준다.

예를 들어 목성이 달에게 90°로 애스펙트 하는 동시에 화성도 달에게 60°로 애스펙트하고 있음을 단식으로 판단하면[3)] – 달에게 주는 화성의 흉한 영향보다, 목성이 주는 길한 영향이 2배로 강하기 때문에 달은 화성의 흉에도 불구하고 비교적 양호한 상태로 판단한다.

즉 애스펙트를 받는 행성 입장에서 본다면,

길성이 주는 애스펙트들 중 60°가 가장 약한 도움이며,

흉성이 주는 애스펙트들 중 60°가 가장 견딜만한 흉이다.

행성의 길흉을 연습해보자.

---

3) 애스펙트의 강약을 이해하기 위한 단식판단이다. 이런 구조에서 확실하게 달의 길흉을 판단하려면, 차트 전체를 보고 모든 행성들의 입지와 갖가지 반전구조들을 전부 판단하여 결정해야만 한다.

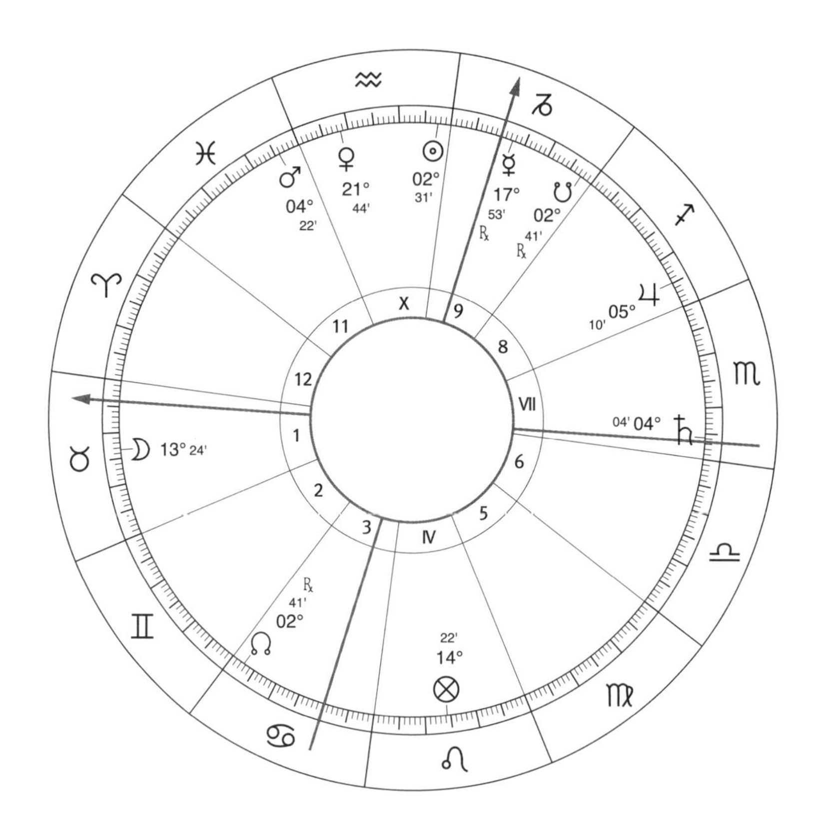

태양의 길흉을 보자 - 태양은 길하면서 강한 10하우스에 위치하며, 포피리우스로도 앵글에 있어 하우스배치가 매우 좋다.

그다음 태양에게 애스펙트하는 행성을 보고 길흉을 판단해야 한다.

목성(05°10′)은 태양(02°31′)에게 3° 내로 애스펙트하지만 섹스타일(60°)이기 때문에 도움이 약하다. 게다가 영향을 주는 목성은 석시던트하우스에 있으며 앵글포인트와 연계되지 않아 힘이 강한 상태도 아니다. 힘이 어중간한 목성이 약한 애스펙트로 영향을 주기 때문에 도움이 크지 않다.

하지만 토성(04°04′)은 태양(02°31′)에게 2° 내 스퀘어(90°)로 강한 흉을 주고 있다. 게다가 영향을 주는 토성은 앵글하우스에서 앵글포인트에 4° 미만으로 긴밀하게 붙어있어 힘까지 강한 상태다. 힘이 매우 강한 토성이 강한 애스펙트로 영향을 주기 때문에 타격은 매우 크다.

태양은 하우스 위치만 길할 뿐, 애스펙트는 너무 흉하다고 판단되기 때문에 최종적으로 흉하다고 읽어야 한다.

지금 읽은 태양의 길흉은 하우스배치와 애스펙트, 영향을 주는 행성의 강도만 보고 판단한 것이다. 하지만 앞으로 배울 중요이론인 섹트, 리셉션, 카운터액션을 추가한다면 달라질 수도 있다.

◆ 행성의 힘이 미치는 범위

행성과 행성이 애스펙트를 이룰지라도 언제나 서로 영향을 주고 받는 것이 아니다. 애스펙트를 이루는 행성이라도, 서로 영향을 주고 받을 수도 있으며, 영향을 주지 못할 수도 있고, 둘 중 하나만 영향을 주기도 한다. 왜냐하면 모든 행성은 ***오브(Orb)***라는 명칭으로 각각의 힘의 범위가 있기 때문이다. 쉽게 말해, 행성이 다른 행성에게 영향을 주는 팔길이가 따로 있다는 것이다.

오브를 표로 정리해보자.

행성	오브	효과
태양	14° 59′	1. 파시스를 볼 때 2. 언더선빔으로 타 행성들에게 미치는 효과
달	12° 59′	1. 커지는 달과 작아지는 달에 따른 온도에 의해 두 흉성에게 미치는 효과 2. 사랑과 결혼운을 볼 때 금성에게 미치는 효과
토성	9° 59′	모든 행성에게 미치는 효과
목성	9° 59′	모든 행성에게 미치는 효과
화성	8° 59′	모든 행성에게 미치는 효과

금성	7° 59′	모든 행성에게 미치는 효과
수성	7° 59′	금성이나 달에게 미치는 효과

출생점성술에서 태양의 오브는 '파시스'와 '언더선빔'을 볼 때 주로 활용한다.

파시스는 2권 '직업론'에서 논해야 하는 특수이론이며, 언더선빔은 곧 이어 컴버스트와 함께 배우게 된다.

달의 오브는 커짐과 작아짐에 따라 바뀌는 온도가 흉성에게 미치는 효과를 볼 때, 그리고 달이 금성에게 애스펙트함으로써 사랑운에 주는 영향을 볼 때 활용한다. 두 이론은 각각 1, 2권에 기술되어 있지만 참고용에 지나지 않는다.

수성의 오브는 수성이 금성에게 애스펙트함으로써 사랑운에 미치는 영향을 볼 때, 또 달에게 애스펙트함으로써 성향에 미치는 영향을 볼 때 활용한다. 역시 2권에서 소개하겠지만 참고용일 뿐이다.

실전에서 중요한 것은 두 길성과 두 흉성의 오브다.

모든 행성에게 길함을 주는 금성과 목성의 팔길이가 따로 있고, 모든 행성에게 흉함을 주는 화성과 토성의 팔길이도 따로 있으니, 우리는 이 네 가지 행성의 오브를 반드시 외워야만 한다.

필자는 오브를 매우 냉정하게 보는 편이며, 애스펙트를 이루는 행성이 오브 안에 들면 영향이 있다고 판단하고, 오브를 벗어나면 전혀 영향이 없다고 판단한다.

토성은 어떤 행성과 애스펙트를 맺어 영향을 줄 때 9°59′까지만 흉을 줄 수 있으며, 목성이 타 행성에게 축복을 주는 범위도 토성의 오브와 같다. 그리고 화성은 8°59′까지 타 행성에게 칼질을 할 수 있으며, 금성은 7°59′까지만 타 행성들에게 후원할 수 있다.

행성과 행성이 애스펙트를 맺는다면, 오브에서 벗어날지라도 서로 간에 영향이 있다고 주장하는 이들이 많다. 하지만 실전임상과정에서 오브의 한계는 확실히 증명이 된다.

다시 한번 말하건데, 애스펙트하는 행성들의 영향은 오브 내에서만 작용하며, 오브를 벗어나면 영향을 주지 못한다.

① 애스펙트 효과 연습

오브 내의 애스펙트 효과를 연습해보자.

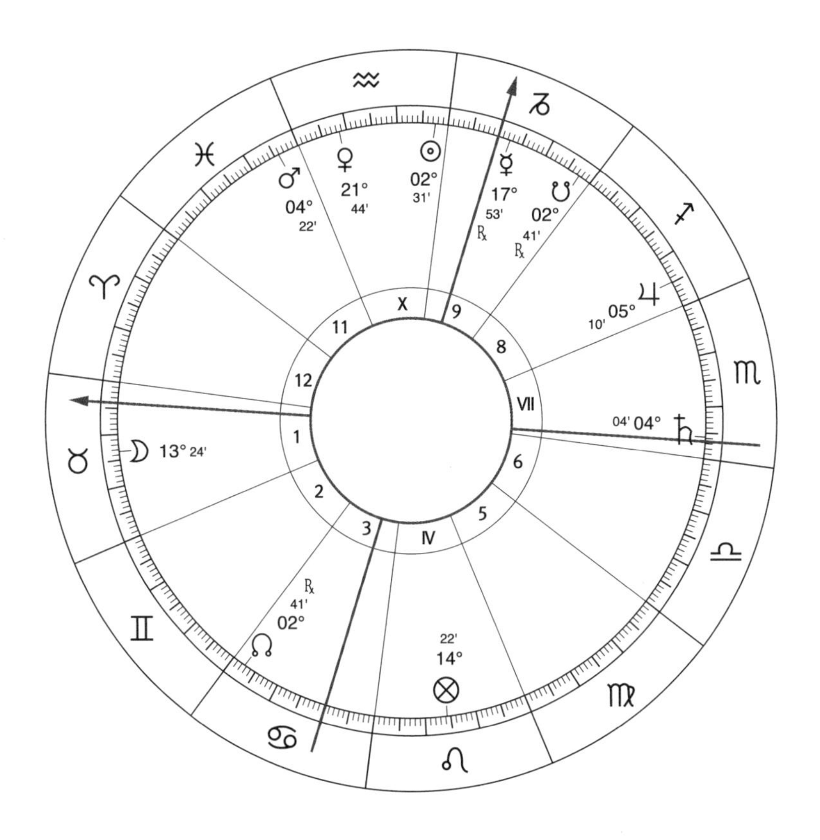

달에게 영향을 주는 길성들과 흉성들을 보면 화성은 60°로, 토성은 180°로, 금성은 90°로 영향을 준다. 목성은 150°로 어버젼하여 영향이 없으며, 태양과 수성은 중성이기 때문에 달에게 주는 길흉의 효과는 없다.

화성은 타 행성에게 애스펙트할 때 8°59′까지 흉을 주는데, 화성과 달의 도수 차이는 9°2′이므로 달은 화성의 오브를 벗어나 영향이 없다.

금성은 타 행성에게 애스펙트할 때 7°59′까지 길함을 주는데, 금성과 달의 도수 차이는 8°20′이므로 달은 금성의 오브를 벗어나 영향이 없다.

토성은 타 행성에게 애스펙트할 때 9°59′까지 흉을 주는데, 토성과 달의 도수 차이는 9°20′이므로 토성의 오브 안에 들어 달은 토성에게 흉을 받고 있다.

② 애스펙트의 영향력 강도 구분

행성과 행성의 애스펙트에서 가장 영향력이 강한 애스펙트는 ***퍼펙트애스펙트***며, 이것은 두 행성의 도(°), 분(′), 초(″)까지 같은 경우를 말한다. 모리누스 프로그램에 출생차트에서는 도수와 분까지 표기가 되지만, 키보드 F1을 누르면 행성의 '초'까지 볼 수 있다.

퍼펙트애스펙트는 두 행성이 100% 일치하여 애스펙트를 했다는 것으로 영향력은 가장 강하다고 보지만, 사실 실전에서는 보기 힘든 구조다.

일반적으로 점성가들이 실전에서 발견하는 가장 강한 애스펙트는 ***파틸애스펙트***다. 파틸은 애스펙트를 이루는 두 행성의 '도수'가 똑같은 것을 말하고 분과 초는 의미가 없다. 목성에게 똑같은 도수로 도움을 받는 행성이 얼마나 길해질지, 토성에게 똑같은 도수로 애스펙트를 받는 행성이 얼마나 고단해질지, 상상만 해도 쉽게 이해될 것이다.

문헌에서는 그 다음으로 강한 애스펙트를 3° 이내라고 한다. 그래서 문헌중심의 점성가들은 '3'이라는 숫자에 굉장히 많은 의미를 부여하고, 실제로 3° 내에 애스펙트를 이루는 것을 상당히 강한 효과로 본다. 간혹 어떤 이들은 모이티(moiety)라는 명칭으로 각 오브의 절반을 강하게 보기도 한다. 왜냐하면 역시 선조들의 문헌에 그렇게 나왔기 때문이다.

필자의 판단은 다르다. 실전에서 매우 강한 애스펙트의 도수 차이는 6° 미만으로써, 즉 5°59′까지다. 심지어 필자는 애스펙트를 맺는 두 행성의 도수 차이가 1° 차이일 때, 2° 차이일 때, 3° 차이일 때, 4° 차이일 때, 5° 차이일 때의 강도를 특별히 구분하지 않는다. 파틸애스펙트를 제외한다면 1°~5° 차이의 애스펙트 힘은 거의 동일하며, 주인공이 인생을 살아가는데 강도의 차이를 느끼지 못한다.

마지막으로 앞서 설명한 오브다. 행성이 영향을 주는 마지막 범위는 행성 각각에 부여된 오브이며, 이것을 벗어나면 영향이 없다.

오브에 관한 논점

오브의 범위에 대해서는 의견이 분분하다.
토성만 예를 들어도, 9° 미만이라는 의견, 10°까지라는 의견, 4°45′까지 라는 의견이 있다.
하지만 실전임상으로 필자가 소개한 오브의 범위가 효과 있다고 결론 지었으니, 믿고 따라와 주길 바란다.
또한 컨정션은 애스펙트가 아니기에, 오브를 따지지 않는다는 학자들이 많지만 이 역시 잘못된 의견이다.
오브는 일반 애스펙트 뿐 아니라 컨정션 관계에 있는 행성들에도 적용해야 옳다.

3. 컴버스트(Combust)

태양은 흉성이 아니지만 절대권력의 황제다. 그래서 주위에 근접한 행성들은 황제의 눈치를 보고 삐쩍 말라갈 수밖에 없다. 즉, 강렬한 열과 빛을 지닌 태양은 일정거리에 붙어 있는 타 행성들의 존재를 태우고 감춘다.

컴버스트(Combust)라고 명칭을 정한 것도, 태양의 강한 열과 빛으로 근접한 행성을 연소시켜버린다는 의미를 담았다.

◆ 컴버스트의 영향력

컴버스트는 태양의 도수로부터 좌우 9° 미만[4], 즉 8°59′까지 효력이 있으며, 9°부터는 컴버스트 효력에서 벗어난다. 컴버스트를 실전에서 적용할 때는, 몇 가지 특수이론을 넣어서 판단해야 한다.

① 하우스를 벗어나도 영향을 준다.

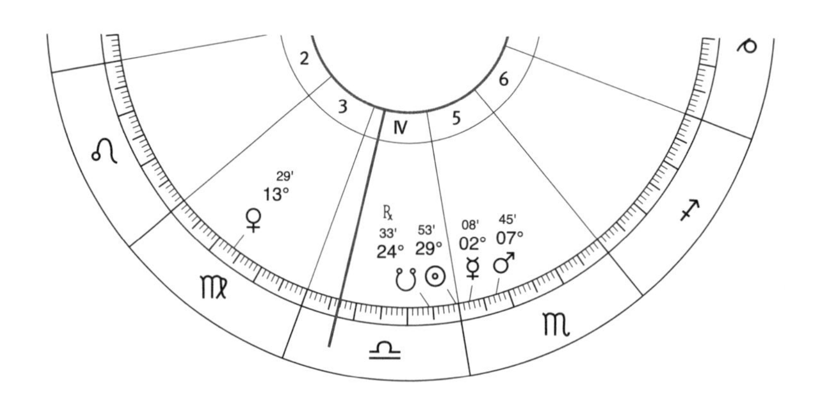

4) 컴버스트의 도수에 대해서는 7°30′, 8° 미만 등의 이견들이 있지만, 필자는 셀 수 없는 실전임상을 통해 9° 미만으로 결론지었다.

수성과 태양은 다른 하우스에 있어 어버전 관계지만, 태양이 영향을 주는 컴버스트 이론은 애스펙트 효과가 아니기 때문에 이렇게 두 행성이 다른 하우스에 있어도 컴버스트가 된다.

태양은 29°53′에 위치하고 수성은 02°08′에 있는데, 이것을 태양의 도수 빼기 수성의 도수로 계산하면 절대 안된다. 컴버스트 이론은 수동으로 두 행성이 몇 도가 떨어져 있는지 판단해야 옳다.

태양은 다음 하우스인 5하우스로 넘어가기까지 07′ 남았으며, 그로부터 수성은 5하우스 02°08′에 있으니,

07′ + 02°08′ = 태양과 수성은 총 02°15′ 차이로 떨어져 있는 것이다.

② 컴버스트 당하는 행성이 룰러쉽[5] 혹은 엑절테이션 상태일 경우에는, 컴버스트의 흉한 효과에서 제외된다.

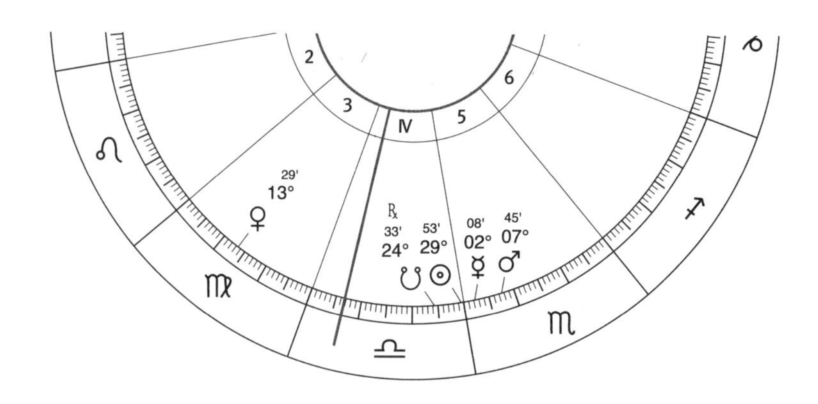

태양과 화성을 보자. 태양은 다음 하우스인 5하우스로 넘어가기까지 07′ 남았으며, 그로부터 화성은 5하우스 07°45′에 있으니,

07′ + 07°45′ = 태양과 화성은 총 07°52′ 차이로 떨어져 있다. 화성은 컴버스트의 유효범위 안에 들어 손상된다.

---

5) 룰러쉽과 엑절테이션 이론은 다음 5부에서 배울 것이다.

하지만 당하는 행성인 화성이 전갈자리에서 룰러쉽 상태기 때문에, 태양의 컴버스트 흉으로부터 벗어나게 된다. 이러한 컴버스트 효과의 제외 구조를 ***체리엇***(Chariot)상태라 부른다.

이렇게 체리엇의 상태라 해서 컴버스트가 아닌 것은 아니며, 컴버스트지만 컴버스트의 효과에서 제외가 된다는 것이 정석이다.

③ 출생차트에서 컴버스트된 행성의 결과

실전에서 외행성이 컴버스트 되는 효과는 매우 미미하며, 내행성이 컴버스트가 되었을 때 타격을 체감으로 느낀다. 외행성인 화성, 목성, 토성은 태양계에서 상당히 떨어져 있는 만큼, 태양의 강렬한 빛과 열의 범위에 대한 타격이 적은 이유다.

그래서 실전에서는 화성이나 목성이나 토성이 컴버스트 된다고 하여, 출생차트에서 이렇다 할 특별한 흉사를 얘기하기에는 무리가 있다. 하지만 달, 수성, 금성과 같은 내행성은 태양과 상당히 근접한 관계로, 컴버스트에 대한 영향이 즉각적으로 실제화 되곤 한다.

달의 컴버스트는 - 육신과 감정적인 문제, 어머니, 내가 받은 양육, 초년에 대한 판단에서 감점 요소가 된다.

수성의 컴버스트는 - 학업에 문제가 생길 수 있으며, 그로 인해 진로까지 영향을 미칠 수 있다.

금성의 컴버스트는 - 연애, 결혼운에서 불륜, 동성애, 짝사랑 등 은밀한 사건을 만들기도 한다.

하지만 컴버스트 하나만으로 위 내용을 단정지어서는 안되며, 하우스배치와 흉성의 영향 등 차트 전반을 보고 판단해야 한다.

출생차트에서 컴버스트에 대한 실전판단은 행성의 길흉평가에서 약간 감점을 주는 정도로 봐도 무방하다. 행성의 길흉에 가장 중요한 것은 하우스배치와 길흉성들의 애스펙트 효과이며, 컴버스트를 포함하여 앞으로 다룰 액시덴탈 디그니티 이론은 부수적인 역할을 할 뿐이다.

④ **언더선빔(Under the sun beam)**

언더선빔은 태양의 오브인 15° 미만 즉 14°59′까지 근접한 행성은 태양빛 아래에 가려져 손상된다는(힘을 잃는다는), 컴버스트 확장이론이다. 사실 언더선빔 안에 컴버스트가 포함된다고 보는 것이 정석이다.

언더선빔 이론을 중요시 한다면 상당히 많은 사람들의 수성이 언더선빔 되어 손상되는 인생이다. 수성은 태양과 최대 27°까지 벌어질 수 있는데, 언더선빔이 태양 좌우 15° 미만에게 모두 손상을 입히는 이론이니, 수성이 태양에게서 살아남을 범위는 12°밖에 남지 않는다. 언더선빔은 출생차트에서는 무시해도 좋으며, 호라리 단시점성술에서 매우 중요하게 활용되는 이론이다.

4. 역행(Retrograde)

출생차트에서 어떤 행성에게는 특수 기호 R이 붙어 있다. 아래 차트에서 목성과 토성에게 알파벳 R이 붙어 있다는 것을 확인할 수 있다. 이것은 **역행**을 의미한다.

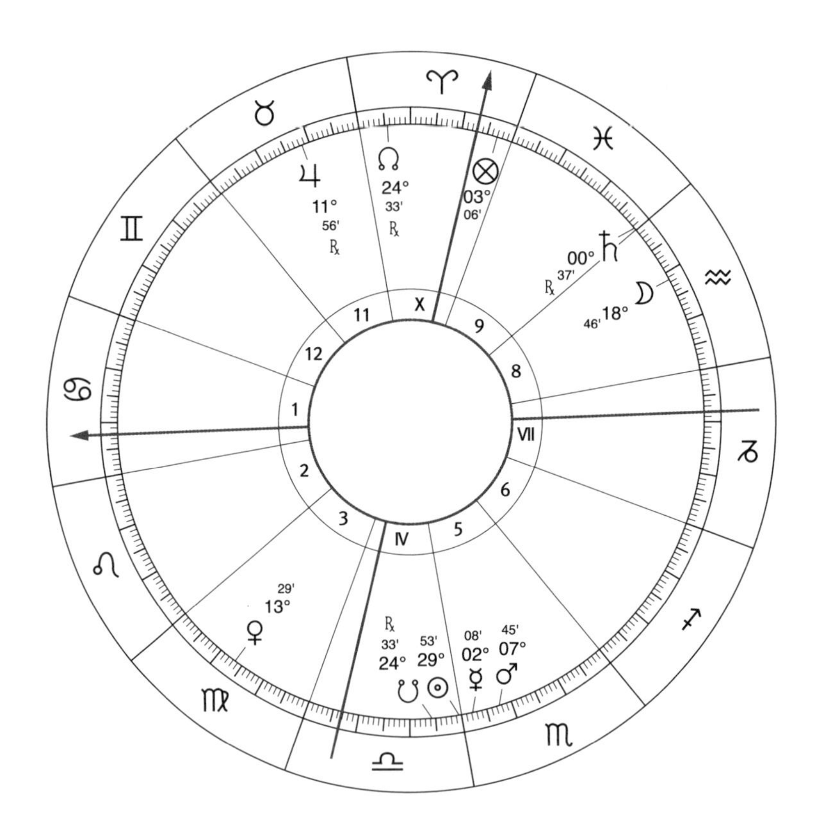

R은 Retrograde의 앞 글자로 – 역행, 즉 행성이 거꾸로 가고 있음을 표시한 기호다. 실제로 행성은 거꾸로 가지 않고, 일정 방향으로만 순행 하지만 육안으로 거꾸로 가는 것처럼 보일 뿐이다.

그렇게 보이는 이유는 천문학으로 알아야 할 이론이니 다루지 않기로 하고, 우리 눈에 보이는 행성의 역행을 살펴보자.

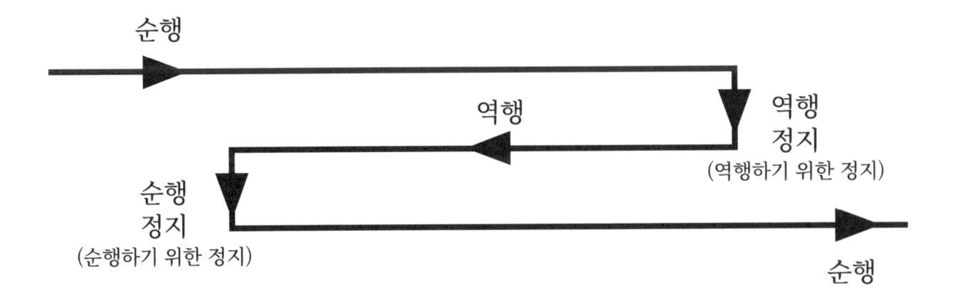

◆ 행성의 역행 이론과 실전

루미너리(***달과 태양***)를 제외한 다섯 행성들은 각기 다른 주기로 특정 시기에 역행과 순행을 반복한다.

우리 눈에 행성은 일정한 방향으로 가다가, 역행을 하기 위해 일시적으로 정지를 한다. 이것을 ***역행을 위한 정지*** 또는 ***역행정지***라고 부른다. 역행정지가 끝나면 행성에게 R이라는 기호가 붙으며 한동안 역행에 들어간다. 행성마다 다른 역행의 기간이 끝나갈 무렵, 다시 순행을 하기 위해 움직임을 최소화 하고 멈춘다. 이것을 ***순행을 위한 정지*** 줄여서 ***순행정지***라고 부르고, 그렇게 행성은 R이 사라지며 다시 순행을 한다.

1) 역행은 괜히 뒤로 가는 수고를 겪었다가 목표에 도달하는 것을 말한다. 속된 말로 삽질을 몇 번 한다는 것이다.

예를 들어, 금성이 역행을 하는 이들은 결혼이나 연애를 할 경우 잘못된 선택을 한 후에 뜻하는 바를 이루고, 수성이 역행을 하는 이들은 학업이나 진로에서 시행착오를 겪는다.

목성이 역행을 하는 이들은 성공을 이루는 과정에서 그러하고, 토성이 역행을 하는 이들은 병에 걸릴 경우 재발하는 경험을 하며, 화성이 역행하는 이들은 재수술 등의 사건이 있다고 한다.

하지만 실전에서는 절대 그렇지 않으니, 출생차트에서 '역행으로 인해 나의 어떠한 부분이 문제가 생겼구나'라는 지나친 해석을 해서는 결코 안 된다.

2) 역행은 출생차트에서 과하게 보지 않는다. 인생의 총 그래프를 의미하는 출생차트에서 역행은 행성의 길흉평가를 할 때 약간의 감점에 불과하며, 어떤 행성이 역행한다고 우여곡절이 일어나지는 않는다.

순행과 역행은 호라리 단시점성술에서 매우 상위에 있는 중요이론이라 호라리에서 역행의 구조를 보지 않는다면 해석이 반대가 될 정도로 큰 영향력을 지니고 있다. 또한 호라리에서의 역행은 ***재발, 재회, 다시 돌아옴*** 등의 키워드로도 활용되며, 출생차트에서의 판단처럼 행성의 평기를 감점시키는 의미도 아니다.

3) 간혹 택일의 운을 봐주는 점성가들이 역행의 구조를 신경쓰곤 한다. 예를 들어 성형수술하기에 좋은 시기를 잡아줄 때, 수술을 의미하는 화성이 역행하는 시기를 피해 잡아주고 / 계약운을 펼치기 좋은 시기를 잡아줄 때, 수성이 역행하는 시기를 피해서 잡아주거나 하는 식이다.

하지만 필자는 '점성술의 분류 2'에서, 택일을 해주는 것은 '쇼'일뿐 그 이상의 어떤 효과도, 학문적 의미도 없다고 강하게 주장했다. 따라서 역행이론은 역시 호라리 단시점성술에서만 그 입지를 유지할 수밖에 없다.

4) 후에, Stationary Direct / Stationary Retrograde라는 이론을 배울 것이다. 그때 역행의 이야기가 다시 언급되고, 역행이론이 행성의 반전 효과에 어느 정도 기여를 하게 된다.

여기까지가 행성의 외적인 길흉을 보는 액시덴탈 디그니티의 실질적 이론이며, 앞으로 소개할 '행성의 속도' 이론과 '오리엔탈, 옥시덴탈' 이론은 실전에서 활용가치가 없으니 쉬어가는 기분으로 읽어보자.

5. 행성의 속도

일곱 행성은 매번 일정한 속도로 움직이는 것이 아니라, 각각의 오차 내에서 빠르게 이동했다가 느리게 이동했다가 역행했다가 순행했다가를 반복한다.

행성	평균속도	최소속도	최대속도
☽	13°10′	11°45′30″	15°24′4″
☿	59′	- 1°23′16″	2°12′17″
♀	59′	- 38′11″	1°15′45″
☉	59′	57′5″	1°1′17″
♂	31′	- 24′8″	47′30″
♃	5′	- 8′12″	14′34″
♄	2′	- 4′59″	8′3″

※ 도 = ° 분 = ′ 초 = ″

행성의 속도를 참고하여, 출생차트에서 행성의 외적인 길흉을 평가하는 법은 - 출생차트에서 행성의 속도가 ***평균속도***보다 빠르면 그 행성은 길하고, ***평균속도***보다 느리면 그 행성은 흉하다고 본다.

모리누스 프로그램에서는 출생차트를 띄운 상태에서 키보드의 F11을 클릭하면, 출생차트에서의 행성속도를 볼 수 있다.

하지만 실전에서는 행성의 평균속도보다 나의 행성속도가 느리다하여 흉하지 않고, 빠르다하여 길하지 않다.

6. 오리엔탈, 옥시덴탈

오리엔탈과 옥시덴탈 이론은, 우리나라에 고전점성술이 들어오고 나서 소위 '점성술의 암흑기' 시절에 잠시 유행했다. 이는 출생점성술에서도 호라리점성술에서도 쓸모가 없는 이론이며, 실전에서의 효용성은 전혀 없다.

그럼에도 학자들을 위해 일부 이론을 소개해볼까 한다.

오리엔탈은 태양보다 일찍 뜬 행성을 의미하고, 옥시덴탈은 태양보다 늦게 뜬 행성을 의미한다. 이렇게 표현하는 것이 정석이지만 알아듣기 쉬운 말로 다시 설명하겠다.

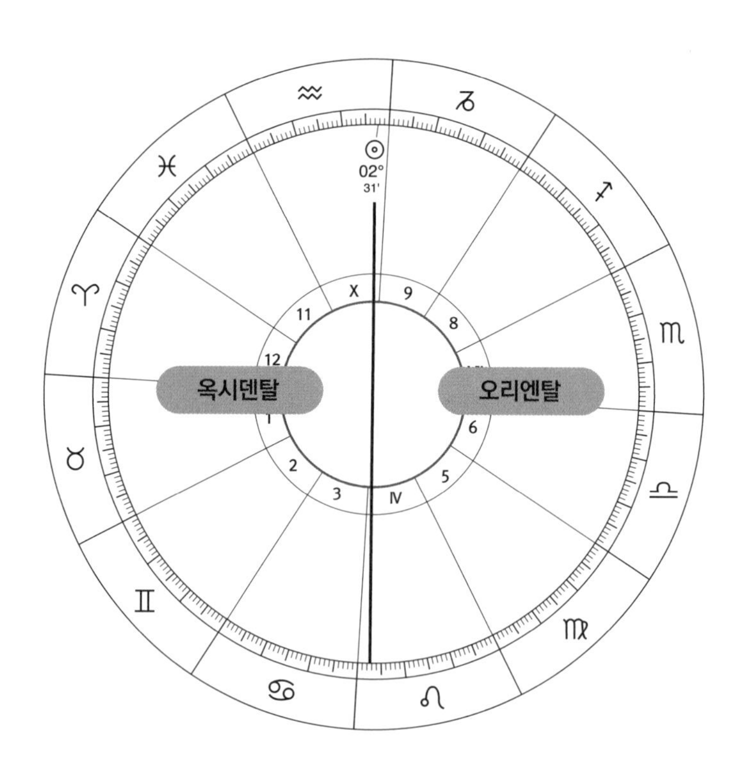

오리엔탈이란 '태양을 기준으로 시계방향의 반원에 위치한 상태'를 말하고, 옥시덴탈이란 '태양을 기준으로 반시계방향의 반원에 위치한 상태'를 말한다.

각자의 차트에서 태양을 기준으로 해야 하고, 오리엔탈을 해야 길한 행성은 목성과 토성이며, 옥시덴탈을 해야 길한 행성은 달, 금성, 화성이다.

목성과 토성은 낮의 행성이다. 그래서 태양이 동쪽지평선(상승점)에 떠오르기 시작할 때 기준으로, 먼저 떠올라 지평선 위에 머물게 되는 오리엔탈이 길하다.

달, 금성, 화성은 밤의 행성이다. 그래서 태양이 동쪽지평선에 떠오르기 시작할 때 기준으로, 지평선 아래에 머물게 되는 옥시텐탈이 길하다.

낮의 행성과 밤의 행성에 대한 이론은 후에 할 ***섹트 이론***에서 자세히 다룬다. 지금은 일단 읽고 넘어간 후에, ***섹트 이론***을 배우고 나서, 돌아와 오리엔탈, 옥시텐탈을 다시 읽어봐도 좋다.

오리엔탈	태양 기준, ***시계방향 반원에 위치함***	목성, 토성은 오리엔탈이 길하다.
옥시덴탈	태양 기준, ***반시계방향 반원에 위치함***	달, 금성, 화성은 옥시덴탈이 길하다.

◆ 수성의 성별 결정

오리엔탈, 옥시덴탈 이론으로 특별한 것을 판단할 수 있는데, 바로 ***수성의 성별***이 결정된다. 수성은 중성이기 때문에 개개인에 따라서 성별이 달라진다. 오리엔탈하는 수성은 남성으로, 옥시덴탈하는 수성은 여성으로 성별을 부여받는다.

여기서 주의해야 할 것은 수성의 성별이 결정되었다고, 수성이 의미하는 '말, 생각' 등이 – 여성형이다, 남성형이다라는 것은 결코 아니다.

수성의 성별을 결정하는 이유는, 후에 배울 ***섹트 이론***을 활용하여 수성의 길흉을 평가하기 위해서다.

7. 행성의 길흉에 따른 결론

그럼 어떤 행성이 액시덴탈 디그니티로 길한 평가를 받았을 때와, 흉한 평가를 받았을 때 - 어떤 결론을 내릴 수 있을까?

우리가 출생차트에서 구조를 유기적으로 잘 파악하더라도 정확한 결론을 내리지 못한다면 아무 소용없다. 그래서 행성의 길흉에 따라 고전 점성술에서 결론 지을 수 있는 두 가지 관점과 법칙을 배우도록 하자.

어떤 행성이든지 ***본질적 지표성***과 ***비본질적 지표성***을 동시에 지니고 있다.

'내츄럴 지표성'이라고도 부르는 본질적 지표성이란 누구에게나 똑같은 의미를 지닌 행성이며, 비본질적 지표성이란 모두에게 공통 의미가 아닌 개개인의 차트에서만 해당하는 지표성이다.

이해를 돕기 위해 둘을 나눠 자세히 다뤄보자.

본질적 지표성은 우리가 이미 배운 행성의 의미와 같다. 예를 들어 '사랑'하면 떠오르는 행성은 '금성'이다. 그래서 금성은 사랑운의 본질적 지표성이다. 만약 출생차트에서 금성이 손상되면 어느 누구에게나 사랑, 결혼, 연애운이 손상된다고 본다.

하지만 필자의 출생차트에서는 상승궁이 황소자리며, 6하우스가 천칭자리기 때문에 금성은 1하우스와 6하우스의 주인행성이 된다. 그럴 경우 금성은 나에게 1H(몸)과 6H(질병)의 주인이 되고 - 필자의 금성은 1H(몸)과 6H(질병)의 비본질적 지표성이라 부르는 것이다. 본래 육체의 본질적 지표성은 달이지만, 필자의 경우 1하우스로드인 금성도 육체의 의미를 지닌 행성이 된다.

만약에 필자의 차트에서 금성이 망가진다면 금성은 사랑의 본질적 지표성이기에 사랑과 결혼운의 손상이 있을 것이다. 그리고 몸과 질병의 비본질적 지표성이기에 건강에 이상이 생길 가능성이 있다.

누구는 금성이 10하우스의 주인이라 직업과 성공의 비본질적 지표성이 될 수 있고, 다른 누구는 금성이 4하우스의 주인이라 부모의 복과 부동산운의 비본질적 지표성이 될 수 있다. 이렇듯 비본질적 지표성은 사람마다 달라진다.

다시 수성으로 예를 들어보자. 수성은 말, 생각, 배움 등을 의미한다. 그래서 수성은 누구에게나 ***말, 생각, 학업운***의 본질적 지표성이며, 만약 수성이 두 흉성에게 손상을 받는다면 어느 누구나 위 의미들이 망가지는 효과로 해석한다.

한편 수성은 사람마다 도머사일 하우스가 달라진다. 필자의 차트에서는, 수성의 거주지 사인들인 쌍둥이자리와 처녀자리가 2하우스 그리고 5하우스에 위치한다. 따라서 수성이 돈과 경제활동의 비본질적 지표성이며, 가문의 자산과 부동산 자산 그리고 자녀 등의 비본질적 지표성이 된다. 나에게 수성이 손상된다면 위 내용들이 깨지든 막히든 우여곡절로 다가올 것이며, 수성이 목성에게 큰 도움을 받아 길하다면 위 내용들의 길함으로 인해 풍요로운 삶이 된다.

필자의 차트에서만 수성이 돈, 경제활동, 가문의 자산, 부동산 자산, 자녀 등을 의미하는 것이다. 누구에게는 수성이 7하우스의 주인이라 결혼과 배우자의 비본질적 지표성이 될 수 있고, 다른 누구에게는 11하우스의 주인이라 사회적 인복과 후원자의 비본질적 지표성이 될 수 있다.

이렇게 하나의 행성은 ***본질적 지표성***이라는 명칭으로 행성의 고유한 의미가 있어, 행성이 손상되었을 때는 그 의미가 손상되며, 길하게 판단되었을 때는 그 의미가 축복으로 다가온다.

또한 그 행성은 ***비본질적 지표성***이라는 명칭으로 의미하는 바가 개개인의 차트마다 달라진다. 즉 어떤 두 하우스 혹은 하나의 하우스 주인이 되며, 행성이 손상되었을 때는 도머사일 하우스의 내용이 흉한 반면, 두 길성에게 도움을 받아 길한 경우에는 도머사일 하우스의 내용이 인생에서 풍요로 다가온다.

다음 페이지의 예제차트를 통해 지금까지 배운 내용으로만[6)] 행성의 길흉을 파악하고, 그에 따른 결론을 익혀보도록 하자.

---

6) 카운터액션, 섹트, 안티시아, 리셉션 등 행성의 길흉에 영향을 미치는, 아직 배우지 않은 중요한 이론이 많이 남았지만, 액시덴탈 디그니티 이론으로만 적용해보자.

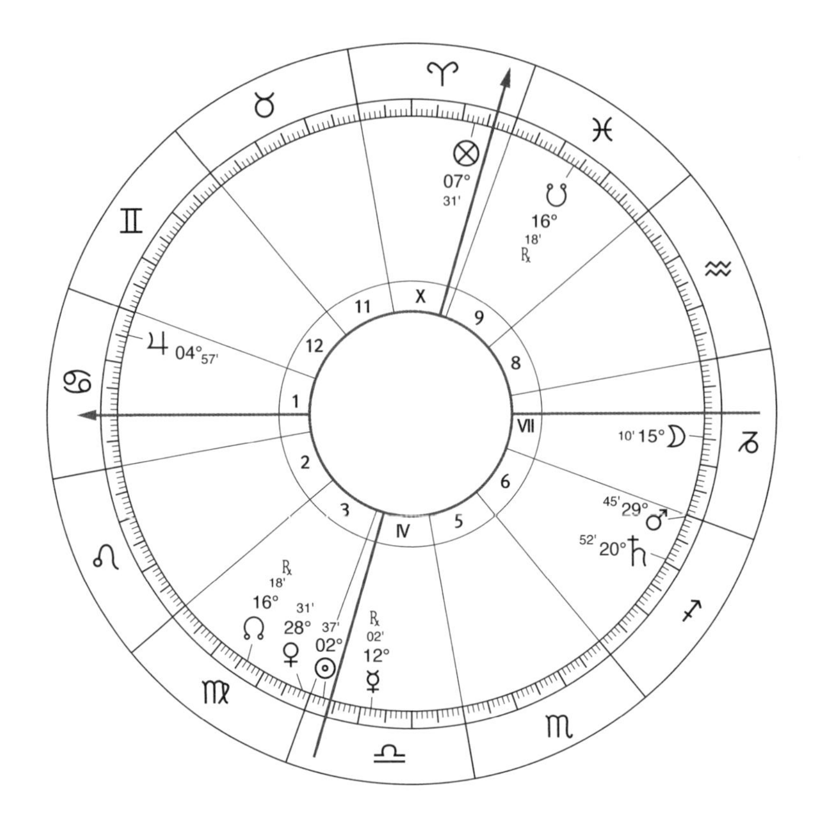

태양의 상태 – 태양은 앵글하우스인 4하우스에 위치한다. 화성 & 토성과 애스펙트를 이루고는 있지만 두 흉성의 오브를 벗어난 상황이며, 앵글하우스에 있는 ***(남중점에 빛을 줌으로 힘이 강한)***목성에게 3° 내로 도움을 받고 있어 상당히 괜찮은 상태라고 판단된다.

천칭자리에서 폴(fall)하고 있는 것은 이센셜 디그니티로써 태양의 외부적 길흉에 전혀 영향이 없다.

태양의 길함으로 인해, 우선 본질적 의미인 명예운이 좋을 것이다. 또한 2하우스의 주인인 태양은 돈과 경제활동의 비본질적 지표성이기 때문에, 경제활동을 통해 성실하게 벌어들이는 풍요가 괜찮을 것으로 판단된다.

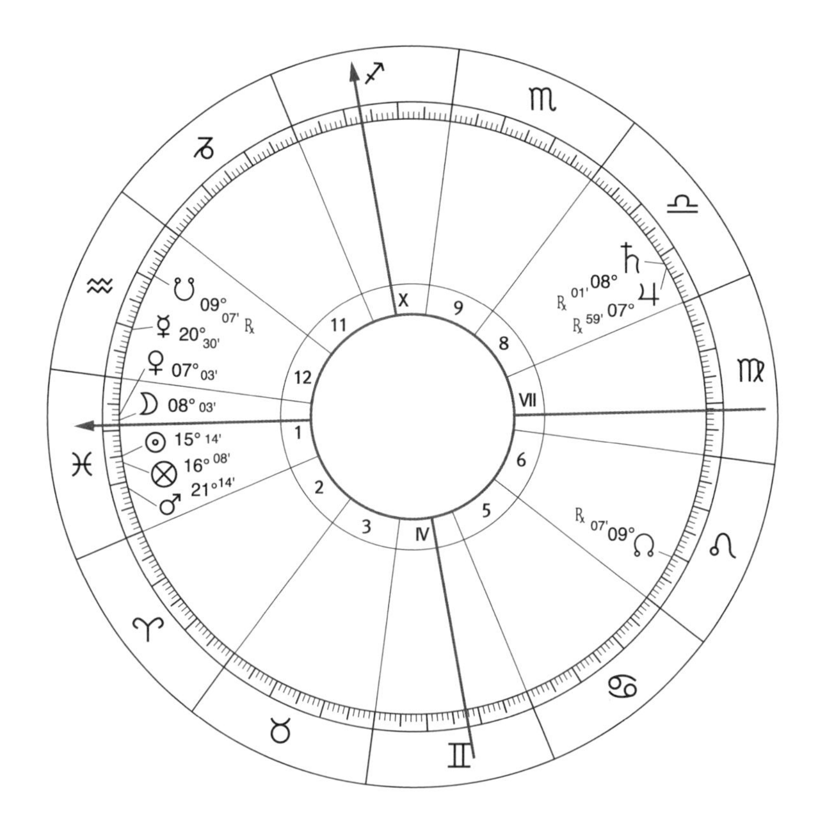

달의 상태 - 달은 길한 1하우스에 위치한다. 화성과 컨정션을 하지만 13° 벗어나 있어 다행이며, 토성과는 어버젼이다. 비록 목성과도 어버젼이라 도움이 없어 아쉽지만, 같은 앵글에 있는 금성에게 큰 도움을 받고 있어 좋다고 평가된다. 태양에게 컴버스트되고 있지만, 금성의 후원과 섹트구조[7]가 너무 좋아 길하다고 결론 내릴 수 있다.

달의 길함으로, 달의 본질적 의미인 몸, 마음, 생계에서 온전함이 함께 할 것이다. 또한 5하우스의 주인인 달은 부동산 자산과 자녀의 비본질적 지표성이기 때문에, 그 부분에서 복이 있게 된다.

7) 후에 자세히 다룰 텐데, 행성을 평가하는 이론 중 하나다.

DNTA GRADVVM.
CIRCVLI
TROPI
TRIGINTA GRADV
LEO
VIR
GO
POLVS
MERIDIAN
Molgonizati
Carli
MARE
TARTARICVM.
Circulus
Arcticus
AMERI
SEPTEN
NALIS
Mare Arabicum
et
Indicum
Circulus
Æquinoctialis
MAR DI
INDIA
Tropicus
Golfo
de
Bengali
Ceylon
Cormandel
NOVA HOLLANDIA
Nova Guinea
Linea
ORIZO
DEL
Circulus Antarcticus
POLVS
INCOGNITA
ANTARCTICVS
GLOBI
TRIGINTA GRADVVM.
ORNI
AGINTA GRADVVM.

5

행성의 품위

내적인 존엄성
Essential Dignity

출생점성술에서 모든 본질적 위계는 성향을 볼 때 활용되며, 행성의 길흉에 미치는 영향은 미미하다.

그러나 진정한 점성가라면 외적인 길흉에만 집착하지 않고, 개개인의 깊은 성향과 숨겨진 본질을 파악하기 위해, 행성의 이센셜 디그니티(Essential Dignity)를 익히고 적용할 줄 알아야 한다.

성향은 직업, 사랑, 풍요, 관계에도 영향을 미치지만 인생의 방향성까지 작용하는 가장 중요한 것이다. 2권에서 '성향론'을 제대로 배우기 전에 ***본질적 위계***의 이론을 습득한다면, 훗날 더욱 수월한 학습이 될 것이다.

행성의 내적 품위(성향)를 판단하는 이론은 총 네 가지가 있다.

<행성의 내적 상태 - 행성의 품격과 성향>

별자리 품위(Sign Dignity)
텀 품위(Term Dignity)
데칸 품위(Decan Dignity)
트리플리시티(Triplicity)

출생차트에서 행성의 품위를 결정할 때는, ***별자리 품위***만 활용해도 무리가 없으며, 그 외 이론은 실전에서 의미가 없다.

1. 별자리 품위(Sign Dignity)

행성	Ruler ship 통치자의 지위	Detriment 손상, 손실	Exaltation 행복감, 승격	Fall 추락
☉	♌	♒	♈	♎
☽	♋	♑	♉	♏
☿	♊	♐	♍	♓
♀	♉, ♎	♈, ♏	♓	♍
♂	♈, ♏	♉, ♎	♑	♋
♃	♐, ♓	♊, ♍	♋	♑
♄	♑, ♒	♋, ♌	♎	♈

◆ 룰러쉽(Ruler ship)

☉	☽	☿	♀	♂	♃	♄
♌	♋	♊	♉, ♎	♈, ♏	♐, ♓	♑, ♒

룰러쉽은 통치자의 지위와 직권이라는 의미다. 수성의 특별한 경우를 제외하고 모두 자신의 별자리에 있을 때를 말한다.

태양은 사자자리에서, 달은 게자리에서, 금성은 황소자리와 천칭자리에서, 화성은 양자리와 전갈자리에서, 목성은 사수자리와 물고기자리에서, 토성은 염소자리와 물병자리에서 룰러쉽이라는 좋은 품위를 얻으며, 수성은 자신의 두 별자리 중에 쌍둥이자리에서 룰러쉽 상태가 된다.

유일하게 처녀자리에서 룰러쉽을 하는 행성은 없다. 안타깝게도 처녀자리는 주인행성인 수성을 포함하여 그 어떤 행성이라도 도무지 편해질 수 없는 사인이다.

도머사일(거주지)과 룰러쉽(통치자의 지위) 차이

많은 점성가들이 도머사일(domicile)과 룰러쉽(Ruler ship)을 똑같은 용어로 사용한다.

도머사일은 이미 앞에서 설명했듯이 거주지라는 의미이며, 품위나 위계를 따지는 이론이 아니라, 단순히 행성들의 거주지를 말하는 용어다.

즉 "화성의 도머사일은 양자리와 전갈자리다"라는 말처럼 거주지를 대신하는 용어일 뿐, 어떤 길한 의미도 없으며 품격을 따지는 말도 아니다.

화성이 양자리에 위치한다 해서 "도머사일 한다" 혹은 "도머사일을 얻었다"고 표현할 수 없다.

하지만 룰러쉽은 "실거주자의 지위와 직권을 얻는다"는 용어다. 룰러쉽하는 행성은 좋은 품위를 얻어 고상하고 차분한 성품이 있다는 의미가 포함되어 있다.

"화성은 양자리나 전갈자리에 위치할 경우 룰러쉽이라는 좋은 내적 품격을 얻는다."고 표현할 수 있다.

예를 들어 수성의 도머사일(거주지)은 쌍둥이자리와 처녀자리인데, 수성은 쌍둥이자리에서 룰러쉽(통치자의 지위를 얻은) 상태가 되고, 처녀자리에서는 엑절테이션(굉장한 행복감으로 승격된) 상태가 된다. 많은 이들이 이것을 구분하기 귀찮거나 무지함으로 인해 같은 의미의 용어로 사용하는 경향이 있다.

룰러쉽을 하는 행성은 현재 편안한 내 방에 있는 것과 같다.

룰러쉽을 이해하기 위해서, 사람이 자신의 집에 있을 때를 생각해보자. 누구라도 나의 집에 있는 경우에는, 파자마로 갈아입고 화장을 하지 않은 얼굴로 쇼파 혹은 침대에서 쉴 것이다.

그때 친구로부터 나오라는 전화라도 받은 적이 있는가? 아마도 편안함을 포기하지 않을거라 생각된다. 그렇다 내 방에 위치하기 때문에 나가기 싫어진다.

행성도 이와 같다. 자신의 집에 위치하여 룰러쉽 상태가 된 행성은 편안하고 안정된 자세로 누워 있으려 할 뿐 출생차트 밖으로 나가기를 거부한다. 출생차트란 나의 몸이며, 출생차트 밖이란 나의 몸 밖이다.

룰러쉽 상태인 행성은 나의 몸 밖으로 뛰쳐나가 성향으로 표현되는 것을 삼가고, 내 안에 머물며 고상한 모습을 지닌 채 결코 과시하지 않는다.

또한 ***그 행성이 지닌 많은 기질 중에 가장 안정되고 온화한 성품***이 되며, 흉한 특성을 억제한다.

화성이 양자리나 전갈자리에 있는 구조는 화성이 룰러쉽을 하는 상태다. 화성은 막말로 언제나 칼부림을 하는 깡패인데, 그런 깡패가 자신의 방에 있다고 생각해보자. 깡패라도 칼을 서랍 속에 넣은 후, 씻고 나서 파자마로 갈아 입고 티비를 보며 과자를 오물거리지 않을까?

그렇다. 룰러쉽 상태가 된 화성은 폭력성, 무례함, 무모함, 시비를 거는 성향, 중도 하차 등의 흉폭한 부분이 상실되고, 온화한 키워드들인 도전, 열정, 정의감 등이 은은하면서 거칠지 않게 발현된다. 화성이 화성의 방에 위치하니 더욱 난봉꾼이 되는 식의 이론이 아니다.

다른 좋은 예로, 연예인 중에 금성이 황소자리나 천칭자리에 있어, 룰러쉽 상태가 된 경우는 거의 없다.

룰러쉽의 금성은 이효리가 자신의 방에 맨얼굴로 있는 것과 같다. 성적 매력과 사랑스러움을 표출하기에 좋은 상태도 아니며, 그저 조신하게 아이스크림이나 먹으며 온화하고 고상하게 책을 볼 것이다. 금성이 내 몸 밖으로 뛰쳐나가, 카메라 앞에서 엉덩이를 흔들게 만들려면 룰러쉽 상태로 편안하게 있는 구조면 곤란하다.

룰러쉽하는 일곱 행성들은 모두 이런식으로 접근해서 이해해야 하는데,

태양의 룰러쉽은 <품격있는 황제, 성군>

달의 룰러쉽은 <평안한 감정, 온화한 보호자>

수성의 룰러쉽은 <정직한 상인, 진실된 선생>
금성의 룰러쉽은 <조신한 여성, 순수한 애정관>
화성의 룰러쉽은 <올바른 본능, 정의로운 칼>
목성의 룰러쉽은 <올바른 귀족, 정직한 종교인, 착한 사장>
토성의 룰러쉽은 <인정받는 노예, 진실된 학자, 믿음직한 일꾼>
등과 같은 키워드를 적용하며 그 길한 성품을 논해보는 것도 좋다.

중요한 것은 룰러쉽 상태의 행성은 절대 나대거나 문제를 일으키는 성품이 아니라는 것이며, 더 중요한 것은 ***실질적 길흉에는 전혀 영향을 미치지 못한다***는 것이다.

금성이 룰러쉽이라고 결혼운이 좋은 것도 아니며, 목성이 룰러쉽이라고 풍요가 올라가는 것도 절대 아니고, 화성이 룰러쉽이라고 인생에서 사건사고가 없는 것도 결코 아니다.

◆ 데트리먼트(Detriment)

☉	☽	☿	♀	♂	♃	♄
♒	♑	♐	♈, ♏	♉, ♎	♊, ♍	♋, ♌

데트리먼트는 손상, 손실을 뜻한다. 행성이 룰러쉽을 하는 별자리로부터 반대방향의 사인에 있을 때를 말한다.

태양은 물병자리에서, 달은 염소자리에서, 금성은 양자리와 전갈자리에서, 화성은 황소자리와 천칭자리에서, 목성은 쌍둥이자리와 처녀자리에서, 토성은 게자리와 사자자리에서 데트리먼트라는 나쁜 품위를 얻으며, 수성은 쌍둥이자리의 반대편인 사수자리에서 데트리먼트 상태가 된다.

물고기자리에서 데트리먼트 상태가 되는 행성은 없다. 물고기자리는 어떤 행성이라도 품어 주는 자연이기 때문에, 불편해하며 나대는 행성이 존재하지 않는다.

데트리먼트는 이론적으로 그 행성과 별자리 의미에 있어서 반대되는 개념이 있다. 태양과 달은 루미너리로써 빛이며 생명력의 근원이고, 토성은 어둠이자 죽음을 상징한다. 그래서 태양은 토성의 방인 물병자리에서, 달도 역시 토성의 방인 염소자리에서 손상된 품위를 얻으며, 토성은 루미너리들의 방인 게자리와 사자자리에서 품위를 잃고 흉폭함이 더욱 가중된다.

금성은 사랑과 화합을 의미하고, 화성은 전쟁과 분열을 의미한다. 그래서 금성은 화성의 방인 양자리와 전갈자리에서 고상함과 지조를 잃게 되며, 화성은 금성의 방인 황소자리와 천칭자리에서 더욱 손상된 내면을 보여준다.

또한 수성은 이성과 과학과 논리를 의미하는 반면, 목성은 종교와 믿음, 철학을 의미한다. 그래서 수성은 자신과 논리적으로 맞지 않는 사수자리에서 품위를 잃고 과하게 나대려 하며, 목성은 반대로 수성의 방인 쌍둥이자리와 처녀자리에서 적절하지 않은 종교인의 모습을 보여 눈살을 찌뿌리게 만든다.

데트리먼트를 하는 행성은 마치 ***적국에 위치한 상황***과 같은데, 그곳은 불편한 곳이기 때문에 차트 밖으로 도망치려 한다.

룰리쉽에서의 설명처럼, 차트는 내 몸이며 차트 밖은 내 몸 밖이다. 차트 밖으로 도망치려는 데트리먼트 행성은 ***남의 눈치를 보지 않고 몸 밖으로 거침없이 표출***되어, 타인에게 불편함을 주면서 인상을 찌뿌리게 만든다.

금성으로 예를 들어보자. 많은 연예인들 차트에서 금성이 데트리먼트 한다는 사실을 아는가?

데트리먼트 상태의 금성을 상황으로 표현하자면 여성의 신분으로 적국에 위치하여 살아남기 위한 몸부림이다. 그러기에 더욱 애교있는 말투와 몸짓을 하며, 사랑 표현에 있어 부담스러울 만큼 적극적이다.

그런 성품의 발현으로 인해, 대중들 앞에서 끼를 표출해야 하는 연예인이라는 직업에 합당하다.

아직 초보자라 행성 하나하나를 어떤 상황으로 연상하여 표현하기 어렵다면, ***데트리먼트 하는 행성은 흉한 키워드들을 표출하는 성품이다.*** 이 정도로 이해하자.

다시 강조하건데, 행성이 데트리먼트를 해도, 인생의 길흉에는 일체 영향이 없다. 금성이 데트리먼트 한다 하여 결혼이 흉할리는 전혀 없고, 화성이 데트리먼트 한다 하여 룰러쉽을 하는 화성보다 사건사고나 수술이 더욱 빈번해질리도 없다. 또한 목성이 데트리먼트해도 그 풍요성에서 이상이 생기지도 않는다. 오히려 룰러쉽을 하는 목성보다 부자가 되기에 좋은 성품이다.

생각을 해보자. 룰러쉽을 하여 온화해지고 고상해진 올바른 귀족이 부자가 되기에 좋은 성품일까, 데트리먼트하여 내적으로 손상 받아 올바르지 못한 성품으로 돈을 챙기는 나쁜 귀족이 부자가 되기에 좋은 자질일까? 당연히 후자일 것이다. 전자는 뼛속까지 정직하게 살아가는 성품의 목성이지만, 후자는 도덕을 들먹이지만 내심 물질적 가치를 최우선에 두는 목성이다. 이것은 성향일 뿐, 현실에서 좋고 나쁨의 문제가 아니다.

◆ 엑절테이션(Exaltation)

☉	☽	☿	♀	♂	♃	♄
♈	♉	♍	♓	♑	♋	♎

엑절테이션은 굉장한 행복감, 승격을 말한다. 이는 자연과 식물 그리고 별자리 파트에서 배웠던 대표적인 4절기 이론으로 결정되었다.

태양 : 양자리

춘분은, 밤의 길이가 줄어들면서 낮의 길이와 동일해지는 시기이며, 다음 날부터 낮의 길이가 급격하게 늘어나게 된다. 그래서 춘분을 기점으로 시작되는 양자리에서는 낮의 길이가 길어지는 만큼 낮의 루미너리인 태양이 승격을 한다.

또한 곧 있을 꽃축제를 위해 태양의 기운이 상당히 필요할 것이다.

외우기 어렵다면 ***태***양의 ***태***, ***양***자리의 ***양***을 따서 ***태양***으로 외우자.

달 : 황소자리

황소자리 기간에 식물들은 암술과 수술이 만나 번성을 하고, 동물들도 발정기, 인간도 짝을 맺고 결혼을 하는 5월이다. 즉 모든 생명체들이 가정을 이루고 번성을 하는 시기다.

그래서 가정과 출산의 상징인 달이 황소자리에서 행복감을 얻는다. 게다가 1년 중 꽃축제가 벌어지는 기간이니 만큼, 자연이 가장 아름다운 시기인 황소자리에서 자연을 의미하는 달이 승격함은 합당하다.

외우기 어렵다면, ***황***소자리의 ***황***, ***달***을 합쳐 ***황달***로 외우자.

목성 : 게자리

목성은 그리스 올림포스의 주신(主神) '제우스'이며, 로마의 '유피테르'와 북유럽의 '토르'는 모두 제우스와 동일시 된다.

제우스의 주무기는 '천둥번개'인데, 그로 인해 하늘과 날씨(비)를 주관하는 풍요의 상징이 되었다.

1년 중 게자리 기간(6.21~7.22)에 비가 오지 않는다면 그다음 사자자리 기간의 태양빛에 모든 식물은 말라죽고, 그 후 처녀자리 기간에 추수할 곡식이 없어 인간은 굶어 죽는다.

하지부터 시작하는 게자리는 장마철을 의미하는 만큼 강렬하게 비를 상징하며, 비를 주관하는 풍요의 신 제우스 – 목성이 굉장한 행복감을 얻는 위치가 된다.

외우기 어렵다면 ***게***자리의 ***게***, **목**성의 **목**을 따서 ***게목***으로 외우자.

수성 : 처녀자리

많은 점성가들은 수성이 하필 처녀자리에서 엑절테이션하는 논리를 설명할 때, "추수철에 수확을 많이 하기 위해서는 많이 알아야만 한다."라는 이론을 빌려온다. 그래서 추수철 기간인 처녀자리에서 정보를 상징하는 수성이 엑절테이션을 한다는 것이다.

하지만 진실은 이렇다. 처녀자리는 1년에 한 번 있는 추수철로써, 그 시기에는 곡식들이 가장 번성하여 훔쳐갈 것들이 많다. 그래서 인간들이 식물들을 도둑질해가는 기간이니, 도둑의 신인 헤르메스 즉 수성이 상당한 행복감을 얻게 되는 것이다.

마찬가지로 **수**성의 **수**, ***처녀***자리의 ***처녀***를 사용하여 ***수처녀***로 외우는 방법도 좋다.

이로써 수성은 자신의 도머사일인 쌍둥이자리와 처녀자리 중에, 쌍둥이자리에서 룰러쉽이라는 온화하면서 안정된 품위를 얻고, 처녀자리에서 엑절테이션이라는 행복감으로 품위가 승격된다.

토성 : 천칭자리

춘분의 반대인 추분에는 낮의 길이가 줄어들어 밤의 길이와 같아지고, 다음날부터 밤의 길이가 급격하게 늘어난다. 추분을 기점으로 밤의 권력이 다시 강해지는 시기니, 추분부터 시작하는 천칭자리에는 어둠의 상징인 토성이 행복해진다.

태양계에서 태양과 가장 거리가 먼 행성은 토성이다. 태양이 엑절테이션하는 양자리와 위치상 가장 거리가 먼 천칭자리에서 토성이 엑절테이션하는 것도 이치에 맞다.

우리는 빨리 기억해야 하고 바로 써먹어야 하니, ***천***칭자리의 ***천***, ***토***성의 ***토***를 합쳐 ***천토***복숭아로 외우자.

화성 : 염소자리

동지는 1년 중 밤의 길이가 가장 긴 기간이다. 즉 귀신이 활개치며 돌아다니기에 좋은, 가장 음한 하루인 것이다. 그러기에 우리나라에서는 양의 기운을 상징하는 붉은 곡식 즉 팥죽을 먹으며 악귀를 쫓았다. 하지만 서양에서는 귀신보다는 악마의 개념이 있다. 1년 동안 악마로 인해 나쁜 마음을 먹고 행했던 죄악을 동짓날 없애야 했다. 그러한 상징으로 나의 악한 마음을 동물에 집어넣고, 그 동물을 죽임으로써, 악마를 물리쳐 구원받는 의식을 치렀다.

그 동물이 뿔이 달린 초식동물이지만 눈동자가 섬뜩해 악마와 닮은 염소다. 그래서 살생 도구인 칼을 의미하는 화성은 동지로부터 시작하는 염소자리 기간에 행복해진다. 외우기 어렵다면, ***화***성의 ***화***, ***염***소자리의 ***염***을 합쳐 ***화염***으로 외우자.

그러한 이유로 염소자리는 토성이 룰러쉽을 하며, 화성이 엑절테이션을 하는 - 두 흉성을 동시에 활용하는 별자리가 되었다.

두 흉성을 양손의 무기로 휘두르며, 사람들을 자신의 노예로 삼고, 세상의 모든 풍요를 뺏는 사인이 된 것이다.

금성 : 물고기자리

게자리 기간에 대우기가 있어 대(大)길성인 목성이 엑절테이션을 한다면, 물고기자리 기간에는 언제나 소우기가 있고, 소(小)길성인 금성이 엑절테이션을 한다.

물고기자리 기간에 내리는 촉촉한 비를 우리는 봄비라고 부르며, 이 달에 비가 촉촉하게 땅을 적시고 얼음을 녹여줘야, 그다음 기간인 양자리부터 낮의 길이가 길어져 식물들이 빛과 열을 흡수하고, 이어지는 황소자리 기간에 꽃축제를 벌일 수 있다. 대우기든 소우기든 역시 비가 내리는 기간은 풍요의 행성인 길성들이 행복해진다.

금성과 물고기자리의 연결고리는 그리스신화에서도 등장한다. 튀폰이라는 거대한 괴물이 올림포스를 공격하자 제우스만 맞서 싸우고, 나머지 신들은 모두 도망갔다. 그때, 아프로디테(비너스=금성)는 물고기로 변신해 바다로 도망쳤다.

외우기 어렵다면 ***금***성의 ***금***, ***물***고기자리의 ***물***을 따서 ***금물***로 외우자.

Exaltation은 행성의 성향 발현에 있어 지속성은 떨어지지만 강력한 급상승 효과가 있다.

룰러쉽이 내게 가장 편한 나의 방에 위치한 격이라면, 엑절데이션은 자신을 매우 환영해 줄 ***고향에 놀러가 흥분된 상황***과 같다.

인간과 마찬가지로 자신을 매우 환영해 줄 고향에 있는 행성은, 기분이 상당히 좋을 것이며 큰 행복감을 얻고, 즐거움을 폭발적으로 표출하게 된다. 하지만 다시 자신의 지역으로 돌아가야 하는 운명이니 부풀어 오른 행복감은 오래 지속되지 않는다.

예를 들어, 사수자리에 있어 룰러쉽을 하는 목성은 온화하면서 안정성 있게, 그리고 꾸준하되 나대지 않는 스타일로 풍요와 성공을 향한 내면을 지녔다면 / 게자리에서 엑절테이션 하는 목성은 특정 시기에 풍요와 성공을 향한 폭발적인 감정과 태도가 있기 때문에 급상승하는 기회가 오는데, 일정 기간이 지나고 나면 다시 언제 그랬냐는 듯 식기 마련이다.

엑절테이션하는 행성을 실전에서 적용하기 어렵다면 ***어떤 행성이 특정 별자리에서 엑절테이션할 때, 길한 성품이 폭발하지만 오랜 지속성은 없다***고 기억하자.

또한 계속 언급하건데, 엑절테이션 또한 별자리 디그니티에 속한 이론이니 만큼 행성의 길흉에는 영향이 없으며, 출생차트에서 그 행성의 내적 품성을 판단하는 용도로 봐야한다.

쉽게 말해 게자리에서 엑절테이션하는 목성이 다른 사인에 위치한 목성보다 풍요로운 인생은 아니며, 염소자리에서 엑절테이션하는 화성이 경쟁과 승리가 더욱 함께하는 인생이라고 단정할 수 없다. 단지 그러한 길한 사건을 벌일 가능성이 있는, ***그 행성의 길한 성품이 가끔 폭발한다***는 것이다.

고전점성술에서 엑절테이션 이론을 활용하는 다른 방향이 있다.

굳이 엑절테이션을 하고 있지 않아도, 어떤 별자리에는 엑절테이션로드의 성품이 숨어 있다가 때때로 발현된다는 실전이론이다.

예를 들어, 황소자리는 주인인 금성으로 가득 차 있으며, 엑절테이션 행성인 달이 강력한 기운을 지닌 채 숨어 있다. 그래서 주인행성인 금성의 성향을 지속적으로 사용하지만, 가끔 달의 성향이 과도하게 폭발하게 된다.

단순히 별자리 자체의 성품을 판단하는 이론이며, 그 별자리에 행성이 실제로 룰러쉽을 하냐, 엑절테이션을 하냐로 판단하는 것이 아니다.

이런 논리를 갖고 열두 별자리의 구체적 성향을 다시 읽는다면, 새롭게 이해될 것이다.

◆ 폴(Fall)

☉	☽	☿	♀	♂	♃	♄
♎	♏	♓	♍	♋	♑	♈

폴은 추락이라는 의미로, 행성이 엑절테이션하는 별자리로부터 반대 위치에 있을 때를 말한다.

루미너리의 대표인 ***태양***은 빛을 의미하고, 낮의 길이가 길어지기 시작하는 양자리에서 엑절테이션하여 폭발적으로 길한 품위를 얻었다. 하지만 양자리 반대편인 천칭자리부터는 밤이 낮보다 길어지기 때문에 이곳의 태양은 추락하여 폭군의 성향을 소유한 흉물스러운 품위를 얻게 된다.

어둠을 상징하는 ***토성*** 역시 이와 같은 논리로, 밤이 길어지기 시작하는 천칭자리에서 고상하면서 근엄한 노인의 품격을 얻지만, 낮이 길어지기 시작하는 양자리에서 고집불통 노친내의 추락한 성품을 지니게 된다.

달은 출산과 번성, 자연을 상징하는 행성으로, 동식물의 짝짓기 기간인 황소자리에서 고상하고 온화한 품성을 얻는다면, 식물들이 죽어가며 가지만 남게 되는 계절인 전갈자리 기간에는 추락하여 여러 가지 감정의 문제를 겪게 된다.

목성은 풍요와 생명력을 폭발시키는 행성으로, 비가 쏟아져 모든 자연에게 영양분을 제공하고 자연을 번성시키는 시기인 게자리에서 밝고 멋진 품격을 얻는다. 하지만 악마를 없앤다는 명목하에 동물을 살생하며, 밤이 가장 길어 식물들도 가지만 남은 채 겨울을 보내는 염소자리에서는 추악한 귀족의 면모를 보인다.

화성은 전쟁과 살생을 의미하기 때문에, 그 시절 염소를 제물로 바치던 동지의 사인 염소자리에서 자신을 멋스럽게 드러낸다. 하지만 생명의 번성과 풍요의 시기인 게자리에서는 자신과 어울리지 않는 성스러움에 이질감이 느껴지는지, 흉폭하고 무례하다.

또한 ***수성***은 도둑의 신으로, 식물과 곡식의 번성으로 인해 인간들이 거둬갈 것들이 많은 시기인 처녀자리에서 폭발적으로 정보수집가의 진가를 보여준다. 하지만 훔쳐갈 무엇도 없는 겨울의 끝자락, 물고기자리에 위치한 수성은 치졸하게 거짓말을 하면서까지 수익을 끌어당겨야 하는 추락한 품성이 숨어있다.

금성은 목성과 함께 생명력과 풍요를 담당하는데, 비가 땅을 적셔 땅속 씨앗들에게 영양분을 제공하는 소우기 기간 물고기자리에서 우아하면서 아름다운 성품을 소유한다. 하지만 오히려 식물을 잘라버려 죽음을 선사하는 시기인 추수철, 처녀자리에서는 온화함 없이 질투의 감정에 사로잡힌다.

추락한 행성은 그 성품에 ***타락한***을 붙여도 좋다. 그만큼 그 ***행성의 성향이 나쁘다***는 의미다. 이것은 겉으로 드러나지 않을 수도 있어 겉모습이나 느낌으로 읽으면 안되고 차트를 확인해야 한다.

예를 들어, 전갈자리에서 추락한 달은 우울감, 공황장애, 공감능력 상실, 두려움 등 감정적인 문제를 지녔지만, 만약 그달이 11하우스에 있다면 타인들에게는 밝은 느낌으로 보일 수 있기 때문이다.

인간은 자신의 행성을 밖으로 어필할 때, 하우스배치나 애스펙트 등 외적인 상태는 보여주지만, 별자리 디그니티가 어떤지에 대해서는 쉽게 꺼내지 않는다.

한편, 폴(Fall)하는 행성은 몰락한 귀족과 같다고 했다. 몰락한 귀족은 동료들도 평민들도 무시한다. 즉 폴하는 행성은 직업 외에 사적으로 과하게 사용하지 않는 것이 좋다.[1] ***일상생활에서 사용 시 타인들이 좋아하지 않을 수 있다.***

추락하는 태양은 사석에서 리더다운 행위를 할 때, 대중들이 어색해하거나 수군댈 가능성이 높다.

---

1) 별자리 디그니티가 좋지 않은 행성이라도 업으로 사용하는데는 어떤 흉이나 방해도 없다.

추락하는 달이 사석에서 누군가의 감정을 공감하려하면, 상대방 입장에서는 포근한 위로가 되지 않는다.

추락하는 금성이 사석에서 섬세하고 친밀한 행위를 한다거나 사랑스러운 매력을 어필할 때, 타인들은 낯부끄러워한다.

추락하는 목성이 사석에서 누군가에게 가르침을 준다면, 남들은 잔소리나 오지랖으로 느끼며 귀담아 듣지 않는다.

추락하는 수성이 사석에서 자신의 이야기를 하면, 남들은 딴청을 피운다.

추락하는 화성이 사석에서 경쟁을 하려하거나 화를 내면, 상대방은 평소보다 마음의 상처가 크고 심한 거부감이 든다.

추락하는 토성이 사석에서 일을 열심히 하거나 비판할 시, 타인들은 그것을 고마워 하지도, 비판을 받아들이지도 않는다.

2. 텀 품위(Term Dignity)

텀 – 각 별자리들마다 불규칙적인 간격과 순서로, 루미너리를 제외한 채 나열되어 있는 다섯 행성들의 배치를 말한다.

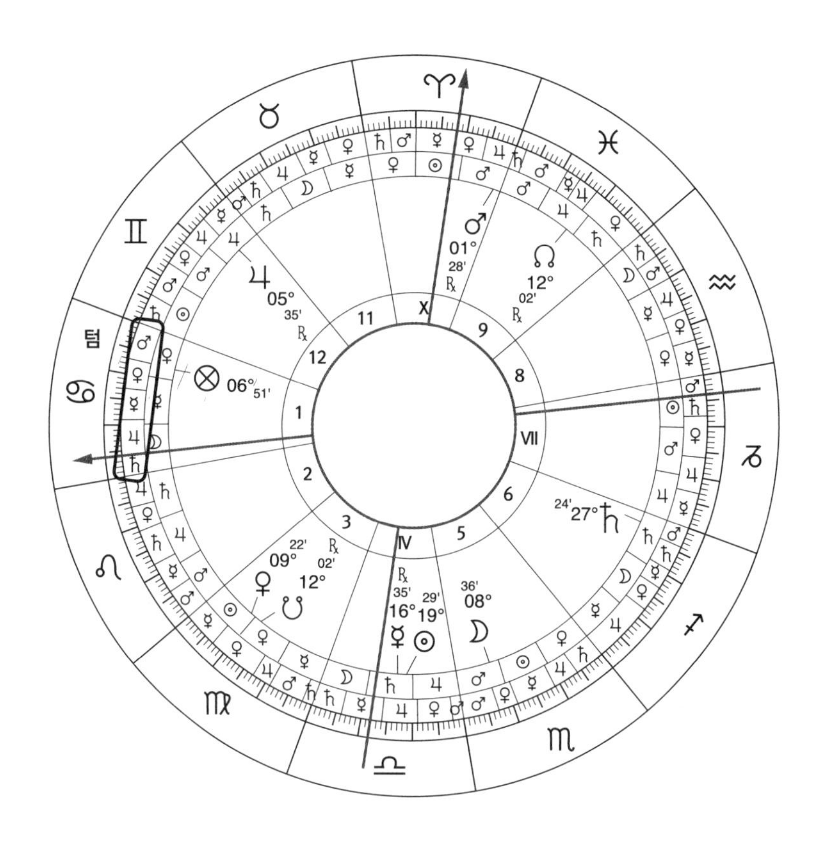

텀에서 나열된 행성의 간격과 순서에 대한 규칙은 아무도 알 수 없으며, 선조들이 왜 이렇게 규정했는지 확신을 하는 이도 없다.

자료가 소실되었다는 이야기도 있지만, 필자는 일부러 태웠을 가능성에 무게를 둔다. 운명학 지식인들은 관법을 남기려 하지 않는 습성이 있기 때문이다.

아무튼 하나의 별자리에 어떠한 간격과 순서로 나열된 5개씩의 행성이 텀이라는 것이며, 행성이 자신의 텀 안에 위치할 경우 내적으로 좋은 품위를 갖게 된다는 것이 텀 품위 이론이다.

차트에서 금성은 금성의 텀에 위치한다. 텀 품위 이론으로 적용할 경우 금성의 질이 좋다는 의미다. 하지만 금성은 처녀자리에 위치할 경우 추락(fall)하며 별자리 품위로 최악의 내적 상태가 되기 때문에 모순이 생긴다.

처녀자리에서 추락하여 내적 성품이 좋지 않은 금성이, 자신의 텀 안에 위치한다고 다시 성품이 좋아진다는 것은 필자의 임상으로 전혀 증명되지 않았다. 다른 행성들도 모두 마찬가지다.

아쉽지만, 텀 품위는 호라리 단시점성술에서 행성의 품격을 따질 때 적용해야 하며, 출생점성술에서는 기능이 떨어진다. 그래서 출생차트에서 텀의 순서나 간격을 외우는 데에 뇌를 허비하기보다는 다른 중요한 이론에 집중하기를 추천한다.

물론 텀이 출생점성술에서 아무 가치가 없는 것은 아니다.
상승점(ASC)이 위치한 텀은 재능과 직업성에 많은 영향을 주며,
금성이 위치한 텀은 만나게 되는 사람이나 연애방식, 애정관,
수성이 위치한 텀은 말하는 스타일, 생각하는 방식에 참고된다.
하지만 위 내용들도 약간의 영향을 주며 참고할 수 있다는 것이지, 필연적으로 좌우되는 것은 아니다.

3. 데칸 품위(Decan Dignity)

데칸 - 각 별자리마다 3개의 행성이 10°씩 균등하게 일정한 규칙으로 나열된 배치를 말한다. 일곱 행성이 모두 표시되며, 춘분의 시작인 양자리부터 요일 순서대로 세팅되어 있다.

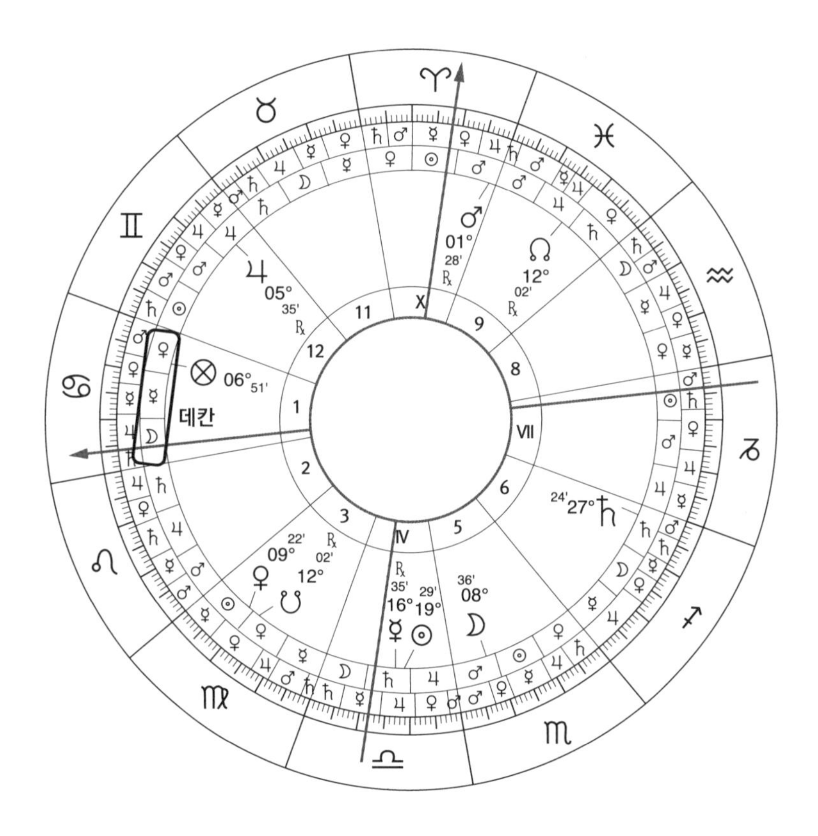

양자리의 첫 번째 데칸은 양자리의 주인인 ***화***성 - 황소자리의 첫 번째 데칸은 **수**성 - 쌍둥이자리의 첫 번째 데칸은 **목**성 - 게자리의 첫 번째 데칸은 **금**성 - 사자자리의 첫 번째 데칸은 **토**성 - 처녀자리의 첫 번재 데칸은 태양(**일**) - 천칭자리의 첫 번째 데칸은 달(**월**)

이렇게 요일 순서대로 반복되며, 한 바퀴를 돌아 양자리로 갔을 때는 두 번째 데칸부터 다시 시작된다.

데칸도 텀 이론과 마찬가지로, 행성이 자신의 데칸 안에 위치할 경우 내적으로 좋은 품위를 갖게 된다는 것이고, 이럴 때 데칸 품위를 얻었다고 표현한다.

차트에서 목성은 쌍둥이자리에서 자신의 데칸인 목성데칸에 위치하며, 토성은 사수자리에서 자신의 데칸인 토성데칸에 위치한다. 하지만 역시 별자리 품위와 상태가 부딪혀 곤란한 상황이 된다. 목성은 쌍둥이자리에서 데트리먼트 상태가 되어 내적 품성이 손상된다는 것이 정석이기 때문이다.

필자는 임상에서 ***별자리 품위***만 작용됨을 발견했으며, 목성이 쌍둥이자리에서 데트리먼트인데, 자신의 데칸에 위치했다하여 품위가 좋아진다고 보지 않는다. 다른 행성들도 모두 마찬가지다.

데칸도 텀처럼, 호라리 단시점성술에서 행성의 품격을 따질 때 적용해야 하며, 출생점성술에서 기능은 떨어진다.

심지어, '데칸은 장신구와 같다'라고 쓰여진 자료에 의해, 점성가들이 자신만의 방식으로 특별한 의미를 부여하고 외치곤 하는데, 필자의 임상에서는 신빙성 있다고 판단되지 않았다.

데칸에 관해서는 이 글을 읽는 독자들과 점성가들이 밝혀내야 하는 숙제다.

4. 트리플리시티(Triplicity)

원소	낮	밤	공통
불의 별자리	태양	목성	토성
흙의 별자리	금성	달	화성
공기의 별자리	토성	수성	목성
물의 별자리	금성	화성	달

트리플리시티 - 4개의 원소도 주인행성이 있다는 논리다.

주인행성이라는 개념에는 '로드'라는 명칭으로 별자리의 주인행성과 '디스포지터'라는 명칭으로 행성이 위치한 사인의 주인행성이 있다. 하지만 불, 흙, 공기, 물, 네 개의 원소도 주인행성이 있다는 독특한 이론이다. 트리플리시티는 조디악 열두 사인들 중에 각각 120°방향에 배치되어 △을 이루는 별자리들이 모두 동일한 원소의 별자리라는 의미를 부여해 만든 단어다.

하지만 같은 원소인 별자리들의 주인행성은 두 입장으로 나뉜다.

① 낮에 태어난 차트와 밤에 태어난 차트를 구분하여 주인이 달리 결정되고, 낮과 밤의 차트 모두 허용되는 공동주인이 따로 있다고 주장하는 학파.

② 낮과 밤의 차트를 굳이 구분하지 않고 세 가지 행성이 모두 주인이라고 주장하는 학파.

불의 별자리들로 위 내용을 예로 들면,

양자리, 사자자리, 사수자리는 모두 불의 원소를 지닌 별자리이며, 이들의 공동주인행성이 있게 된다.

만약, 당신의 차트가 낮에 태어난 차트[2]라면 공동주인은 태양이며, 밤에 태어난 차트라면 공동주인은 목성이다. 그리고 낮에 태어났건 밤에 태어났건 상관없는 공동주인은 토성이다.

반면, 낮의 차트와 밤의 차트를 구분하지 않는 입장에서는 태양, 목성, 토성이 모두 불의 별자리의 공동주인이 된다.

품위 이론으로 다시 정리하자면,

만약 당신의 차트가 ***밤***에 태어난 차트고, ***물의 사인인 게자리에 화성***이 있을 경우에는 트리플리시티를 획득하며, 내면의 품위가 상당히 좋은 화성이 된다는 이론이다.

화성은 게자리에 위치할 경우 추락(fall)하여 가장 흉폭하고 자기 마음대로인 성품이 된다. 하지만 밤에 태어났다면 다시 트리플리시티라는 이론을 적용하여 고상하고 멋스러운 내면을 지닌 화성으로 거듭난다는 모순점이 생겨버린다.

필자가 임상한 실전에서는 그렇지 않다. 트리플리시티는 호라리점성술에서 일정 수준 이상의 가치가 있는 이론이며, 출생점성술에서는 큰 의미가 없다.

---

2) 낮의 차트와 밤의 차트는 ASC - DSC선인 지평선 기준, 태양이 위에 있으면 낮의 차트, 아래에 있으면 밤의 차트다. 섹트 이론을 배울 때, 자세히 다루겠다.

5. 페리그린(Peregrine)

지금까지 행성의 내적 상태인 본질적 위계를 모두 살펴보았다.

여기서 행성이 내적 품위를 길하게 얻으려면 '룰러쉽, 엑절테이션, 텀, 데칸, 트리플리시티' 중 하나를 획득해야만 한다.

하지만 이렇게 다섯 가지 디그니티 중 한 가지도 얻지 못한 행성은 페리그린(Peregrine)한다고 표현하며, 방황하고 있는 떠돌이 행성이 된다. 그 행성은 출생차트에서 매우 질적으로 떨어진 상태의 방랑자가 된다는 것이다.

본질적 위계를 배우면서 계속 언급했듯이, 출생차트에서 이센셜 디그니티를 따져 행성의 내적 성품을 평가할 때 우리는 ***별자리 디그니티***만 보아야 하며, 텀, 데칸, 트리플리시티는 멀리해야 한다. 그래서 필자는 출생차트에서 페리그린하는 행성은 없다고 판단한다.

물론 아무 쓸모없는 이론을 그냥 적어둔 것은 아니다.

다섯 개의 길한 이센셜 디그니티를 모두 얻지 못한 행성, 즉 페리그린하는 행성은 '호라리 단시점성술'에서만 활용하는 이론이다. 호라리에서 질문의 지표성이 페리그린할 경우에는 질문자의 고민이 잘 해결되지 않은 부정적인 평가를 내린다.

DNTA GRADVVM.
TROPI: TRIGINTA GRADV
LEO
VIRGO
POLVS ARCTIC
MERIDIA
Molgonizain
Carli
MARE TARTARICVM
Circulus Arcticus
AMERI SEPTEN NALIS
Mare Arabicum et Indicum
Circulus Æquinoctialis
MAR DI INDIA
Tropicus
Golfo de Bengala
Ceylon
Cormandel
PARSIA
Arabia Felix
NOVA HOLLANDIA
Nova Guinea
Linea
ORIZO
DEL
Capr.
Circulus Antarcticus
TERRA AVSTRALIS INCOGNITA
POLVS SEV ANTARCTICVS
GLOBI TIORVM
TRIGINTA GRADVVM
ORNI
AGINTA GRADVVM
ANI ARCTI CVS

6

실전 중요이론

출생점성술을 위한 필수이론

1. 섹트(Sect)

섹트는 '종파' 즉 '편'이라는 의미다.

행성이 섹트를 얻었다는 의미는 그 행성 입장에서 내 편이 많아진 상황이고, 섹트를 잃었다는 의미는 반대다. 인간과 비슷하게 행성도 섹트를 얻어야*(내 편이 많아야)* 온화해지며, 섹트를 잃으면*(내 편이 없으면)* 성향도 삐뚤어진다.

섹트 이론은 출생차트에서, 이센셜 디그니티가 액시덴탈 디그니티로 표출되는 효과다. 즉 행성의 내적인 부분으로 인해 외적인 길흉까지 영향을 미치게 된다는 것이다. 그러나 성향을 볼 때는 이센셜 디그니티보다 하위이론이며, 길흉을 볼 때는 액시덴탈 디그니티보다 하위이론이다. 따라서 섹트 이론만 활용하여 행성의 길흉과 성품을 논하면 곤란하다.

섹트를 모두 잃은 행성이라도 하우스배치가 좋고 길성들의 도움을 받으면 매우 길한 행성이 되고, 반대로 섹트를 모두 얻은 행성이라도 하우스배치가 좋지 않고 흉성들의 손상을 받으면 매우 흉한 행성이 된다.

실전에서 '섹트'는 행성의 길흉을 보는 액시덴탈 디그니티 이론에 참고하여 부차적으로 보는 이론이다. 하지만 부차적인 이론이라도 활용도가 충분하다면, 확실하게 배워야 한다.

◆ 차트 구분

출생차트는 태양의 위치에 따라, 낮의 차트와 밤의 차트로 나뉜다. ASC - DSC(지평선)기준으로 태양이 위에 위치하면 낮의 차트, 아래에 위치하면 밤의 차트다.

낮의 차트는 뜨거워 양기가 강하여 남성의 기운이 강한 차트이며,
밤의 차트는 차가워 음기가 강하여 여성의 기운이 강한 차트다.

낮의 차트와 밤의 차트라는 것만으로, 남성의 성향이나 여성의 성향을 뚜렷이 구별해서는 곤란하다. 낮의 차트와 밤의 차트를 구분하는 이유는 남성성, 여성성과는 아무 상관이 없다. 오직 행성의 시간섹트를 따지기 위해서다.

밤의 차트가 되면 차트 전체가 밤이 된다는 것을 기억하자. 태양이 아래에 있는 차트니, 아래는 낮이 되고 위에는 밤이 되는 식이 아니다. 반대로 태양이 지평선 위에 있어 낮의 차트가 되면, 태양이 떠 있는 지평선 위만 낮이 아니다. 지평선 위에도 아래도, 차트 전체가 낮의 차트가 되는 것이다.

◆ 행성 구분

일곱 행성은 낮의 행성과 밤의 행성으로 구분된다. 낮의 행성이란 따뜻함을 좋아하는 행성이며, 밤의 행성이란 시원함을 좋아하는 행성이다.

① 루미너리(태양, 달)

태양은 성별이 남성이기 때문에 낮의 행성이며,
달은 성별이 여성이기 때문에 밤의 행성이다.

② 길성(목성, 금성)

목성은 성별이 남성이기 때문에 낮의 행성이며,

금성은 성별이 여성이기 때문에 밤의 행성이다.

③ 흉성(토성, 화성)

흉성들은 성별이 모두 남성이다. 그래서 이들은 흉한 이유에서 낮의 행성과 밤의 행성으로 구분된다. 토성은 너무 차가워서 흉성이기 때문에 따뜻한 낮의 차트에서 냉기가 녹아 낮의 행성이다. 반면 화성은 너무 뜨거워서 흉성이기 때문에 시원한 밤의 차트에서 열기가 식어 밤의 행성이다.

④ 수성

오리엔탈하는 수성은 남성의 성별로 결정되기에 낮의 행성이며,

옥시덴탈하는 수성은 여성의 성별로 결정되기에 밤의 행성이다.

낮의 행성	태양, 목성, 토성, 오리엔탈 수성
밤의 행성	달, 금성, 화성, 옥시덴탈 수성

◆ 섹트 적용하기

① 시간섹트

낮의 행성들(태양, 목성, 토성, 오리엔탈 수성)은 태양이 지평선 위에 있는 '낮의 차트'에서 좀 더 온화한 성품을 얻고, 발현도 좀 더 길해진다. 하지만, 태양이 지평선 아래에 있는 '밤의 차트'에서는 좀 더 꽉 막힌 성품을 얻고, 발현도 좀 더 흉해진다. 낮의 차트에서 낮의 행성들은 시간섹트를 얻었다고 말하며, 밤의 차트에서 낮의 행성들은 시간섹트를 잃었다고 표현한다.

한편 ***밤의 행성들(달, 금성, 화성, 옥시덴탈 수성)***은 태양이 지평선 아래에 있는 '밤의 차트'에서 좀 더 부드러운 성품을 얻고, 발현도 좀 더 길해진다. 그러나 태양이 지평선 위에 있는 '낮의 차트'에서는 좀 더 흉폭한 성품을 얻고, 발현도 좀 더 흉해진다. 밤의 차트에서 밤의 행성들은 시간섹트를 얻었다고 말하며, 낮의 차트에서 밤의 행성들은 시간섹트를 잃었다고 표현한다.

다음의 차트를 보고 시간섹트를 익혀보자.

• 시간섹트 연습

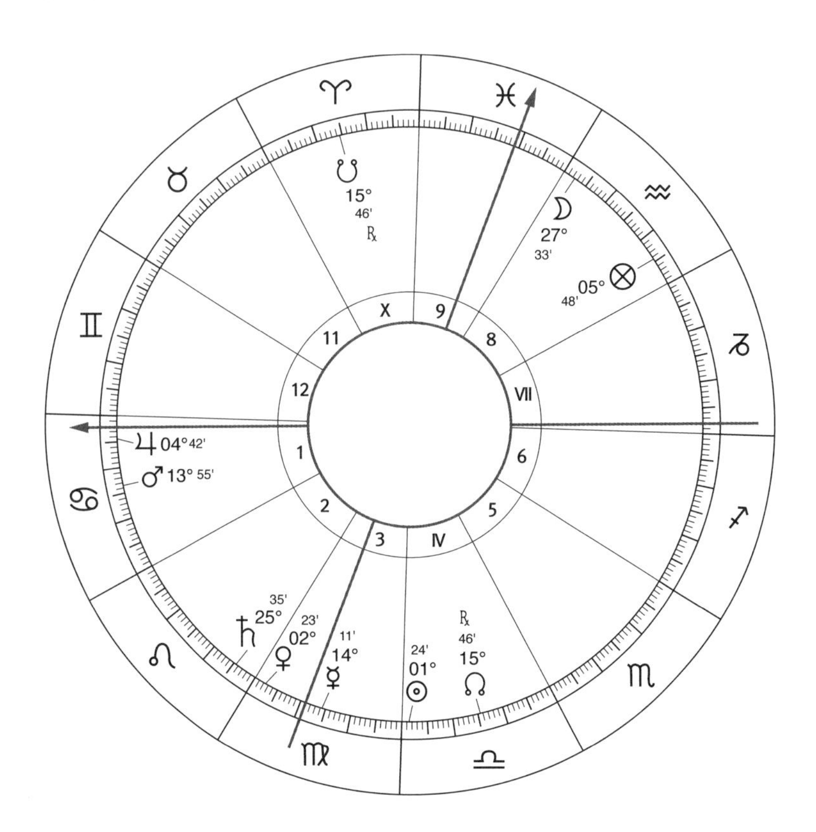

차트에서 태양은 지평선 아래에 있다.

이런 밤의 차트에서는 1하우스에 위치한 화성, 3하우스에 위치한 금성, 8하우스에 위치한 달, 즉 밤의 행성들이 어디 있든지 간에 시간섹트를 얻는다. 하지만 1하우스에 위치한 목성, 2하우스에 위치한 토성, 4하우스에 위치한 태양은 시간섹트를 잃는다.

시간섹트는 너무나 단순한 논리다. 낮의 차트에서는 낮의 행성들이 무조건 시간섹트를 얻어 좋고, 밤의 행성들은 시간섹트를 잃어 흉하다. 반대로, 밤의 차트에서는 밤의 행성들이 무조건 시간섹트를 얻어 좋고, 낮의 행성들은 시간섹트를 잃어 흉하다.

화성은 나의 방에 위치한 상태에서 수성에게 섹스타일(60°) 애스펙트하여 흉을 주지만, 화성이 시간섹트를 얻어 약간 온화해졌기 때문에 수성이 받는 영향은 조금 나아져 다행이다.

그러나 앵글하우스에 위치한 목성이 시간섹트를 잃었다 해서, 화성, 금성, 수성, 태양에게 도움을 주는 효과가 감소되었다고 볼 수 있을까?

실전에서 전혀 그렇지 않다. 즉 시간섹트로 인한 행성의 영향은 주로 흉성들을 판단할 때 보는 것이 옳다.

낮의 차트에서는 토성의 차갑고 냉혈한 같은 속성이 조금은 누그러지고, 밤의 차트에서는 화성의 날카롭게 불타는 칼의 온도가 조금은 내려가 나아진다. 한편 낮의 차트에서의 화성은 불기운이 더욱더 거세지며, 밤의 차트에서는 토성의 얼음이 도저히 풀리기 어려운 한기를 제공한다.

하지만 시간섹트를 얻은 흉성이라도 인생에 고난을 주는 속성은 사라지지 않고, 그저 견딜만한 정도일 뿐임을 기억하자.

② 공간섹트

시간섹트가 공간적인 개념 없이 낮이냐 밤이냐로 구분되는 매우 단순한 이론이라면, 공간섹트는 시간 개념이 들어가는 낮과 밤에 따라 구분되는 것이 아니라, 태양과 같은 공간 혹은 다른 공간에 위치했는지에 따라 행성의 길흉이 달라지는 이론이다.

공간섹트는 공간의 주체자인 태양을 제외하고 판단하며, ***태양을 제외한 낮의 행성들(목성, 토성, 오리엔탈 수성)***은 낮의 상징인 태양을 너무 좋아하기 때문에 태양과 같은 반구에 있으면 내외적인 온화함이 추가된다. 하지만 태양과 반대 반구에 위치할 경우 공간적인 나의 편도 사라져 좀 더 답답한 행성이 된다.

위든 아래든 태양과 같은 반구에 있는 낮의 행성들은 공간섹트를 얻었다고 표현하며, 태양과 반대 반구에 위치한 낮의 행성들은 공간섹트를 잃었다고 말한다.

한편 ***밤의 행성들(달, 금성, 화성, 옥시덴탈 수성)***은 낮의 상징인 태양과 함께하고 싶지 않기 때문에 태양과 반대 반구에 있으면 내외적으로 부드러워진다. 그러나 태양과 같은 반구에 위치한 경우 공간적으로 피곤함을 느껴 좀 더 예민해지거나 폭력적이 된다.

어느 하우스에 있든지, 태양과 반대 반구에 있는 밤의 행성들은 공간섹트를 얻었다고 표현하며, 태양과 같은 반구에 위치한 밤의 행성들은 공간섹트를 잃었다고 말한다.

공간섹트가 우선이다, 시간섹트가 우선이다 등의 이야기로 점성가들마다 의견이 나뉘는데, 실전점성가로서의 입장을 밝힌다면, 다른 중요이론들에 비해 둘 다 지엽적인 요소들이다.

행성의 실질적 길흉은 항상 하우스배치와 길흉성들의 애스펙트를 기본으로, 후에 배울 안티시아와 카운터액션으로 분석한다. 여기에 시공간의 섹트 이론을 넣어 추가점수를 줄 뿐이다.

낮에 태어났다는 것만으로 혹은 태양과 같은 반구에 있다하여 목성과 토성이 길하다고 판단하는 것은 아쉬운 관법에 지나지 않는다.

아래 차트를 보고 공간섹트를 익혀보자.

• 공간섹트 연습

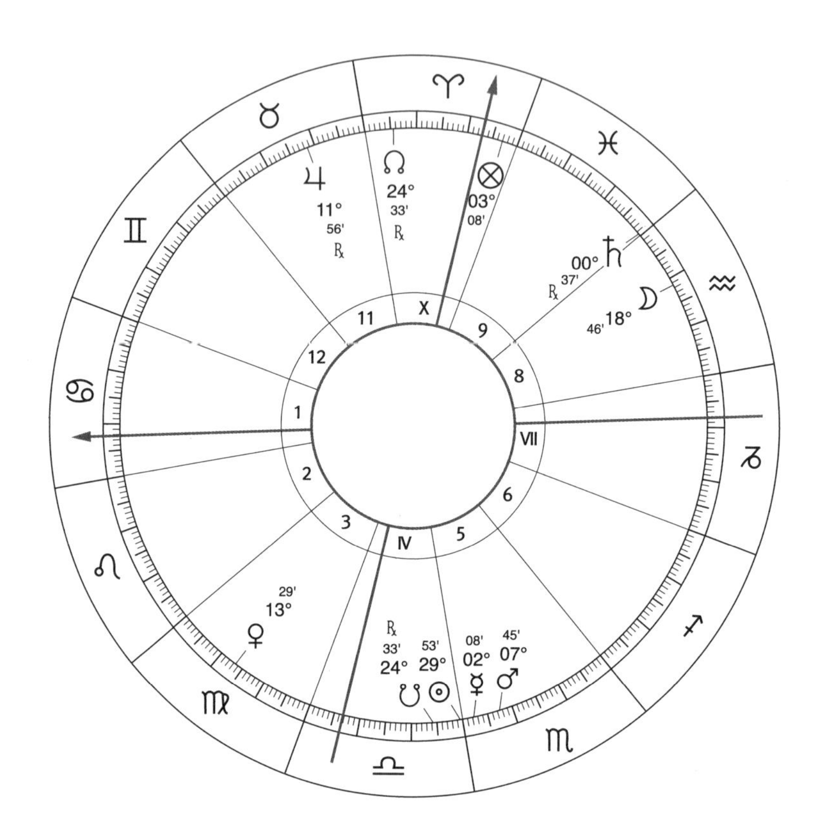

차트에서 태양은 아래 반구에 위치하고 있다.

낮의 행성인 목성, 토성은 태양과 같은 반구인 아래에 위치해야 공간적인 이점을 얻는다. 하지만 둘 다 태양과 반대 반구에 위치하여 공간섹트를 잃은 상태다.

한편 밤의 행성인 금성, 화성, 달, 옥시덴탈 수성은 태양과 반대 반구에 있어야 공간섹트를 얻어 부드러워진다. 금성, 화성, 수성은 태양과 같은 반구에 있어 공간섹트를 잃었고, 달만이 태양과 반대반구에 위치하여 공간섹트를 얻은 상황이다.

즉 이렇게 낮인지 밤인지를 보는 것이 아니라, 태양과 같은 공간에 있는지 다른 공간에 있는지로 길흉을 평가하는 것인데, 여기서 기존에 중요하게 배웠던 무언가와 모순이 되는 문제가 생겨버린다.

바로 ***하우스와 충돌***이다. 하우스도 어쩌면 공간적인 개념이며, 행성이 1, 5, 9, 10, 11하우스에 위치하면 길해지고, 2, 6, 8, 12하우스에 위치하면 흉해진다고 했다. 이런 하우스배치는 행성의 길흉을 평가하는 액시덴탈 디그니티에서 애스펙트와 함께 매우 중요한 이론이다.

만약 앞의 공간섹트 연습차트에서 5하우스에 위치한 화성이 12하우스에 있다고 가정을 한다면 어떨까? 시공간섹트를 모두 적용하여 섹트길흉을 평가해보자.

5하우스에 위치한 화성 – 밤의 차트에서 화성은 어느 곳에 있든지 시간섹트를 얻는다. 하지만 태양과 같은 반구에 있기 때문에 공간섹트를 잃는다.

똑같은 구조에서 12하우스에 위치한 화성 – 밤의 차트기 때문에 시간섹트를 얻는 것은 마찬가지다. 게다가 태양과 반대 반구에 위치하기 때문에 공간섹트마저 얻는다.

그럼 5하우스에서 공간섹트를 잃은 화성과, 12하우스에서 공간섹트까지 얻어 시공간의 이점을 모두 얻은 화성 중에 뭐가 더 좋은 위치에 있다고 평가할 수 있을까?

5하우스는 열두 가지 하우스 중에 11하우스 다음으로 길한 방이라 했고, 12하우스는 가장 흉한 방이라 했다. 하우스배치는 앞서 말한대로 중요이론이지만 섹트 이론은 일종의 추가점수다. 실전에서는 공간섹트를 얻으며 가장 흉한 12하우스에 있는 것보다, 공간섹트를 잃은 채 5하우스에 있는 것이 훨씬 길하게 평가된다.

한편 달은 밤의 행성이기에 밤의 차트에서 시간섹트를 얻고, 태양과 반대 반구에 위치하여 공간섹트까지 얻었다. 하지만 흉한 8하우스에 위치한 달을 과연 섹트 이론을 적용해 길하다고 평가할 수 있을까? 실전에서는 그렇지 않다.

흉한 8하우스에 위치한 것이 우선으로 적용되지, 시공간의 섹트를 얻은 것이 우선이 아니다. 이 차트에서 달은 시공간의 섹트를 얻었지만 흉한 8하우스에 위치하여, 위치성은 흉하다고 판단한다.

③ 헤이즈 / 익스트라컨디션

헤이즈와 익스트라컨디션은 섹트 이론에서 파생된 구조적인 이론이다. ***헤이즈는 행성의 성품이 온화하면서 외부적으로도 길한 상태를 말하고, 익스트라컨디션은 행성의 성품이 난폭한데 외부적으로도 흉한 상태를 말한다.***

헤이즈와 익스트라컨디션의 구조는 점성가들마다 이야기가 다르며, 필자는 독단적인 이론을 홀로 사용하고 있다. 문헌을 뒤집어 엎고 주장하는 이론인만큼 지금 소개할 내용은 점성가들이 스스로 생각하여 판단하길 바란다.

주장 1) 헤이즈는 시공간의 섹트를 모두 얻은 행성을 말하며 / 익스트라컨디션은 시공간의 섹트를 모두 잃은 행성을 말한다.

주장 2) 헤이즈는 시공간의 섹트를 모두 얻으면서 + 낮의 행성은 남성의 별자리에 위치하고, 밤의 행성은 여성의 별자리에 위치했을 때를 말하며 / 익스트라컨디션은 시공간의 섹트를 모두 잃으면서 + 낮의 행성은 여성의 별자리에 위치하고, 밤의 행성은 남성의 별자리에 있을 때를 말한다.

필자의 주장) 헤이즈는 시공간의 섹트를 모두 얻으면서 + 길한 1, 5, 10, 11하우스에 위치했을 때를 말하며 / 익스트라컨디션은 시공간의 섹트를 모두 잃으면서 + 흉한 2, 6, 8, 12하우스에 위치했을 때를 말한다.

헤이즈의 가치가 있으려면 - 시공간 섹트를 모두 얻으면서 + 액시덴탈 디그니티의 이론 중 중요한 위치적 이론인 '하우스배치'도 좋아야 한다고 판단한다. 여기서 특별히 9하우스는 케이던트하우스라 제외시켰다. 반면, 익스트라컨디션 정도의 흉한 상태가 되려면 - 시공간 섹트를 모두 잃은 것만으로는 부족하고, 더하여 '하우스배치'도 흉해야 한다고 결론지은 것이다.

• **헤이즈 / 익스트라컨디션 연습**

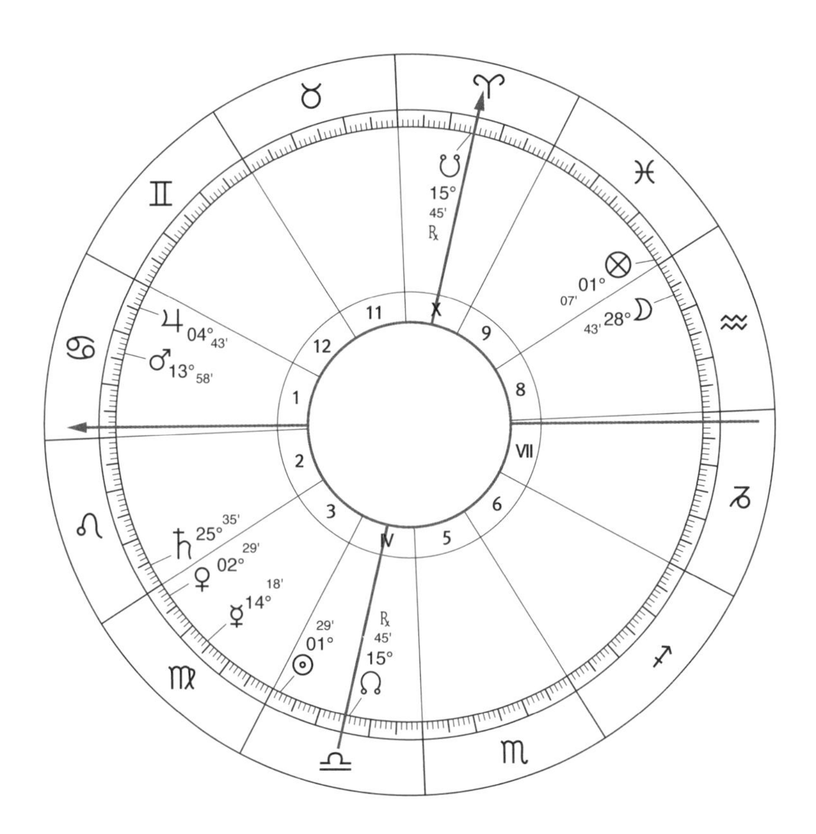

밤의 행성인 화성은 밤의 차트에서 시간섹트를 얻고, 태양과 반대반구에서 공간섹트까지 얻었다. 그러면서 길한 1하우스에 위치하니, 이 차트에서 화성은 ***헤이즈*** 상태다.

하지만, 똑같이 시공간의 섹트를 얻은 달은 흉한 8하우스에 위치함으로 결코 헤이즈라 할 수 없고, 금성은 태양과 같은 반구에 위치하여 공간섹트를 잃었기에 헤이즈가 불가능하다.

낮의 행성인 목성은 밤의 차트에서 시간섹트를 잃고, 태양과 반대반구에 위치하니 공간섹트까지 잃었다. 하지만 길한 1하우스에 위치함으로 익스트라컨디션이 아니며, 토성은 시간섹트는 잃었지만 태양과 같은 반구에서 공간섹트를 얻었기에 익스트라컨디션이 아니다.

2. 대칭하는 행성(Antiscia & Contra Antiscia)

◆ 안티시아

안티시아는 '대칭'이라는 의미로, 출생차트에서 특정 시기를 기준점으로 삼아, 거기서 좌우 대칭이 되는 지점에 위치한 행성들은 서로 영향을 준다는 이론이다. 컨트라안티시아도 똑같은 이론이지만 기준점을 잡는 위치가 다를 뿐이다.

조금 다른 표현으로, 어떤 기준점을 잡고 차트를 데칼코마니처럼 반으로 접었을 때, 만나게 되는 행성은 서로 영향을 준다는 말이다.

다음의 안티시아차트1을 보면서 이해해보자.

게자리의 시작에는 하지가 있으며, 염소자리의 시작에는 동지가 있다. 하지의 지점과 동지의 지점[1]을 선으로 그어, 차트를 반으로 접는다는 느낌으로 보자. 그 선을 기준으로 차트를 반으로 접으면 별자리들끼리 만나게 되는데, 쌍둥이자리와 게자리가 만나고 / 황소자리와 사자자리가 만나고 / 양자리와 처녀자리가 만나고 / 물고기자리와 천칭자리가 만나고 / 물병자리와 전갈자리가 만나고 / 염소자리와 사수자리가 만난다.

그럴 때, 우연히도 어떤 행성과 어떤 행성이 합이 되며 만나게 되는 경우가 있는데, 이렇게 만난 두 행성을 안티시아 관계라고 한다.

대칭을 이루는 위치에서 행성이 정확히 합이 되려면, 두 행성의 도수를 더했을 때 30이 되어야만 한다. 이 차트에서는 양자리에 위치한 목성(19°28′)과 처녀자리에 위치한 수성(10°32′)이 정확히 만나게 된다.

---

1) 안티시아는 언제나 하지와 동지를 기준으로 한다. 이 기준으로 대칭되는 지점은 낮밤의 길이가 동일하다는 원리에서 출발한다.

• 안티시아차트1

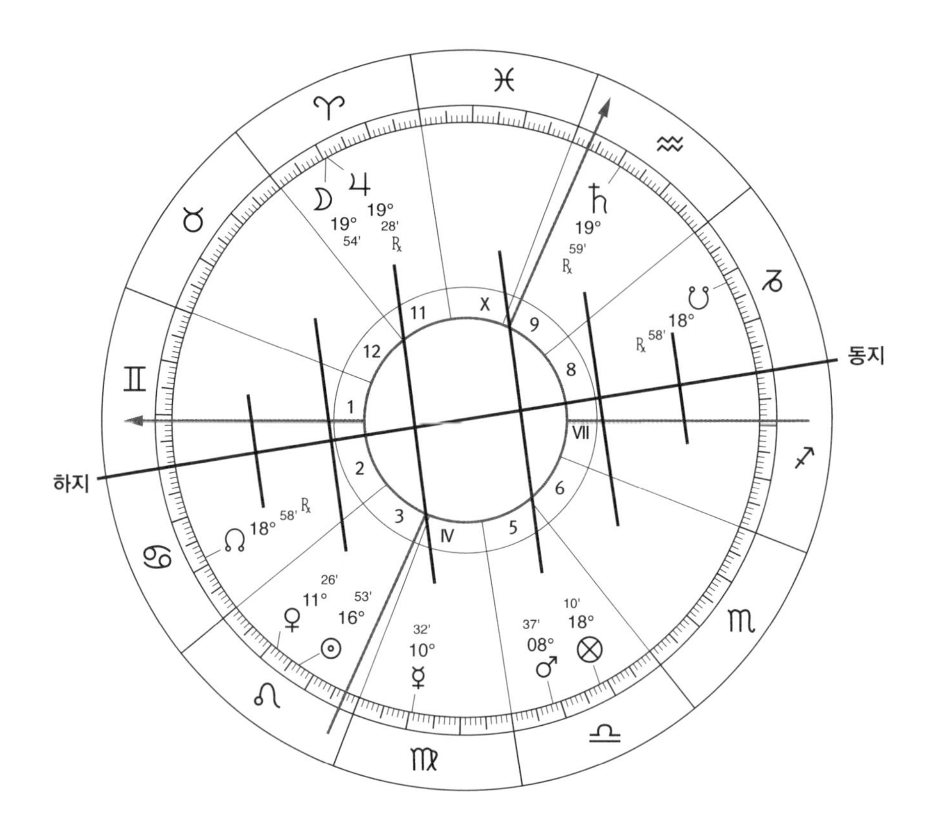

① **안티시아 오차범위**

안티시아차트1에서 목성과 수성의 도수 합은 정확히 30°가 되어 확실하게 안티시아를 이루지만, 두 행성의 합이 반드시 30°가 되어야만 하는 것은 아니다. 즉 안티시아로 인정하는 허용 오차가 있는데, 이것도 점성가들마다 다른 의견들이 있어 이론이 달라질 수 있다.

필자는 2°59′까지 허용 오차로 규정하며, 대칭을 이뤄 만나게 되는 두 행성 도수의 합이 *27°~ 32°59′*이 된다면 안티시아로 본다. 안티시아차트1에서 달과 수성도 도수의 합이 30°26′으로 안티시아를 이룬다.

② **안티시아 해석**

안티시아는 문헌에 컨정션(회합)의 효과라고 기술되어 있다. 하지만 문헌중심의 점성가들은 컨정션은 커녕 일반 애스펙트의 효과보다 반감시켜 두 행성의 관계를 해석하고 있다.

필자가 주장하는 이론의 진실은 이렇다. 안티시아가 컨정션의 효과라는 문헌의 이야기는 오로지 호라리점성술에서만 적용을 시켜야 하며, 출생점성술에서 안티시아의 효과는 강한 일반 애스펙트처럼 판단한다. 즉 90°, 120°, 180° 애스펙트의 효력과 동일하다고 보고 있으며, 애스펙트 중 1/2의 강도를 지닌 60°보다도 안티시아가 우세한 효력이 있다.

그럼 지금까지 알고 있던 애스펙트 이론에 반전이 생기는데, 어버젼 관계(30°, 150°)라도 안티시아가 되면 서로 영향을 주고 받는다. 앞서 본 안티시아차트1에서 11하우스에 위치한 목성과 4하우스에 위치한 수성은 150°로 어버젼이다.

즉 서로 아무런 영향이 없는 것으로 애스펙트를 맺지 않고 있었다. 하지만 둘 사이는 안티시아 관계가 성립이 되면서, 애스펙트는 아니지만 마치 가상의 지점에서 합을 이루고 있는 것처럼 되었으니, 이는 목성이 수성을 강하게 도와주는 구조가 되어버린 격이다.

안티시아는 이렇게 애스펙트의 효과로 여겨지기 때문에, '액시덴탈 디그니티의 특수이론'으로 포함시켜도 좋다.

◆ 컨트라안티시아

컨트라안티시아는 '반대대칭'이라는 의미로, 안티시아와 이론이 흡사하지만 차트를 접는 기준점이 다르다. 컨트라안티시아는 양자리의 시작인 춘분점과, 천칭자리의 시작인 추분점을 기준으로 선을 그어, 차트를 반으로 접어 만나게 되는 행성의 관계를 본다.

• 컨트라안티시아차트

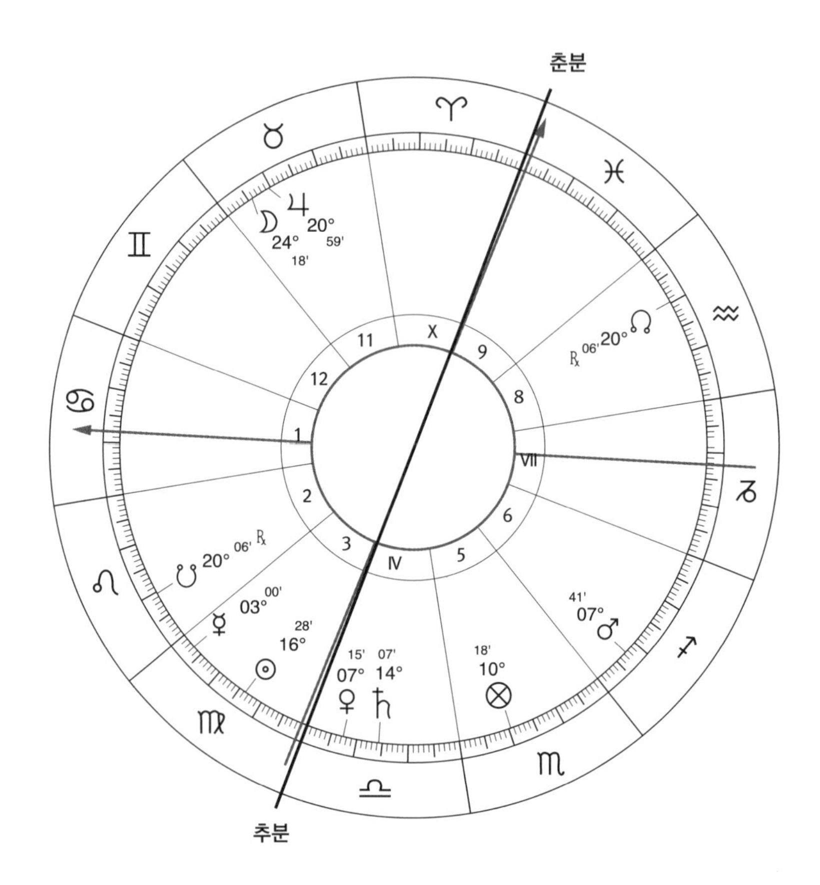

춘분점과 추분점을 기준으로 선을 그어 차트를 반으로 접었을 경우, 대칭으로 만나게 되는 별자리가 있는데, 양자리와 물고기자리가 만나고 / 황소자리와 물병자리가 만나고 / 쌍둥이자리와 염소자리가 만나고 / 게자리와 사수자리가 만나고 / 사자자리와 전갈자리가 만나고 / 처녀자리와 천칭자리가 만나게 된다.

그리고 역시, 안티시아처럼 우연히 대칭으로 만나게 되는 두 행성을 보는 것이며, 정확한 컨트라안티시아는 두 행성 도수의 합이 30일 때를 말한다.

① **컨트라안티시아 오차범위**

안티시아와 같다. 필자는 2°59′까지 허용 오차로 규정하며, 대칭을 이뤄 만나게 되는 두 행성 도수의 합이 ***27°~ 32°59′***이 된다면 컨트라안티시아로 인정한다. 방금 보았던 컨트라안티시아차트에서는 처녀자리에 위치한 태양(16°28′)과 천칭자리에 위치한 토성(14°07′)이 대칭으로 만나 도수의 합이 30°35′이 되면서 컨트라안티시아가 된다.

② **컨트라안티시아 해석**

컨트라안티시아는 문헌에 어포지션(180°) 효과라고 기술되어 있다. 하지만 문헌중심의 점성가들은 컨트라안티시아를 무시하며 아무 효용성이 없다고 한다.

필자의 수많은 임상을 토대로 결론을 내린다면, 컨트라안티시아가 어포지션의 효과라는 이론은 안티시아의 경우처럼 오직 호라리점성술에서만 적용시켜야 한다. 출생차트를 해석할 때는 애스펙트 중 가장 약한 힘을 지닌 섹스타일(60°)의 강도와 효과로 적용해야 한다.

컨트라안티시아차트에서 또 한번 반전이 일어나는데, 처녀자리에 위치한 태양과 천칭자리에 위치한 토성은 원래 30° 관계로 어버젼이다. 즉 서로 영향이 없는 구조였다.

하지만 이들이 컨트라안티시아 관계로 대칭을 이뤄, 가상의 지점에서 영향을 주고 받는 사이가 되었으니, 토성이 약 60° 가량의 애스펙트 힘으로 태양에게 손상을 입히는 차트가 되었다.

여기서 주의해야 할 점은, 안티시아나 컨트라안티시아는 컴버스트가 적용되지 않는다는 것이다. 태양과 토성의 컨트라안티시아에서 토성만 태양에게 손상을 주는 것이지, 태양이 토성을 컴버스트시키지는 못한다.

◆ 안티시아, 컨트라안티시아의 확장이론

한편 안티시아나 컨트라안티시아는 행성과 행성만 가능한 것이 아니다. 대칭을 이뤄 합을 이루는 두 가지 중 하나만 행성이면 되며, 다른 하나는 앵글포인트도 가능하고, 포르투나와 같은 랏(Lot)도 가능하다.

다음 차트에서 안티시아의 새로운 가능성을 발견하자. 또한 접는 지점을 굳이 표시하지 않고 안티시아를 눈으로 판단하여 익혀봐야 한다.

• **안티시아차트2**

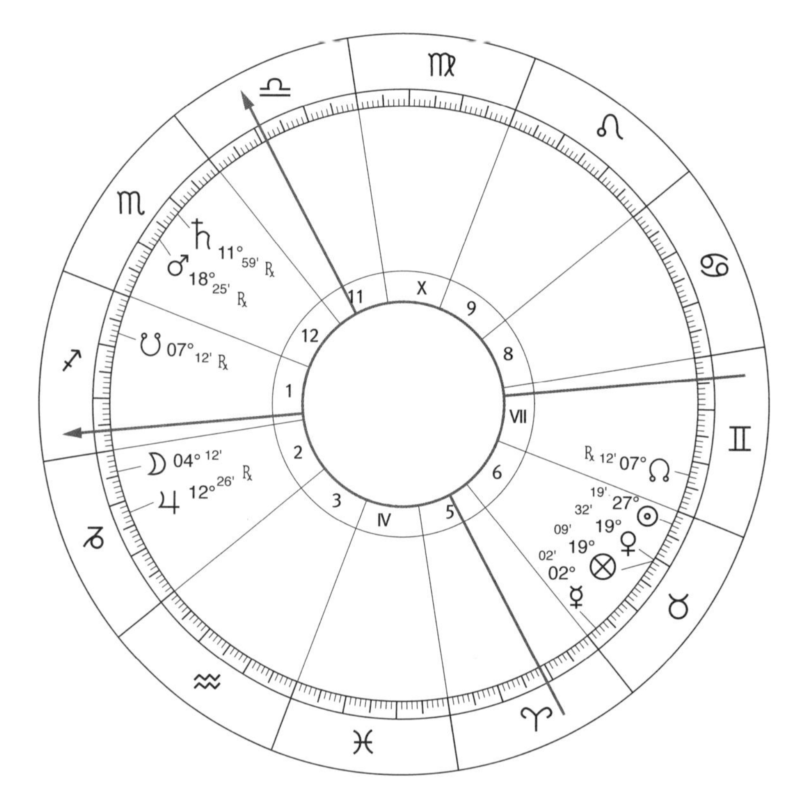

하지와 동지를 기점으로 선을 그어 차트를 접었을 때, 행성과 행성이 대칭을 이뤄 안티시아가 되는 구조는 발견되지 않는다.

달과 상승점(ASC)이 안티시아를 이루고 있다.

상승점은 사수자리 26°이며, 달은 염소자리 4°12´이기 때문에, 유효 오차 안에 충분히 안티시아가 된다.

상승점은 나를 의미하는 중요한 지점이다. 이곳에 근접하게 붙은 행성, 긴밀한 애스펙트를 주는 행성, 이렇게 안티시아를 이루는 행성은 나에게 영향을 주는 격이니, 나의 성향과 재능 그리고 인생 분위기까지 좌우한다.

상승점과 안티시아를 이루는 행성은 자연스럽게 하강점(DSC)과 컨트라안티시아를 이루기 때문에 이 부분은 특별한 의미를 부여하지 않는다.

한편 포르투나⊗와 안티시아 혹은 컨트라안티시아를 하는 행성은, 직업성(星)의 후보로 가산점이 붙고, 성공과 풍요에 기여한다.

문헌에 안티시아는 컨정션이며, 컨트라안티시아는 어포지션이라 했으니, 서로 반대 개념이라고 주장하는 학자들이 있다.

이는 호라리점성술에서 통하는 주장이다. 출생점성술에서는 둘 다 애스펙트처럼 해석되기 때문에 반대라 보면 해석의 어려움에 부딛힌다.

3. 리셉션(Reception)

리셉션은 이센셜 디그니티 이론 중 별자리 디그니티를 길흉에 활용하는 이론으로 - ***환영, 환대***라는 이름처럼, 주인행성이 손님 입장인 행성에게 호의적인 느낌을 추가하여 애스펙트 하는 구조를 말한다.

사람도 자신의 집에 놀러온 손님에게 좋은 대접을 하듯이, 행성 또한 자신이 룰러쉽하는 별자리에 놀러온 타 행성에게 대접을 할 거라는 인간의 발상에서 시작되었다. 그 발상은 정확했으며, 지금까지 리셉션 이론은 많은 점성가들이 활용하고 있다.

다만 리셉션의 구조를 활용하는 관법이 점성가들마다 상당히 다르다. 주(主) 행성과 객(客) 행성을 철저하게 구분하여 계산하는 이도 있고, 두 행성의 연계성만을 보기도 하는 등 서로 다른 방식으로 리셉션을 해석하고 있어, 필자도 독자적인 관법을 쓸 수밖에 없다.

리셉션은 모든 행성이 가능하지만, 실전에서는 ***길성들이 주인인 입장***에서 타 행성들에게 행하는 리셉션과, ***흉성들이 주인인 입장***에서 타 행성들에게 행하는 리셉션을 주로 판단한다. 그리고 둘의 해석도 길성들과 흉성들의 속성에 맞도록 재해석 해야만 한다.

또한, ***룰러쉽***뿐 아니라 ***엑절테이션***까지 고려해야 한다.

• **리셉션 예제**

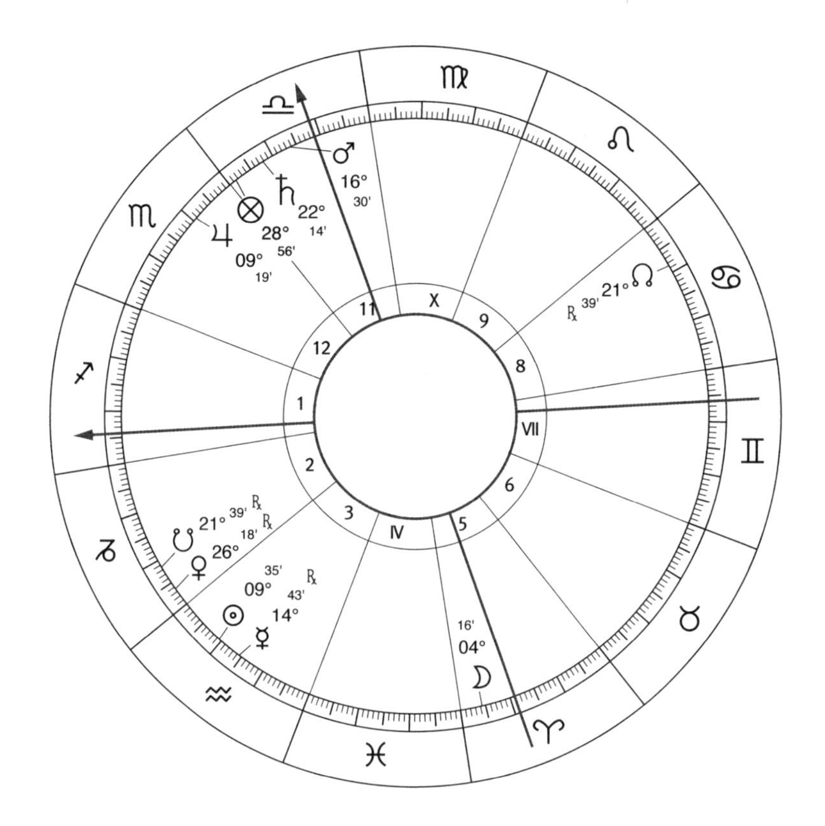

금성의 상태에 주목하자. 밤의 행성 금성은 밤에 태어나서 시간섹트를 얻고 있으나, 흉한 2하우스에 위치하고 토성에게 4° 차이로 스퀘어*(90°)* 흉을 받고 있어 안타까운 구조다.

그러나 금성은 토성의 집인 염소자리에 위치하기 때문에, 토성이 집주인인 ***주***의 위치가 되고, 금성은 손님인 ***객***의 위치가 된다.

쉽게 표현하면 금성은 토성을 만나러 토성의 집에 방문한 상태이며, 악독하기로 유명한 토성은 자신의 집에 놀러온 금성을 어찌할지 바라보는 상태다. 이때, 집주인 신분이 된 토성이 손님인 금성에게 환대를 하며 연회를 베푼다는 것이 ***리셉션***이다.

그러나 ***행성의 속성은 변하지 않는다***라는 말이 점성술의 중요한 법칙인데, 대흉성인 토성이 180° 바뀐 모습으로 금성을 대접해줄까? 결코 그렇지 않다. 다만 아무리 악랄한 토성이라도, 자신의 집에 손님으로 온 금성을 평소처럼 난도질을 하지는 않을 것이다. ***평소 행하는 흉보다는 약한 흉으로, 즉 적당히 봐주며 흉을 줄 것이다***라는 것이 ***흉성 입장에서의 리셉션***이다. 현실감 있게 말하면, 망치를 무기로 쓰는 토성이 주먹을 쓰는 격이다.

토성은 수성에게도 오브 내로 흉을 주지만, 수성 역시 토성의 집인 물병자리에 위치한 손님이기 때문에 토성이 수성도 리셉션을 하여 비교적 감소된 흉을 주고 있다.

차트에서는 위 입장의 반대에 해당하는 리셉션도 있다.

토성 입장에서 금성에게 받는 도움만을 살펴보자. 토성은 가장 길한 11하우스에 위치한 채로 금성에게 스퀘어*(90°)*로 도움을 받고 있다. 이 토성이 금성의 집인 천칭자리에 위치하기 때문에 금성이 집주인인 ***주***가 되고, 토성은 손님인 ***객***이 된다.

즉 금성은 자신의 집에 방문한 손님 토성에게 평소보다 더 극진한 환대를 해줄 것이다. 이렇게 ***평소 자신이 행할 수 있는 도움보다 더 많이 베풀게 될 것이다***라는 것이 ***길성 입장에서의 리셉션***이다. 쉽게 말하면, 다른 이들에게 5억을 주는 금성이 토성에게는 5억 5천을 주는 격이라 하겠다.

리셉션은 이렇게 행성 각각의 속성대로 나누어 해석을 해야 한다.

지금까지 자신의 편안한 방에 위치한 행성에게 환영을 해주는 ***룰러쉽 리셉션*** 구조를 보았고, 이제 고향집에 환대를 해주는 ***엑절테이션 리셉션***을 배워보자.

리셉션 예제 차트에서 화성의 상태를 보면, 가장 길한 11하우스에 위치함은 좋지만 토성에게 컨정션으로 흉한 영향을 받고 있다. 그러나 천

칭자리는 토성의 고향집(***토성이 엑절테이션을 하는 사인***)이고, 화성은 토성의 고향에 놀러간 손님 입장이 된다.

여기서 토성은 자신의 고향에 놀러온 손님 화성에게 호의를 베풀게 된다. 평소 행하는 흉보다는 약한 흉을 주는 것이다.

이렇게 모든 행성은 자신이 룰러쉽을 하는 별자리뿐 아니라, 엑절테이션을 하는 별자리에 위치한 손님에게도 리셉션을 베푼다.

엑절테이션 리셉션은 보통의 룰러쉽 리셉션과는 다른 부분이 있다. 일반적인 룰러쉽 리셉션은 항상 영향을 주는 반면, 엑절테이션 리셉션은 기복이 있다.

차트에서 토성은 화성에게 평소처럼 흉을 주었다가, 자신의 고향에 놀러온 손님을 환영하듯 감소된 흉을 주는 행위를 주기적으로 반복한다.

별자리 품위 이론에서 엑절테이션의 ***길하지만 안정되지 않는 속성***이 리셉션에서도 적용되는 것이다.

리셉션을 표로 만들어 정리하면 다음과 같다.

목성	목성은 사수자리와 물고기자리에 위치한 행성에게 꾸준히 더 많은 도움을 준다.	목성은 게자리에 위치한 행성에게 평소의 길한 도움과 더 과한 도움을 번갈아가며 준다.
금성	금성은 황소자리와 천칭자리에 위치한 행성에게 꾸준히 더 많은 도움을 준다.	금성은 물고기자리에 위치한 행성에게 평소의 길한 도움과 더 과한 도움을 번갈아가며 준다.
토성	토성은 염소자리와 물병자리에 위치한 행성에게 꾸준히 감소된 흉을 준다.	토성은 천칭자리에 위치한 행성에게 평소의 흉과 현저하게 감소된 흉을 번갈아가며 준다.
화성	화성은 양자리와 전갈자리에 위치한 행성에게 꾸준히 감소된 흉을 준다.	화성은 염소자리에 위치한 행성에게 평소의 흉과 현저하게 감소된 흉을 번갈아가며 준다.

4. 리젝션(Rejection)

리젝션은 리셉션과 반대 입장이다. 역시 이센셜 디그니티 이론 중 별자리 디그니티를 길흉에 활용하는 이론으로 – ***거절, 거부***라는 이름처럼, 어떤 행성이 자신의 이센셜 디그니티를 손상 입히는 사인에 위치한 다른 행성에게 혐오하는 입장을 섞어 애스펙트하는 구조를 말한다.

사람도 자신이 유난히 불편하거나 싫어하는 단체 혹은 지역이 있다. 그래서 그곳에 속한 이들을 달갑지 않게 본다. 이 논리를 행성에게 적용하여, 자신을 손상(데트리먼트)시키는 곳이나 추락(폴)시키는 곳에 위치한 다른 행성에게는 확실히 거부반응을 보인다는 이치다.

리셉션처럼 리젝션 또한 점성가들마다 적용방식이 다르다. 그래서 필자만의 리젝션 방식을 전한다.

리젝션도 모든 행성이 가능한 이론이지만, 실전에서는 길성들과 흉성들만 적용해도 무방하며, 특히 흉성의 경우 데트리먼트 리젝션과 폴 리젝션이 확실히 체감 될 만큼 구분된다.

리젝션은 흉하기만 한 이론이라 자신의 차트에 적용하는 과정에서 그리 반갑지 않을 수 있다. 하지만 길한 리셉션만 적용하여 받아먹고 리젝션을 무시한다면, 그만큼 자기 위안은 될 수 있으나 차트를 보는 안목은 좁아질 것이다.

역시 차트를 보면서 리젝션 이론을 익혀보자.

• **리젝션 예제 1**

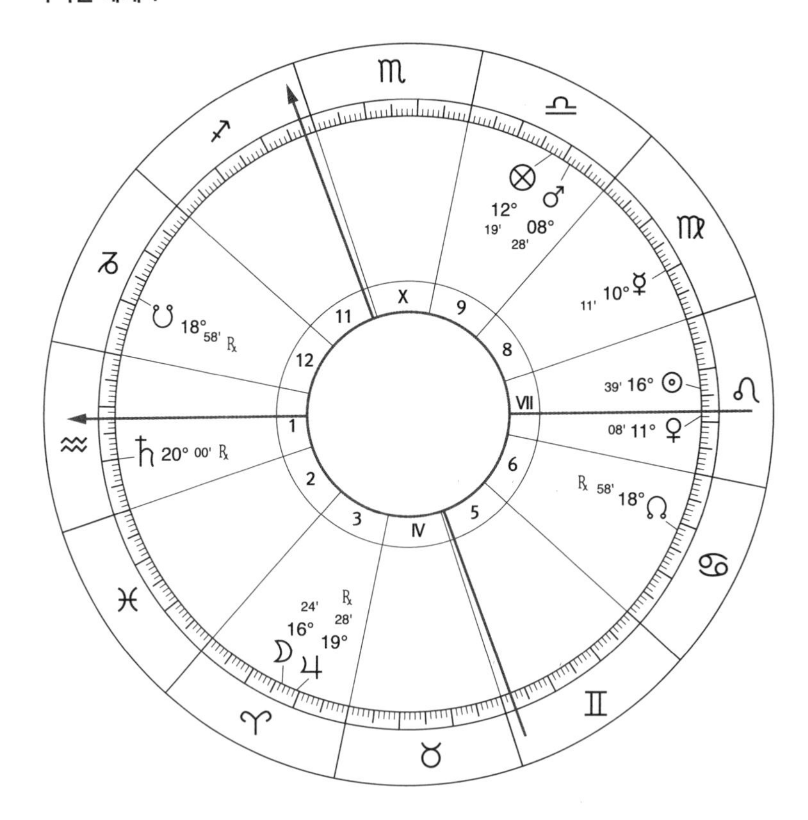

1하우스에 위치한 토성은 3하우스에 위치한 달과 목성에게 육각(60°)으로 흉을 주고, 7하우스에 위치한 태양과 금성에게 대립각(180°)으로 흉을 준다. 그런데 하필 토성 입장에서 바라보니, 달과 목성이 위치한 양자리는 자신을 추락(폴)시키는 사인이고, 태양과 금성이 위치한 사자자리는 자신을 손상(데트리먼트)시키는 사인이 아니겠는가.

토성은 자신이 불편해하는 두 지역에 위치한 행성들에게 흉을 줄 때 평소보다 더욱 강력한 흉을 주게 되는데, 이것이 바로 토성의 리젝션이다.

임상에 의하면 데트리먼트 리젝션은 평소에 비해 조금 더 흉을 주며, 폴 리젝션은 데트리먼트 리젝션보다 더 강한 흉을 준다.

• 리젝션 예제 2

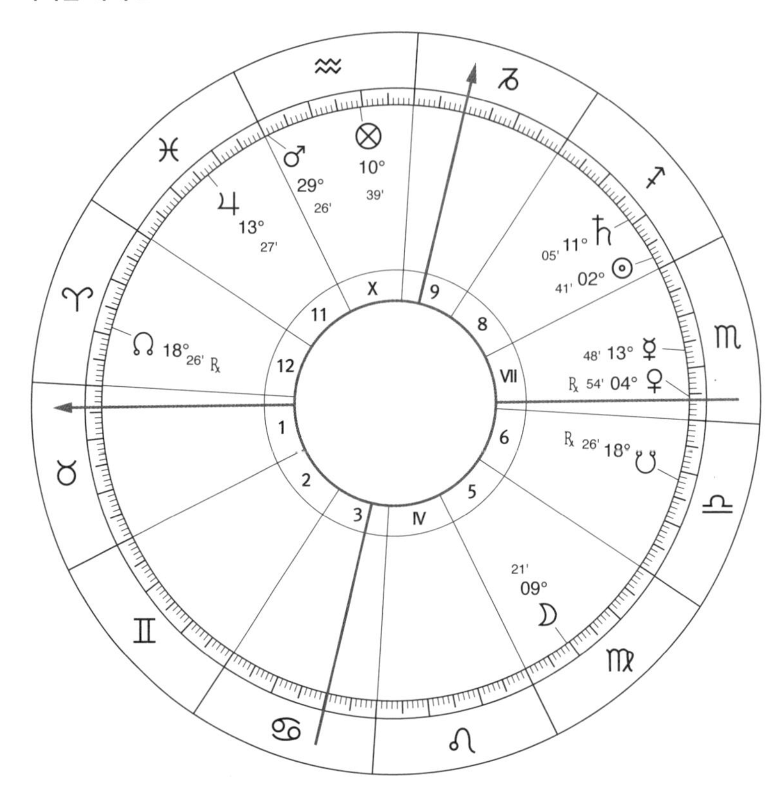

달이 길성들에게 영향받는 구조를 보자. 달은 길한 5하우스에서 목성에게 대립각(180°)을 받고 있으며, 금성에게 육각(60°)을 받고 있어 좋다.

하지만 달이 위치한 처녀자리는 목성 입장에서 자신을 손상(데트리먼트)시키는 위치고, 금성 입장에서 자신을 추락(폴)시키는 위치다.

즉 두 길성이 달을 도와주고는 있지만 리젝션을 하기 때문에 제대로 도와주지 못한다고 판단한다.

실전에서는 결코 그렇지 않다. 길성들의 리젝션은 차트주인공이 살아가면서 체감할 수 없기 때문에, 출생차트를 해석할 때 강하게 읽지 않아도 된다. 그저 온전한 도움으로 판단해도 해석에 아무 이상이 없다.

5. 카운터액션(Counter Action)

하우스 이론 끝자락에서 우리는 디스포지터의 개념을 배웠다. ***별자리의 주인을 로드***라고 하며, ***행성의 주인(행성이 위치한 별자리 주인)을 디스포지터***라고 했다.

카운터액션이란 행성 길흉평가의 최종 결론은, 디스포지터 상태에 따라 결정된다는 이론이다.

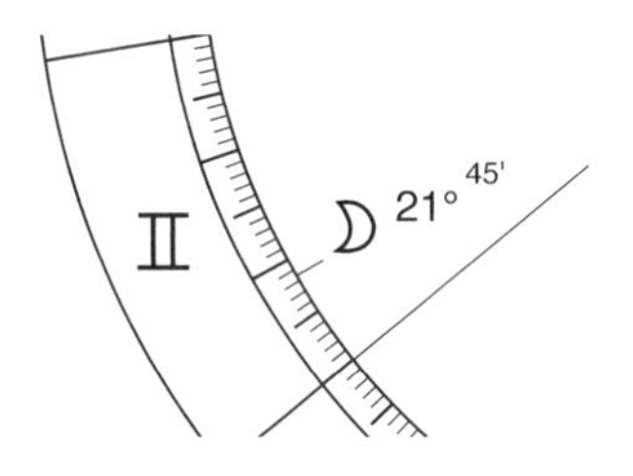

여기 쌍둥이자리에 위치한 달이 있다. 달의 길흉을 평가할 때 지금까지 배운 이론들을 전부 활용한다면

- 하우스배치(길한 하우스에 있는지, 흉한 하우스에 있는지, 강한 하우스에 있는지, 약한 하우스에 있는지)
- 애스펙트(길성이나 흉성에게 받는 영향)
- 그 밖의 액시덴탈 디그니티(컴버스트, 역행)
- 시공간의 섹트와 그로 인한 헤이즈, 익스트라컨디션
- 길성이나 흉성과 맺는 안티시아와 컨트라안티시아 등 대칭에 의한 반전구조까지 보고 달의 길흉을 판단한다.

하지만 이렇게 평가된 달의 최종 결론은, 바로 달의 디스포지터인 수성의 상태에 달려있다.

달이 길하다고 평가되었음에도 불구하고 달의 디스포지터인 수성이 너무 흉하다면, 달은 최종적으로 흉하다고 판단하며, 달이 흉하다고 평가되었음에도 불구하고 달의 디스포지터인 수성이 너무 길하다면, 달은 최종적으로 길하다고 결론짓는 이론이 카운터액션이다.

수성이 너무 길해서 달이 최종적으로 길할 경우 ***달의 카운터액션이 길하다***고 말하며, 반대로 수성이 너무 흉해서 달이 최종적으로 흉할 경우 ***달의 카운터액션이 흉하다***고 표현한다.

이것은 마치 주(主) 행성이 길해야 객(客) 행성도 길하고, 반대로 주 행성이 흉하면 객 행성 또한 흉해진다는 주객론과 같다.

위 구조에서 달은 수성을 만나러 수성의 집인 쌍둥이자리에 놀러간 격이다. 그럼 놀러간 달은 객이 되고, 그 집의 주인인 수성은 주가 된다. 이때, 주 행성인 수성이 건실하고 좋은 상황이어야 수성의 집인 쌍둥이자리도 굳건히 잘 있을 테고, 그래야만 그 안에 놀러온 객의 행성인 달도 온전히 잘 있을 수 있다는 것이다.

이제 우리는 어떤 행성을 평가할 때, 수많은 액시덴탈 디그니티 이론과 반전 중요이론으로 길흉을 판단했음에도, 그 행성의 디스포지터 길흉을 다시 판단하는 이중의 수고가 필요하게 되었다.

카운터액션은 반드시 알아야 하는 중요한 이론이며 어떤 점성가들도 이견이 없다. 카운터액션(***디스포지터의 상태로 인한 최종 결론***)을 다음의 예제차트를 통해 계속 익혀보도록 하자.

• **카운터액션 예제**

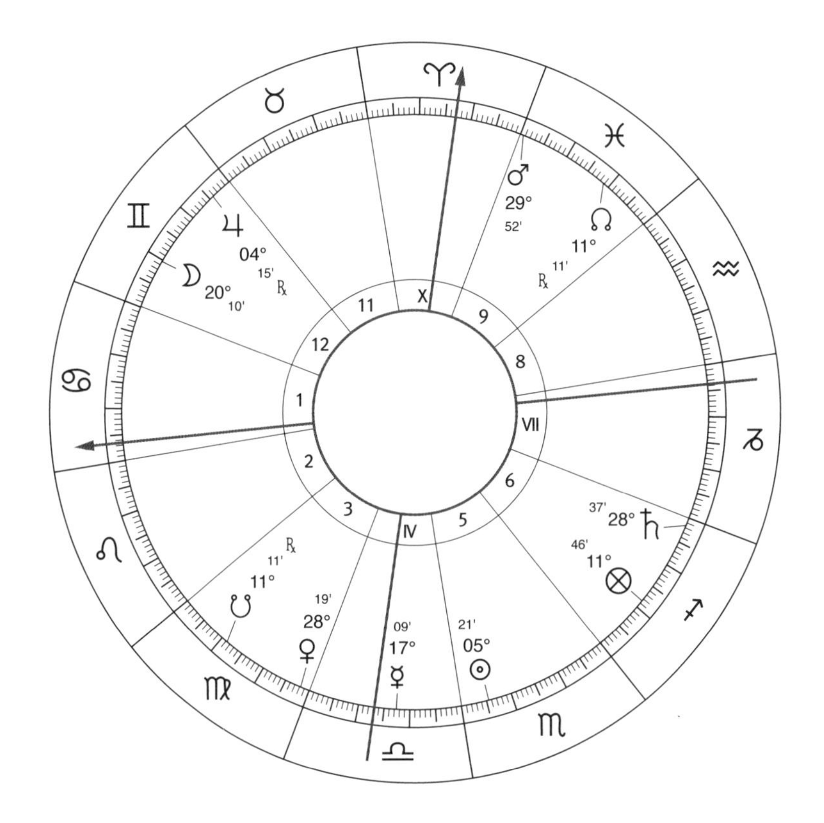

결혼운을 판단해 보자. 결혼을 의미하는 일반행성(***본질적 지표성***)은 금성이며, 결혼의 방은 7하우스 염소자리이기에 결혼의 하우스 지표성(***비본질적 지표성***)은 토성이다. 카운터액션을 배우기 위해 7하우스의 주인행성인 토성에게 초점을 맞춰 판단해 보도록 하자.

토성은 금성의 긴밀한 도움을 받고 있지만, 흉한 6하우스에 위치한 채로 화성에게 1° 차이 사각을 받아 흉하다고 판단된다. 배우자의 지표성인 토성에게 도움을 주는 금성은 배우자의 성향이나 재능, 직업, 결혼 분위기에 영향을 줄 뿐이지, 결혼의 흉사를 적극적으로 막을 수는 없다.

이렇게 흉하다고 판단된 토성의 최종 결론은, 토성의 디스포지터인 목성의 상태에 달려 있다.

목성은 두 흉성의 적극적인 흉이 없다 할지라도, 가장 흉한 12하우스에서 시공간의 섹트를 모두 잃고, 금성의 도움도 없이 고립되어 있기 때문에 흉하다고 판단된다.

즉 7하우스 주인 토성이 화성에게 흉을 받아 배우자 관계에서 이혼, 별거, 주말부부 외 여러 가지 흉사가 가능한데, 토성의 카운터액션마저 좋지 않아 개선이 불가능할 것으로 본다.

이 밖에 결혼운을 볼 때는 루미너리 상태, 결혼의 랏(Lot), 랏의 주인행성 상태, 결혼과 거리를 두는 여러 가지 구조들을 종합적으로 판단해야 올바른 해석이 가능하다. 이 모든 내용들은 2권 '사랑론'에서 자세히 배워보자.

6. 달이 가장 먼저 접근하는 행성

달이 가장 먼저 접근하는 행성 이론은 출생점성술 해석의 시작부터 모든 각론에 적용되는, 어마어마한 가치가 있는 중요이론이다.

우리가 태어나는 순간, 몸과 마음을 의미하는 달이 ***어떤 행성의 빛***을 가장 먼저 만나러 가는지 확인하는 과정이다. 이것은 차트주인공의 성향, 재능, 직업, 육신과 감정의 건강문제, 결혼, 인생의 분위기, 삶의 방향에 참고되는 최정상 이론이다. 흡수력이 빠른 달의 특성상 그 행성에게 완전히 물들어 버렸다고 볼 수 있다. 차트를 보면서 정확하게 이해해 보자.

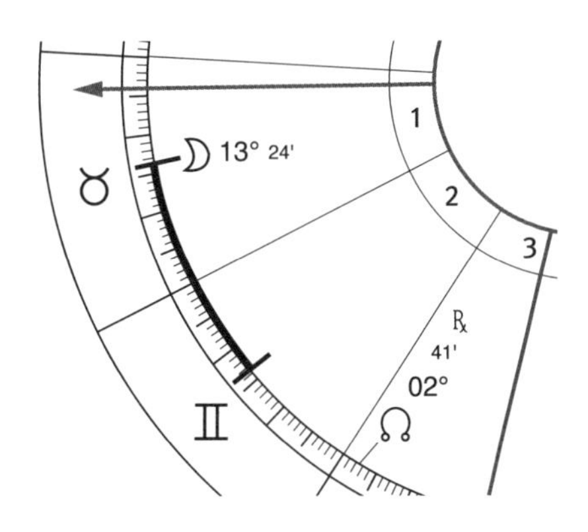

인생의 여행자인 달이 지나가는 길에 애스펙트를 보내는 여섯 행성들의 빛 중, 가장 첫 번째로 만나는 빛에 큰 의미를 부여한다.

달의 경로는 ***달이 위치한 곳부터 반시계방향으로 30°***다.

차트에서는 달이 황소자리 ***13°24′***에 있기 때문에 반시계방향으로 30°인 쌍둥이자리 ***13°24′***까지의 경로에 빛을 주는 모든 행성을 본다.

달이 지나가는 길(황소자리 13°24′ ~ 쌍둥이자리 13°24′)에 애스펙트하는 모든 행성들의 빛을 표시해 보았다.

• **달퍼 예시**

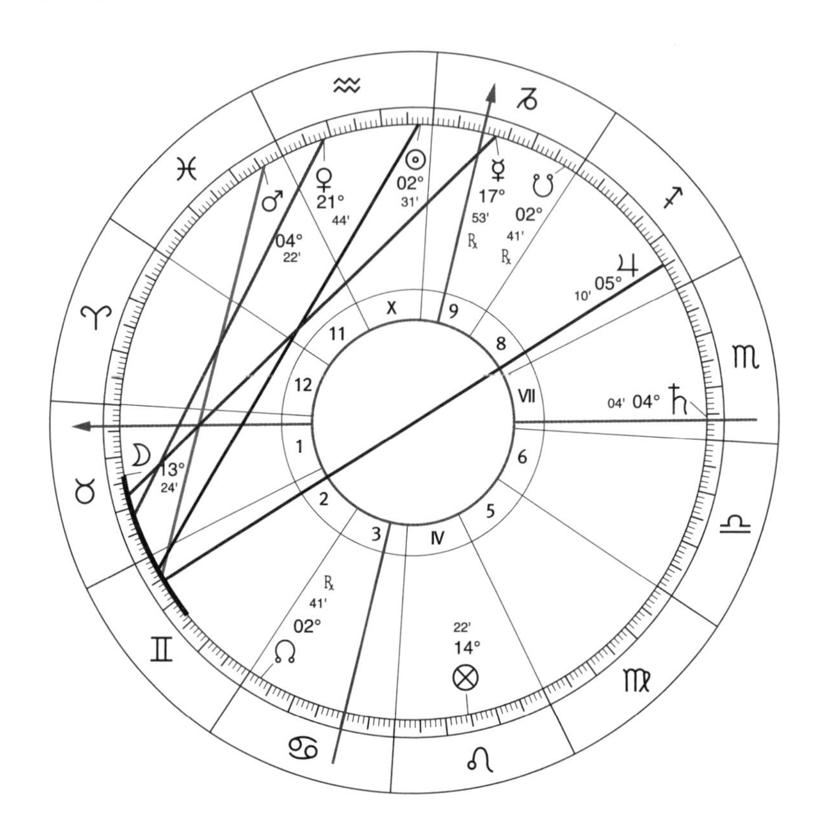

수성과 금성은 1하우스 17°53′, 21°44′에, 태양과 화성과 목성은 2하우스 2°31′, 4°22′, 5°10′에 각각 빛을 주고 있다.

그러므로 달은 1하우스 17°53′에서 수성의 빛을 처음으로 만나게 된다.

달이 가장 먼저 만나는 행성을 달의 '퍼스트 어플리케이션(First application)' 이라 하고, 말줄임병 문화가 있는 이 시대에는 "달퍼"라고 부른다. 즉 "너 달퍼가 뭐야?"는 "네 차트에서 달이 어떤 행성의 빛에 가장 먼저 접근을 하니?"라는 의미다.

달이 가장 먼저 접근하는 행성 이론에서 많이 논란이 되었던 것은 **달**

경로의 길이다. 고서에는 ***달의 위치부터 하나의 사인을 이동하는 동안***이라고 되어 있지만, 그 이론으로 접근하면 하우스 끝도수에 위치한 달은 *(ex, 황소자리 29°)* 경로가 1°밖에 되지 않으니 만나는 행성이 없을 확률이 매우 높다. 그래서 대다수 점성가들도 이것만큼은 따르지 않고 있다.

필자는 ***달 경로의 길이***에 있어서, 출생점성술과 호라리점성술을 다르게 접근한다. 출생점성술에서는 방금 배운 바와 같이 달이 있는 위치부터 반시계방향으로 *30°* 만큼의 경로를 보지만, 호라리점성술에서는 달이 있는 위치부터 반시계방향으로 *12°59′*(달의 오브) 만큼의 경로를 적용한다. 그래야만 맞기 때문이다.

그 경로에 빛을 주는 행성이 전혀 없는 경우도 있다. 출생차트에서는 달의 경로가 길어 그런 일은 거의 없는데, 호라리점성술에서는 종종 일어나는 일이다.

이것을 "보이드오브코스(Void of Course)"라고 부른다.

보이드오브코스는 호라리점성술에서 큰 의미가 있는데, 특별한 경우를 제외하고는 질문이 성사되기 어렵거나 힘들게 진행된다고 판단한다.

하지만 출생차트에서는 아무런 의미가 없다. 혹자들은 헐리우드 배우 짐케리의 차트를 두고 보이드오브코스 이론을 적용시켜 어릴 적 고난을 이야기 하는데, 그것은 그저 끼워 맞추기식 판단에 지나지 않는다. 당신들이 짐케리에게 보이드오브코스에 대한 해석의 피드백을 받았는가?

유명인의 차트로 공부를 하면 해석은 산으로 가며, 공부는 전혀 되지 않는다. 이것은 항성도 사용하는 유명인과 행성만 사용하는 일반인의 출생차트 해석법에서 차이가 있기 때문이며, 몇몇 유명인들을 상담하고 난 후 결론지은 필자의 주장이다.

◆ 달이 가장 먼저 접근하는 행성에 대한 해석이론

① ***주인공의 성향에 막대한 영향***을 준다. 실전 성향론에서는 경우에 따라 상승로드보다 더 큰 영향을 줄 때도 있다. 출생차트의 '성향론'은 2권 실전서에서 매우 자세하게 다뤄보기로 하자.

② ***나의 재능이 되며, 직업성이 될 확률***을 올려준다. 출생점성술에서 재능과 직업은 다른 것이다. 당신이 말을 잘 한다고 해도 아나운서나 기자가 아닌 것처럼 말이다. 달이 가장 먼저 접근하는 행성이 나의 재능임은 확실하지만, 직업성으로 뽑힐 확률은 추가점수를 주는 정도다.

③ ***인생 전체의 분위기***까지 의미한다. 이점에서 달이 가장 먼저 접근하는 행성의 가치가 급상승한다. 왜냐하면 인생 전체의 분위기는 결혼과 인간관계에도 영향을 미치고, 사회생활을 할 때도 드러나면서 평생을 따라다니기 때문이다.

예를 들어, 달이 가장 먼저 접근하는 행성이 토성이라면, '고독, 독신'의 키워드가 있는 토성이 인생 전체의 분위기에 영향을 준다. 그로인해 비혼이나 만혼 혹은 결혼생활의 우여곡절이 가능하며, 대인관계에서 문제가 발생할 수도 있다. 물론 결혼이나 인간관계는 차트 전체를 봐야 하지만, 달이 가장 먼저 접근하는 행성이 토성인 것만으로도 충분히 가치가 있는 판단이다.

여기까지가 대다수 일반 점성가들이 알고 있는 내용이다. 지금부터 소개할 내용은 철저하게 필자만의 수많은 임상으로 완성된 이론이며 활용 가치가 매우 높다.

④ 달이 가장 먼저 접근하는 ***행성이 위치한 '하우스'는 당신의 성향이 되고, 인생과 긴밀하게 연결된다.***

그 행성이 위치한 하우스는, 하우스 이론 후반부에 있는 - ***나와 긴밀하게 연결되어 있는 하우스***에 추가할 만큼의 가치가 있다.

⑤ 달이 가장 먼저 접근하는 ***행성이 위치한 '별자리' 또한 당신의 성향에 상당한 영향을 주는 사인***이다.

성향론에서 자세히 다루겠지만, 사람의 성향에 많은 영향을 주는 별자리는 상승궁과 상승로드가 위치한 별자리와 두 루미너리가 위치한 별자리다. 그리고 여기에 ***달이 가장 먼저 접근하는 행성이 위치한 별자리***가 추가되는 것이다.

각자 자신의 차트와 지인의 차트에서 판단해보기 바란다.

앞서 보았던 달퍼 예시차트에서 이 모든 내용을 적용시켜 해석한다면 차트주인공의 달이 가장 먼저 접근하는 행성은 '9하우스 염소자리에 위치한 수성'이다.

수성은 주인공의 성향에 많은 영향을 주고, 큰 재능이 되며, 직업성으로 뽑힐 만큼의 가치가 있다. 또한 9하우스에 있는 여러 가지 단어들과 긴밀한 인생이며, 9하우스의 성향을 지니고 있다고 볼 수 있다. 그리고 염소자리의 성향이 점차적으로 증가하게 될 것이다.

자세한 풀이는 책에서 소개한 행성, 별자리, 하우스의 내용을 적용하여 스스로 해보자.

7. 달이 가장 최근에 분리된 행성

달이 가장 최근에 분리된 행성 이론은, 앞서 배운 달이 가장 먼저 접근하는 행성 이론과 흡사하다. 하지만 달의 경로는 '시계방향'이며, 이동경로는 3°다.

즉 ***달이 후진(시계방향)으로 3° 이동하는 길***에 만나게 되는 첫 번째 행성의 빛을 찾는 것인데, 경로가 상당히 짧은 만큼 이는 출생차트에 없는 경우가 대다수다.

• 달 분리 예시

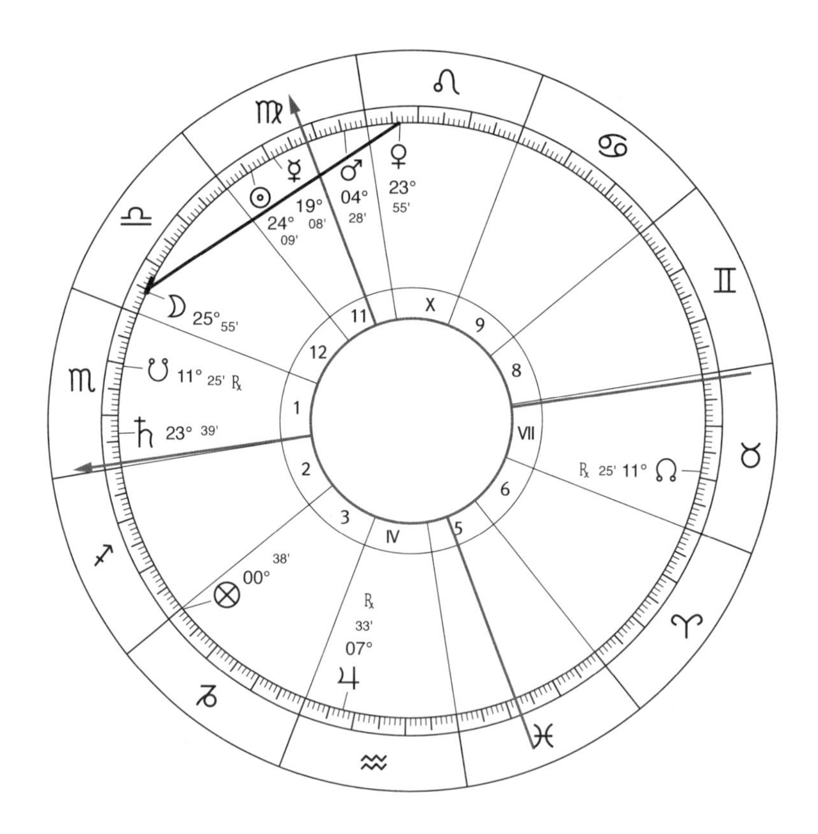

차트에서 달은 12하우스 25°55′이며, 총 경로는 시계방향으로 3°라고 했으니, 12하우스 25°55′~22°55′까지다. 이 짧은 구간에 애스펙트하는 모든 행성들 중에서, 가장 최근에 분리된 행성 즉 달과 숫자가 가장 긴밀한 행성의 빛을 찾는 것이다.

이 경로에는 1하우스와 11하우스에 있는 모든 행성이 어버젼하며, 목성은 빛을 주지 않는다. 오로지 금성만이 12하우스 23°55에 애스펙트를 하므로, 결국 달이 가장 최근에 분리된 행성은 금성이다.

달이 가장 먼저 접근하는 행성 이론이 ⇨ 나의 육신과 마음을 의미하는 달이 '태어나자마자 누구를 끌어 안으려고 돌진하고 있나'를 찾는 게임이라면,

달이 가장 최근에 분리된 행성 이론은 ⇨ 나의 육신과 마음을 의미하는 달이 태어나기 전 6시간이 채 되지 않은 동안 '어떤 행성의 냄새를 묻혀 왔는지' 찾는 게임이다.

달이 가장 최근에 분리된 행성의 해석은, 달이 가장 먼저 접근하는 행성의 해석이론에서 첫째, 둘째, 셋째까지 동일하다.

즉 주인공의 성향, 재능, 직업성의 가산점, 인생의 분위기에 영향을 주는 중대한 행성이 된다.

8. 달의 교점(lunar nodes) ☊☋

출생차트를 보면 일곱 행성들 외에 귀마개 혹은 헤드셋처럼 생긴 두 기호를 볼 수 있다. 이 둘은 달의 교점, 달의 노드라고 한다.

☊위로 볼록한 것은 북쪽노드, North Node, 달의 상승교점, 북교점, 라후, 용두(龍頭)라 부른다.

☋아래로 볼록한 것은 남쪽노드, South Node, 달의 하강교점, 남교점, 케투, 용미(龍尾)라 부른다.

교점은 달의 궤도(백도)가 북쪽으로 상향할 때와 남쪽으로 하향할 때, 태양의 궤도(황도)와 교차하는 지점이다.

교점의 위치는 언제나 역행을 하며 18년~19년마다 공전을 끝낸다. 다시 말해, 지구 입장에서 보는 출생차트에서 교점은 언제나 R이 붙어 있으며, 18~19년마다 조디악 열두 별자리를 한 바퀴 돌게 된다.

달의 교점은 일식과 월식을 일으키는 지점으로,

달이 그믐달 – 삭인 상황에서 교점을 만나면 일식이 일어나며,

달이 보름달 – 망인 상황에서 교점을 만나면 월식이 일어난다.

즉 교점은 '식'을 만드는 지점으로, 루미너리를 가리는 역할을 맡고 있다. 루미너리에 빛이라는 상징이 있다고 볼 때, 교점은 그 생명의 빛을 잡아먹는 흉한 지점이 분명하다.

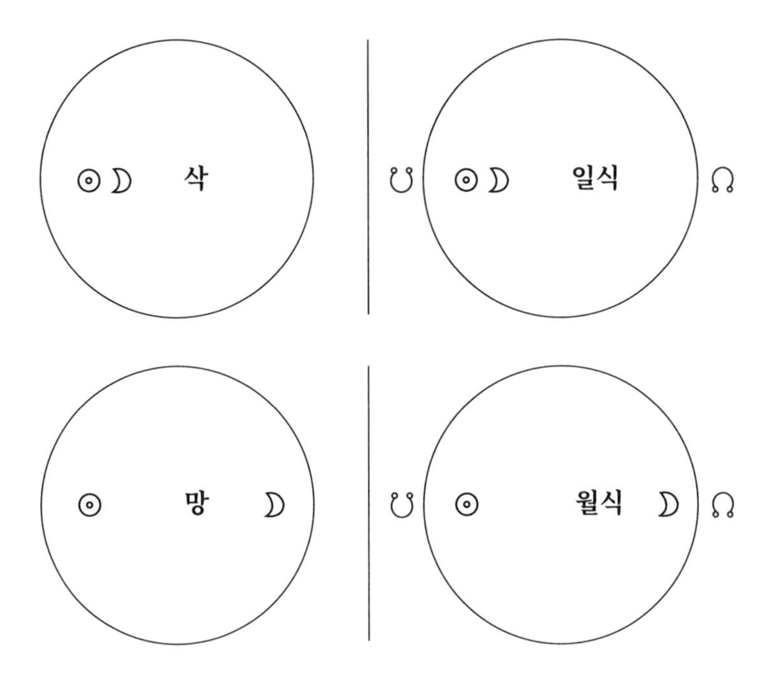

고전헬레니즘점성술에서 교점을 해석하는 관점은 점성가들마다 다르고, 임상에 의한 필자의 의견이 따로 있다.

주장 1 : 북교점은 길한 역할을 하기 때문에 이에 근접한 행성은 길해지며, 남교점은 흉한 역할을 하기 때문에 이에 근접한 행성은 흉해진다.

주장 2 : 북교점은 확장의 역할을 하기 때문에 이에 근접한 행성은 힘과 의미가 확장되고, 남교점은 축소의 역할을 하기 때문에 이에 근접한 행성은 힘과 의미가 축소된다. 즉 길성들이 북교점과 근접하면 힘이 확장되기에 길하고, 흉성들이 북교점과 근접하면 힘이 확장되기에 흉하다. 남교점은 그 반대로 해석하면 된다. 이것이 대다수 점성가들이 말하는 다수설이다.

필자의 주장 : 교점의 순수한 역할에 초점을 맞춘다. 교점은 분명 루미너리의 빛을 갉아먹어, 생명력을 의미하는 빛을 사라지게 만드는 지점이라고 했다. 그런 ***교점에 확장과 수축의 문헌적 이론을 넣어 임상을 쌓은 결과 그다지 효용성이 없다는 것으로 결론지었다.*** 실전에서 교점은 출생차트에서 해석할 때와 운세차트(***솔라리턴***)에서 해석할 때의 관점이 다르며, 둘 다 행성에게 ***흉함***을 주는 지점이다.

출생차트에서 교점과 근접한 행성들은 모두 행성의 길흉평가에 있어 감점요소가 된다.

하지만 근접한 행성을 그 이유만으로 흉하다고 단정지을 수 없으며, 중요이론인 하우스배치와 길흉성의 영향, 카운터액션에 더하여 감점을 주는 용도에 불과하다.

필자는 행성에게 흉을 주는 교점의 오브를 5°59′까지 본다.

단, 2권 '운세론'에서 소개할 '솔라리턴'이라는 운세차트에서는 ***교점과 달의 긴밀한 합***을 주의해야 한다. 매년마다 바뀌는 솔라리턴차트의 1하우스 혹은 프로펙션[2] 하우스에서 달이 북교점 남교점 상관없이 긴밀하게 컨정션을 이루는 해에는, 일생의 잊지 못할 흉사가 생길 수 있다. 임상에 의하면 가족의 흉사, 자신의 죽음, 자신의 질병, 재산의 큰 손실, 무속인으로의 길, 종교인의 길, 이혼 등이 가능하다.

헬레니즘점성술에서는 교점이 특정 하우스에 있는 구조 혹은 앵글포인트와 긴밀하게 근접한 구조에 특별한 의미를 부여하지 않는다.

---

2) 양력생일마다 바뀌며, 매년 나의 인생에 큰 영향을 미치는 별자리를 말한다. 2권에서 자세히 다루기로 한다.

9. 역행의 반전(Stationary Direct / Stationary Retrograde)

스테이셔네리 다이렉트(Stationary Direct)는 ⇨ 행성에 R이 붙어 있어 역행하고 있는 것으로 보이지만, 본래 앞으로 순행을 하기 위해 정지되어 있는 상태를 의미하고, ***순행을 하기 위한 정지***라 해서 ***순행정지***라고 부른다.

스테이셔네리 레트로그레이드(Stationary Retrograde)는 ⇨ 행성에 R이 붙지 않아 순행을 하고 있는 것으로 보이지만, 본래 곧 역행을 하기 위해 잠시 정지되어 있는 상태를 의미하고, ***역행을 하기 위한 정지***라 해서 ***역행정지***라고 부른다.

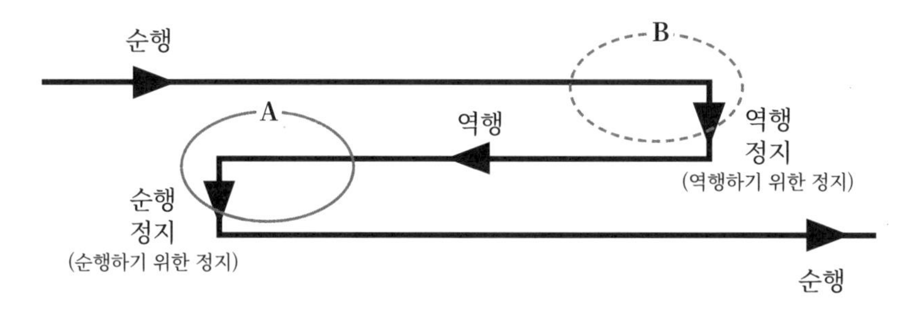

위 실선 원 A의 구간을 순행정지 구간이라 하며, 행성에 R이 붙어 있어 역행을 하고 있는 것처럼 보이지만, 실제로는 역행하고 있는 속도를 급격하게 줄이고 있다. 7일 내에 R이 사라지고 순행에 들어간다.

반면 점선 원 B의 구간을 역행정지 구간이라 하며, 순행을 하고 있는 것처럼 보이지만, 실제로는 급격하게 속도를 줄이고 있다. 7일 내에 R이 붙으며 역행에 들어간다.

순행정지는 현재는 역행이지만 곧 순행을 하기 위한 단계라 좋은 평가를 하는 반면, 역행정지는 지금은 순행상태지만 곧 역행을 하기 위한 단계라 좋지 않은 평가를 한다.

판단하는 법은 간단하다. 모리누스 프로그램에서 ***Charts ⇨ Elections***를 활용하는데, <***Day +버튼***>만 ***6번 클릭***하여(당일 포함 7일 내이기에, 클릭은 총 6번만 한다)

• R이 붙어 있어 역행하던 행성에 R이 사라진다면 Stationary Direct 즉 순행정지로 당첨되어, 행성 고유의 기질을 길하고 자신있게 드러낼 수 있다고 평가하며,

• 순행하던 행성에 R이 붙어 역행 한다면 Stationary Retrograde 즉 역행정지로 당첨되어, 행성 고유의 기질을 드러내는데 있어 흉하고 우여곡절 많은 인생으로 평가한다.

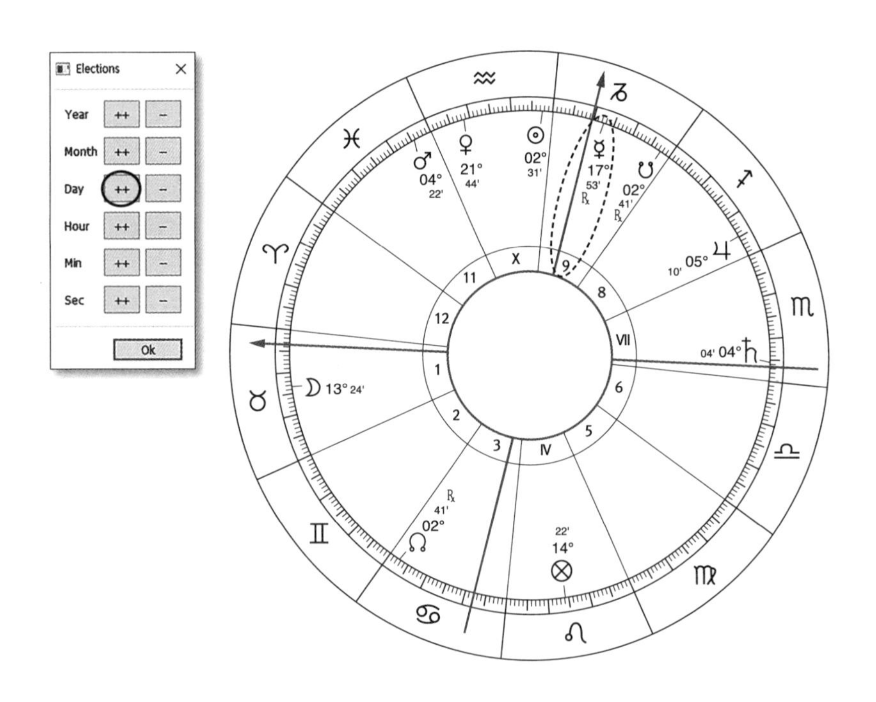

차트를 보면 수성이 역행하고 있는 것으로 확인된다.

이제 Elections를 활용하여 <***Day +버튼***>을 6번 클릭했을 때, 그 안에 역행이 사라지는지 아니면 그대로 있는지 확인해보자.

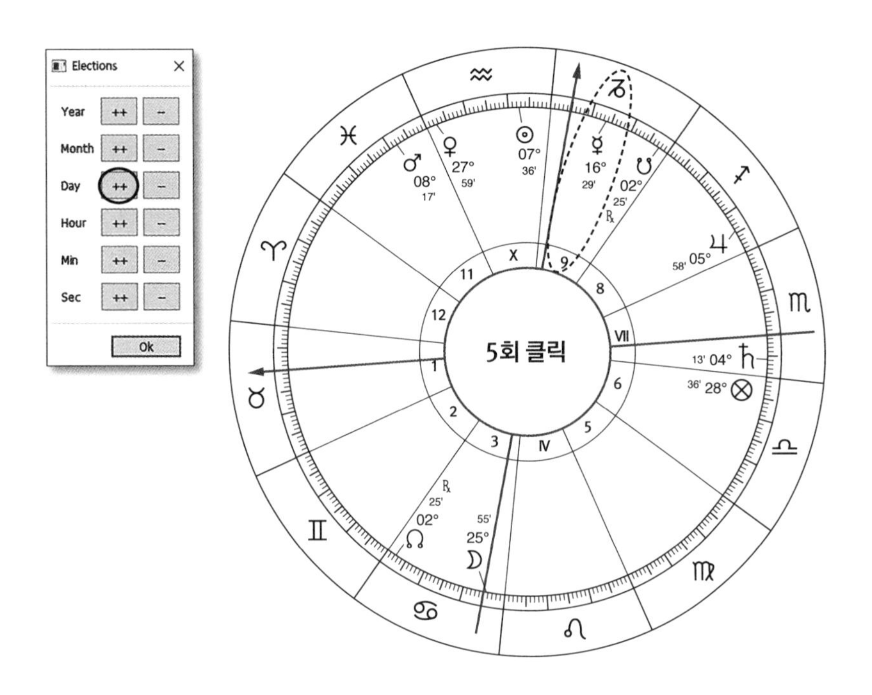

총 5회 클릭을 하니 수성에 붙어있던 R이 사라지고 순행한다.

애초에 출생차트주인공이 태어났을 때, 수성은 앞으로 단기간에 순행을 위해 후진을 멈추고 있는 상태였던 것이다. 자동차주행으로 말한다면, 고속으로 달리기 위해 잠시 후진을 하며 차량점검을 하고 있는 상태와 같다.

수성은 태어났을 때 역행을 하고 있지만 실전에서는 순행으로 판단해야 하며, 재능으로 쓰기에 합당하다.

• 역행정지와 순행정지를 계산할 때, Day버튼은 +만 사용하며, −는 사용하지 않는다.

태어났을 때 역행하던 행성이 —버튼을 클릭해 역행이 사라진다는 의미는, 며칠 전에는 순행하던 행성이 점차 속도를 늦춰 역행을 시작할 무렵 내가 태어났다는 뜻이기 때문이다.

즉 역행정지와 순행정지는 과거가 아니라 짧은 미래에 변화 될 행성의 움직임을 관찰하는 것이다.

7

기타이론

논란 속에 있는
그 밖의 이론

1. 행성 간의 접근과 분리

출생차트에서 행성들의 배치는 정해져 있지만, 태어난 이후 일곱 행성들은 서로 접근하고 분리되며 영향력이 변한다는 개념이 있다. 바로 행성 간의 접근과 분리이론이다.

출생점성술에서 접근과 분리이론은 길성이나 흉성에게 영향을 받는 행성의 상태를 더 깊이 분석하기 위해서 본다.

길성에게 도움을 받는 행성이라도 그 길성과 접근관계라면 더 길하며, 분리관계라면 길함이 다소 감소한다.

반대로 흉성에게 공격을 받는 행성이라도 그 흉성과 접근관계라면 흉이 가중되지만, 분리관계라면 흉이 덜하다.

행성 간의 접근과 분리는 위치 개념과 도수 개념을 모두 봐야한다. 애스펙트를 맺는 두 행성이 시간이 갈수록 파틸도수(똑같은 도수)가 되면 접근관계고, 애스펙트를 맺더라도 시간이 갈수록 도수가 멀어져 기존에 맺었던 애스펙트가 깨지면 분리관계다.

즉 접근과 분리를 따질 수 있는 행성끼리 서로 애스펙트를 맺고 있어야 하며, 두 행성이 어버젼(30°, 150°) 관계라면 애초에 접근과 분리를 계산하지 않는다.

행성 간의 접근과 분리를 판단하기 위해서는, 일렉션을 통해 차트를 수동으로 돌려야 정확한 결과를 얻을 수 있다.

◆ 일렉션을 활용한 접근과 분리 수동계산법

일렉션은 중요한 사건을 택일할 때 외에도 파시스라는 특수이론과 행성의 정지를 따질 때, 그리고 행성 간의 접근과 분리를 볼 때 활용한다. 대부분의 점성술 프로그램에 일렉션 기능이 있지만 필자는 모리누스 프로그램을 활용하겠다.

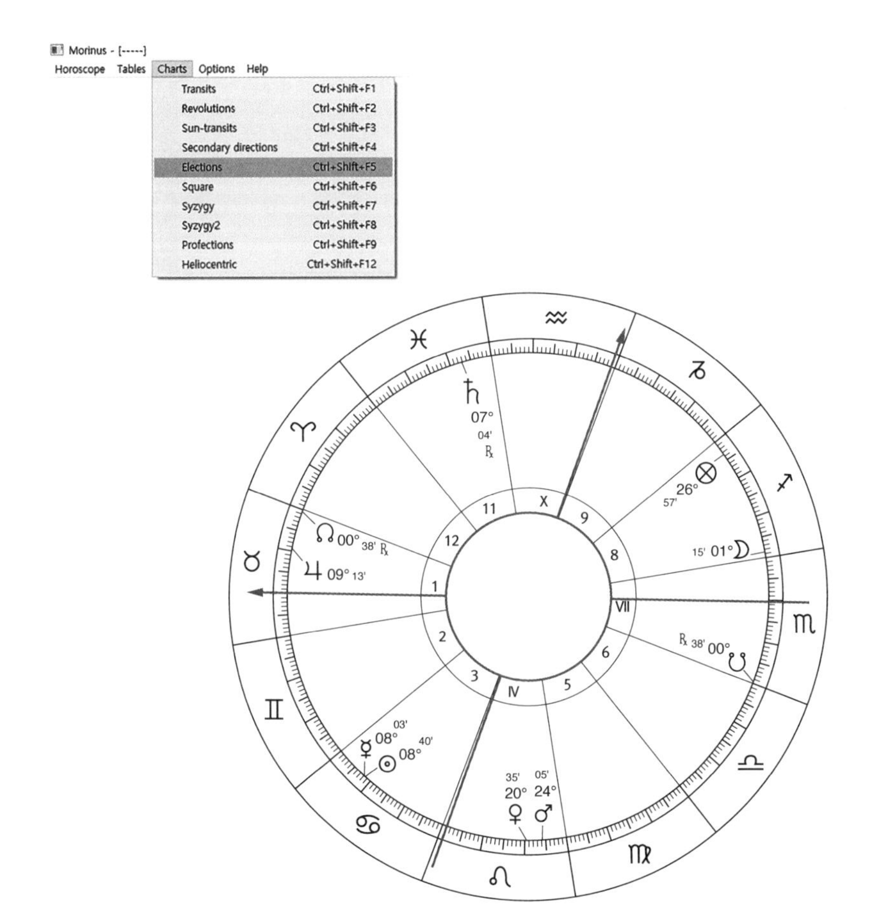

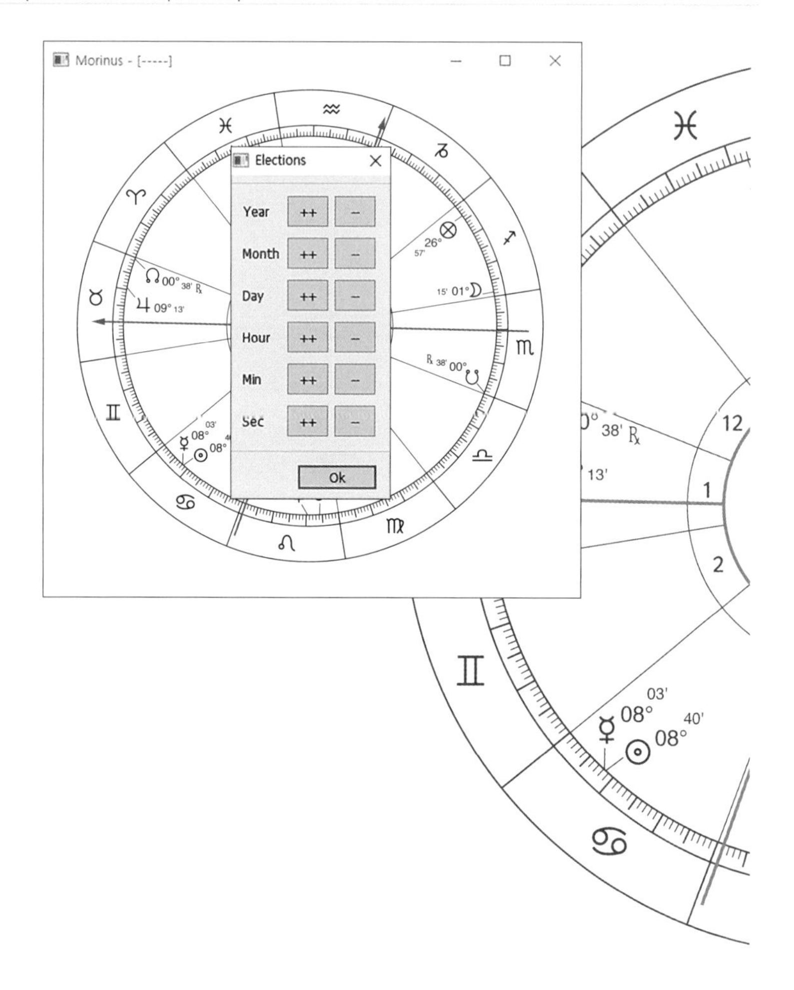

출생차트가 ***Elections*** 상자와 함께 다시 열린다. 일렉션 상자에는 년, 월, 일, 시, 분, 초를 앞뒤로 돌려볼 수 있는 버튼이 있다. 여기서 <Day + 버튼>을 활용한다.

<**목성과 화성의 접근과 분리 판단**>

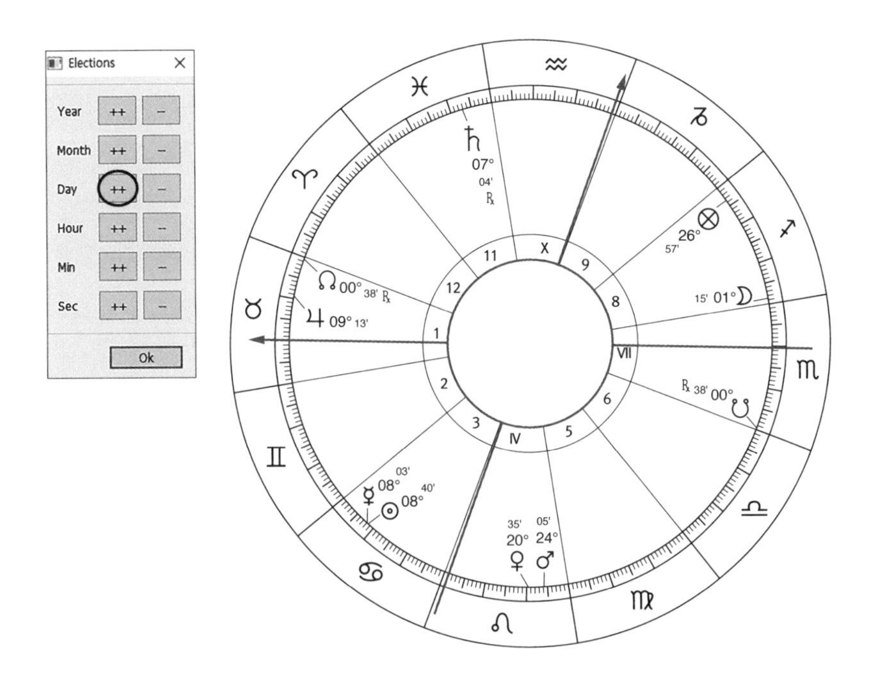

<Day + 버튼>을 하나하나 눌러가면서,

현재 황소자리에 위치한 목성(9°13′)과 사자자리에 위치한 화성(24°05′)이 스퀘어 애스펙트를 유지하며 파틸이 되어 가는지, 아니면 도수 차이가 점점 벌어지면서 스퀘어 애스펙트가 깨지는지 판단하자.

만약 9°13′에 위치한 목성과 24°05′에 위치한 화성이 날이 갈수록 가까워져 파틸이 된다면 둘 사이는 접근관계로 보고, 서로를 향한 애스펙트 영향이 더욱 강해진다고 판단한다.

하지만 두 행성의 도수 차이가 점점 벌어져 기존에 맺었던 스퀘어 애스펙트가 깨져 버린다면 둘 사이는 분리관계로 보고, 서로를 향한 애스펙트 영향은 점차 줄어든다고 판단한다.

<Day + 버튼>을 열 번 클릭하면 화성이 이와 같이 바뀐다.

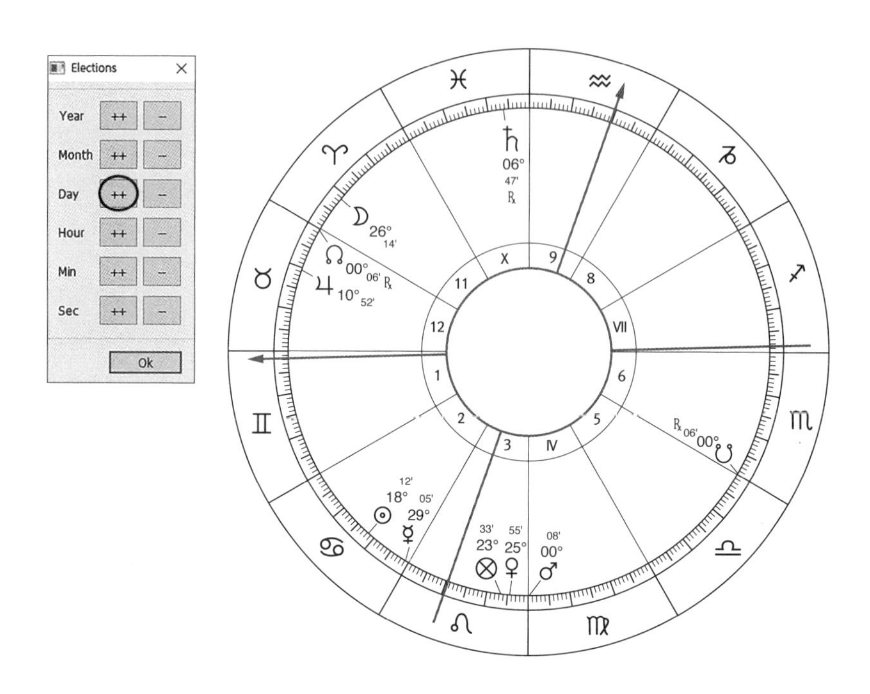

목성과 화성 중 상대적으로 빠른 화성이 사자자리를 벗어나 처녀자리로 이동함으로써, 기존에 유지하고 있었던 스퀘어(90°) 관계가 깨져버렸다. 그러므로 둘은 분리관계다.

그런데 여기서 의문이 생긴다. 사실 목성과 화성은 애스펙트를 맺더라도 서로의 오브에서 벗어나 영향이 없다고 판단을 하는데, 굳이 두 행성의 접근분리관계를 다시 파악해야 할까?

의문점을 안고 목성과 금성의 관계를 보자.

<목성과 금성의 접근과 분리 판단>

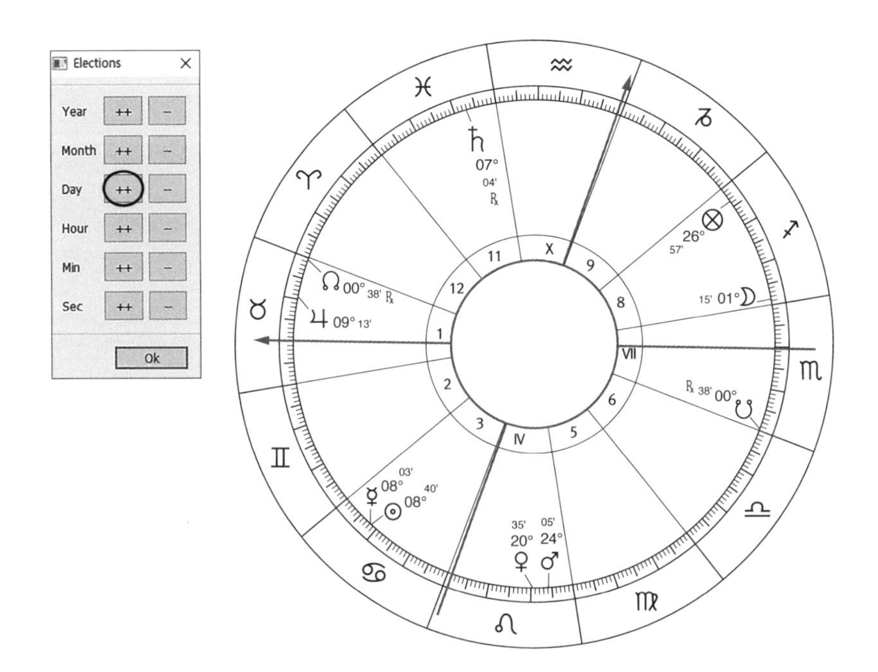

<Day + 버튼>을 하나하나 눌러가면서,

현재 황소자리에 위치한 목성(9°13′)과 사자자리에 위치한 금성(20°35′)이 스퀘어 애스펙트를 유지하며 파틸이 되어 가는지, 아니면 도수 차이가 점점 벌어지면서 스퀘어 애스펙트가 깨지는지 판단하자.

만약 9°13′에 위치한 목성과 20°35′에 위치한 금성이 날이 갈수록 가까워져 파틸이 된다면 둘 사이는 접근관계로 보고, 서로에게 주던 길한 영향은 점점 더 강해진다고 판단한다.

하지만 두 행성의 도수차이가 점점 벌어져 기존에 맺었던 스퀘어 애스펙트가 깨져버린다면 둘 사이는 분리관계로 보고, 서로에게 주던 길한 시너지 효과는 점차 약해진다고 판단한다.

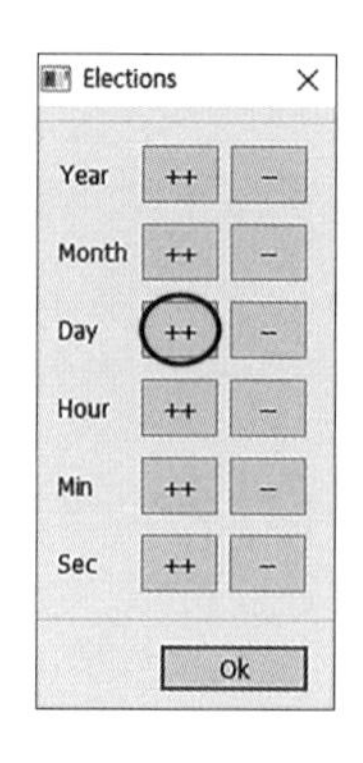

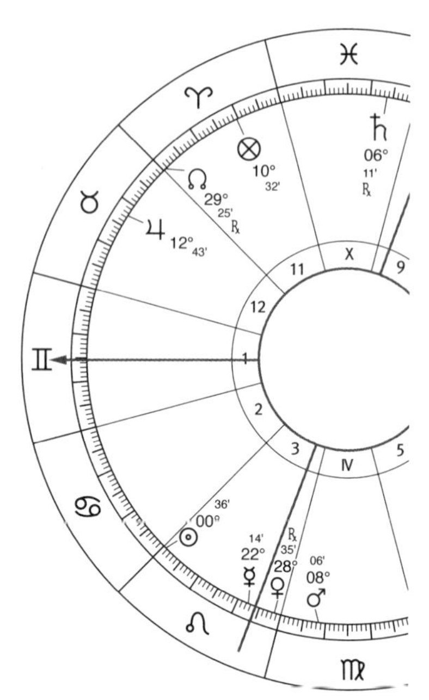

<Day + 버튼>을 계속 클릭하여 23일째 되는 날, 동일한 사자자리 안에서 스퀘어 관계를 유지한 채 금성이 역행(R)에 들어갔다.

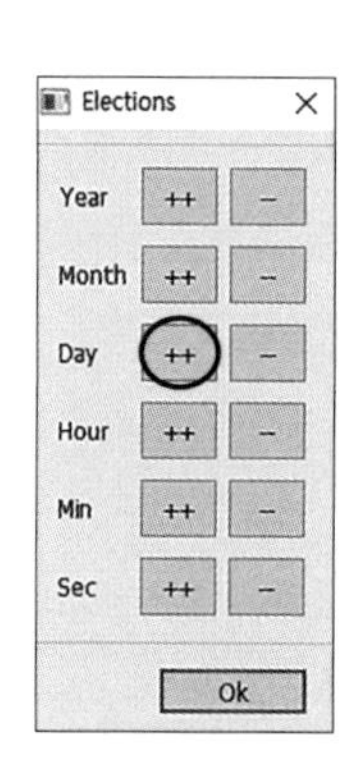

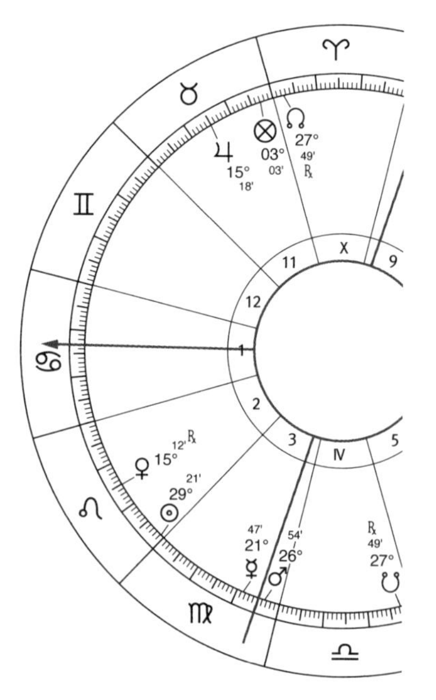

그 후, <Day + 버튼>을 계속 클릭한 결과, 53일째 되는 날, 금성이 빠르게 역행하여 목성의 도수에 파틸로 접근해 지나갔다.

이로써 목성과 금성은 접근관계다.

이렇게 금성이 화성처럼 다음 하우스로 넘어가 스퀘어 관계를 깨버리고 분리가 될 줄 알았지만, 일렉션을 활용해 수동으로 정밀분석한 결과, 둘은 접근관계라는 반전이 숨어 있었다.

하지만 의문은 남는다. 금성과 목성은 애초에 도수 차이가 11° 이상 벌어져 있었기 때문에, 체감되는 길한 영향은 없다고 판단해야 한다. 필자는 출생차트에서 오브를 매우 중시하기에 당연한 결론이다.

그런데 둘이 접근관계가 되었다고 해서, 갑자기 서로 길한 영향을 주고 받는다고 다시 판단할 수 있을까?

결론은 그렇지 않다.

◆ 접근과 분리이론의 영향력

애초에 오브를 벗어나 영향이 없던 행성들은 안티시아나 컨트라안티시아로 대칭을 이루는 반전효과가 있지 않는 이상, 아무리 접근관계라 해도 서로에게 영향은 없다.

또한 오브 안에 충분히 들어 서로에게 관여하는 두 행성은, 분리관계가 된다 해도 영향력이 결코 줄어들지 않는다.

이와 같은 접근과 분리이론을 많은 점성가들이 출생차트에서 중요하게 적용해 판단하지만, 이것은 단지 호라리 단시점성술에서 중요이론일 뿐 출생점성술에서는 효용성이 매우 떨어진다.

호라리점성술에서는 애스펙트를 맺는다면 오브와 관계없이 행성과 행성 간의 접근, 분리이론을 보고 일의 진행과정을 판단한다.

출생점성술에서는 애스펙트를 맺는 것을 넘어서, 행성 각각의 오브 안에 들어 있어야만 영향력이 있고, 오브 안에서 서로 주고 받은 영향력은 접근과 분리에 따라 강도가 달라지지 않는다.

그리고 두 행성이 오브를 벗어났다면 평생 영향력이 없는 것이며, 접근관계라 해도 이후에 반전을 기대하기 어렵다.

2. 행성 위치에 따른 우위

두 행성의 하우스배치에 따라, 우월한 위치와 열등한 위치의 행성이 있다는 이론이다. 즉 두 행성이 애스펙트를 주고 받는 상황에서 더 힘이 강한 위치와 상대적으로 약한 위치가 있으며, 둘 중 우월한(더 강한) 행성이 이긴다는 논리다.

◆ 오버컴(Overcome)

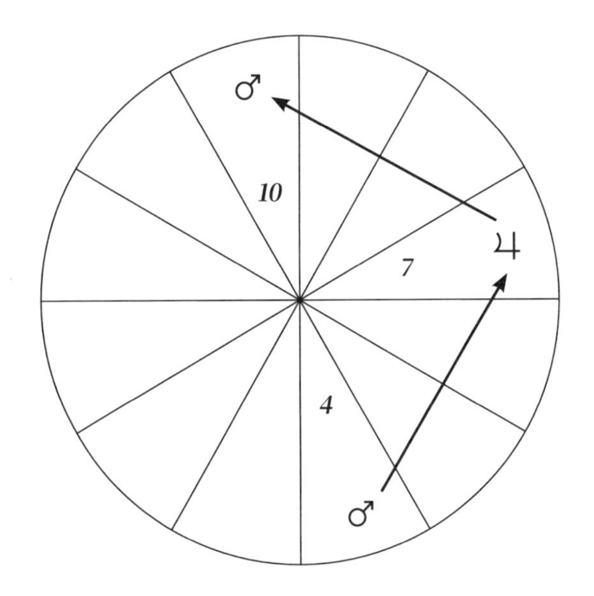

행성의 진행방향은 시계반대방향이다. 그럴 때 애스펙트를 맺는 두 개의 행성 중, 상대적으로 뒤에 있는 행성이 앞에 있는 행성보다 우세하다는 것이다. 즉 차트라는 트랙(track)에서 행성 둘이 반시계방향으로 달리기를 하며 전투를 벌인다고 했을 때, 둘 중 상대적으로 뒤에 있는 행성이 앞의 행성을 압도하여 이긴다는 이론이다. 위 그림을 보고 이해하자.

10하우스에 위치한 화성과 7하우스에 위치한 목성이 반시계방향으로 달리기를 한다고 가정했을 때, 7하우스 목성이 10하우스 화성보다 뒤에 있게 된다. 즉 7하우스 목성이 10하우스 화성보다 우월한 위치에 있으며, 이것을 "목성이 화성을 오버컴하고 있다"고 말한다.

하지만 화성이 4하우스에 위치하고 목성이 7하우스에 있는 경우라면, 반시계방향기준으로 화성이 목성보다 뒤에 있기 때문에 4하우스 화성이 7하우스 목성보다 우위에 서게 된다. 이럴 때 "4하우스 화성이 7하우스 목성을 오버컴한다"고 표현한다.

오버컴은 도수와 상관없이 앞뒤 하우스 위치로 판단하는 개념이다. 그래서 컨정션처럼 하나의 하우스에 있는 관계나 어포지션(180°)처럼 마주 보고 있는 관계의 두 행성은 오버컴 이론으로 논할 수 없다.

오버컴은 60° 90° 120°관계에 있는 행성들의 힘의 우위를 평가하기 위함이다.

이것이 과연 유효한 이론일까? 단순하게 둘 중 뒤에 있는 행성이 더 우월하다거나 더 강하다고 단정지을 수 있을까?

다음 차트에서 12하우스에 위치한 토성이 4하우스에 위치한 수성과 태양을 오버컴 하는데, 과연 케이던트하우스(3, 6, 9, 12)에 위치한 토성이 앵글하우스(1, 4, 7, 10)에 위치한 수성과 태양을 이긴다고 볼 수 있을까? 오버컴하는 것만으로 하우스의 강약을 완전히 무산시킬 수 있냐는 말이다. 의문점을 안고, 일단 다음으로 넘어가보자.

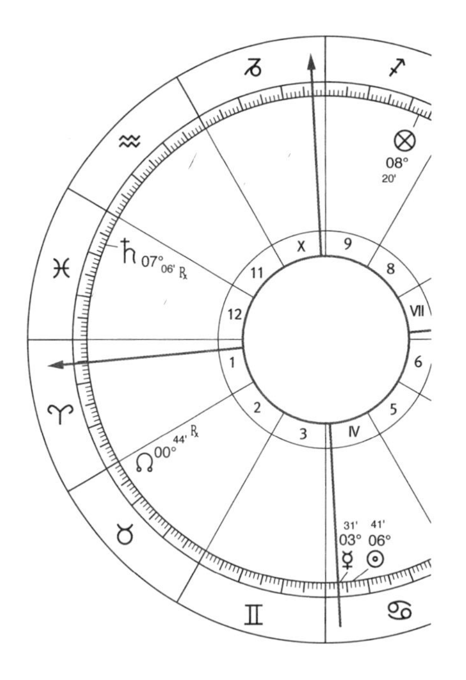

뒤에서 오버컴을 하지만, 홀사인으로도 포피리우스로도 케이던트에 위치한 토성이, 앵글에 위치한 수성과 태양을 압도한다고 볼 수 있을까?

◆ 도미네이션(Domination)

오버컴은 60°, 90°, 120° 애스펙트를 맺는 두 행성 중, 반시계방향기준으로 뒤에 있는 행성의 우월함을 말하는 용어다. 그런데 세 가지의 애스펙트 중에 질이 다른 외톨이가 있지 않은가? 60°와 120°는 길각인데 반해 90°는 흉각이다.

점성가들은 오버컴 중에 90°를 떼어내어 ***도미네이션***이라는 명칭을 만들어냈다. 도미네이션이란 반시계방향기준으로 뒤에서 스퀘어의 빛을 주는 행성의 입장을 말하는 용어다.

굳이 왜 이런 구조를 따로 분류해 용어를 만들어 냈을까? 바로 구조를 간명하게 설명하기 위해서다.

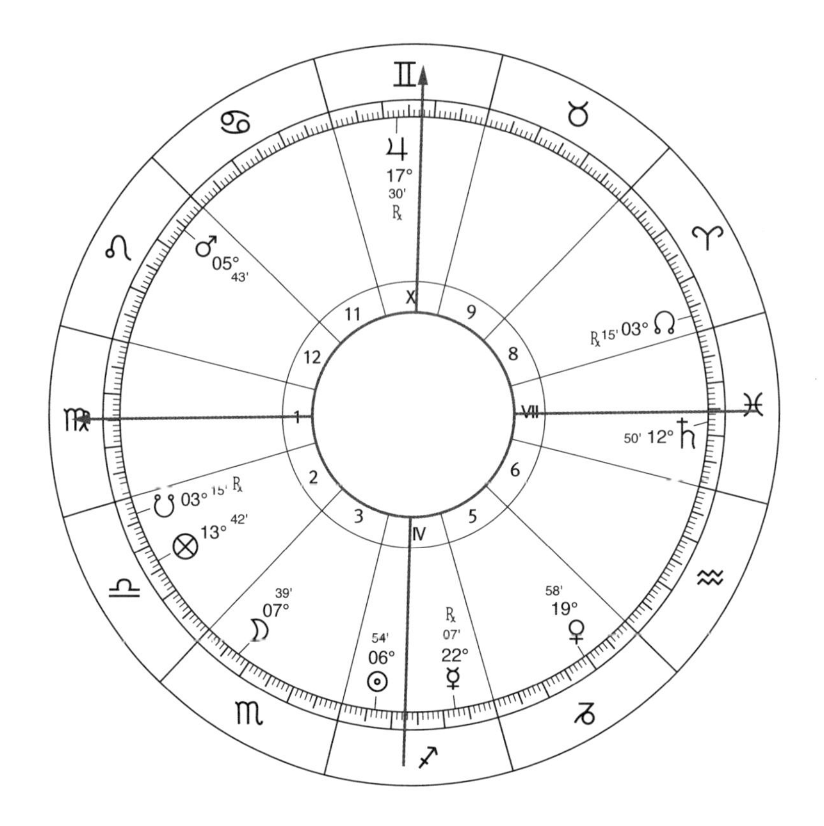

토성이 우월한 위치에서 목성에게 스퀘어를 하고 있으며, 화성은 우월한 위치에서 달에게 스퀘어를 하고 있다.

위 내용을 "토성이 목성에게, 또 화성이 달에게 도미네이션을 한다."는 말로 줄이는 동시에 의미 전달도 명확해지는 효과가 있다.

◆ 스트라이킹 레이(Striking Ray)

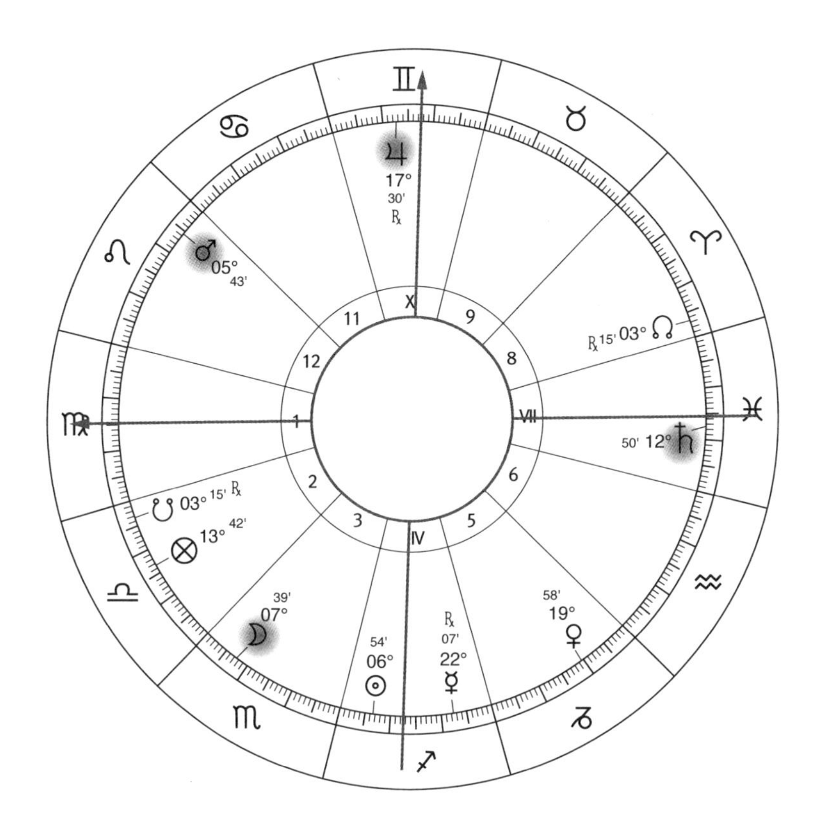

이번에는 오버컴에 대한 반전이론이다. 오버컴이란 행성의 진행방향인 반시계방향을 기준으로, 두 개의 행성 중 상대적으로 뒤에 있는 행성이 우세한 위치를 점하고 우월한 힘이 있다는 이론이다.

스트라이킹 레이는 오버컴을 당하는 열등한 위치에 있는(앞에 있는) 행성이라도, 두 행성의 도수 차이가 4° 미만(3°59′)일 경우라면 뒤에 있는 우월한 행성과 맘먹는 힘으로 맞받아친다는 이론이다.

차트에서 토성이 목성을 오버컴(특히 도미네이션)하고 있는데, 목성은 17°30′, 토성은 12°50′이다. 즉 둘의 도수 차이는 4°40′으로 목성이 토성을 스트라이킹 레이로 맞받아치지 못한다.

하지만 화성이 달에게 오버컴을 해도 화성은 5°43′, 달은 7°39′으로써 둘의 도수 차이는 4° 미만이기 때문에, 달이 화성을 대등한 힘으로 받아치게 된다. 즉 달은 화성에게 오버컴을 당하고 있지만 그에 견줄만한 힘으로 반격(스트라이킹 레이)하는 상황이다.

◆ 실전에서 행성의 우위 판단

반시계방향기준으로 뒤에 있는 행성이 우세하다는 오버컴 이론, 그중에서 흉각을 의미하는 도미네이션 이론, 열등한 위치라도 두 행성 사이의 도수 차이로 인해 반전의 힘을 갖게 된다는 스트라이킹 레이 이론은 과장된 면이 있다. 실전에서 이렇게 적용하면 잘못된 해석을 할 수 있다. 행성과 행성의 입지 차이를 논할 때는 단순한 개념으로 적용시키는 것이 아니라 다면적으로 판단해야 한다.

① 두 행성이 홀사인상 & 포피리우스상 – 앵글에 있는지, 석시던트에 있는지, 케이던트에 있는지

② 두 행성이 앵글포인트에 근접하게 붙어 있거나 애스펙트를 줌으로[1] 차트의 분위기를 휘두르는 강한 힘을 지녔는지

③ 두 행성이 앵글포인트와 안티시아 & 컨트라안티시아[2]를 이룸으로 반전의 힘을 또 얻어냈는지

④ 각각 시공간의 섹트

⑤ 두 행성이 타 행성들에게 받은 애스펙트 영향 등 모든 길흉 & 강약 이론을 적용하여, 상대적으로 누가 우세한 힘이 있는지 개별적으로 계산한다.

⑥ 오버컴 외 기타이론은 참고로만 적용해야 한다.

---

1) 행성이 앵글포인트에 4° 미만으로 근접해 있거나, 4° 미만으로 애스펙트를 이루면 상당히 강한 힘을 얻게 된다. 루미너리는 6° 미만까지 인정한다.

2) 안티시아와 컨트라안티시아가 성립될 수 있는 대상은 행성과 행성 뿐 아니라, 행성과 앵글포인트도 가능하다고 했다. 심지어 행성과 각종 랏(Lot)도 가능하다.

3. 포위(enclosure / besieged)

포위는 두 행성이 다른 하나의 행성을, 앞뒤 도수로 둘러싸며 각을 보내고 있는 상태를 말한다. 실전에서 포위가 유효하려면, 둘러싸는 역할을 통해 영향을 주는 것은 반드시 두 길성들이나 두 흉성들이 해야 하고, 둘러싸여 영향을 받는 것은 일곱 행성 모두 가능하다.

포위는 길성포위와 흉성포위가 있으며, 이를 구분하기 위해 길성포위는 '인클로저(enclosure)', 흉성포위는 '비시지드(besieged)'라고 말한다. 하지만 인클로저와 비시지드는 용어 차이에 불과하다며 구분하지 않는 부류도 있다. 길성들에게 포위를 당하는 행성은 매우 좋은 평가를 받게 되며, 반대로 흉성들에게 포위를 당하는 행성은 매우 좋지 않은 입장에 처한다.

포위구조가 성립되려면 몇 가지 요건이 필요하다.

① 영향을 받는 행성에게 영향을 주는 행성들이 모두 애스펙트를 맺어야 한다.

예를 들어, 수성을 두 길성이 포위시키려면, 금성과 수성이 애스펙트를 맺어야 하고, 목성과 수성이 애스펙트를 맺어야 한다. 단 포위를 시키는 주체인 두 길성끼리 혹은 두 흉성끼리는 반드시 애스펙트를 맺을 필요는 없다.

② 포위를 당하는 행성의 도수를, 포위를 시키는 두 행성의 도수가 앞뒤로 에워싸고 있어야만 한다.

예를 들어, 수성(5°)을 두 길성이 포위하기 위해서는 하나의 길성은 2°, 또 다른 길성은 9°에 위치해, 두 길성의 도수 사이에 영향을 받는 행성인 수성의 도수가 들어가야 한다.

③ 포위를 당하는 행성의 위치에, 다른 행성이 애스펙트로 개입하면

안된다.

예를 들어보자. 금성이(2°)과 목성(9°)이 1하우스에 위치한 수성(5°)을 포위하려 한다. 이때 수성이 포위 될 공간인 1하우스 2°~9°에, 3하우스에 위치한 달(6°)이 애스펙트를 보내고 있다면 포위가 깨진다. 금성과 목성의 도수 안에는 포위당할 하나의 행성만 있어야 하며, 그곳에 어떤 행성이라도 애스펙트로 끼어들면 포위가 이뤄지지 않는다. 이 부분은 포위 성립요건에 있어 논란이 있지만, 꼭 갖춰야 할 조건이다.

차트를 보며 좀 더 쉽게 접근해보자.

• 포위 예시

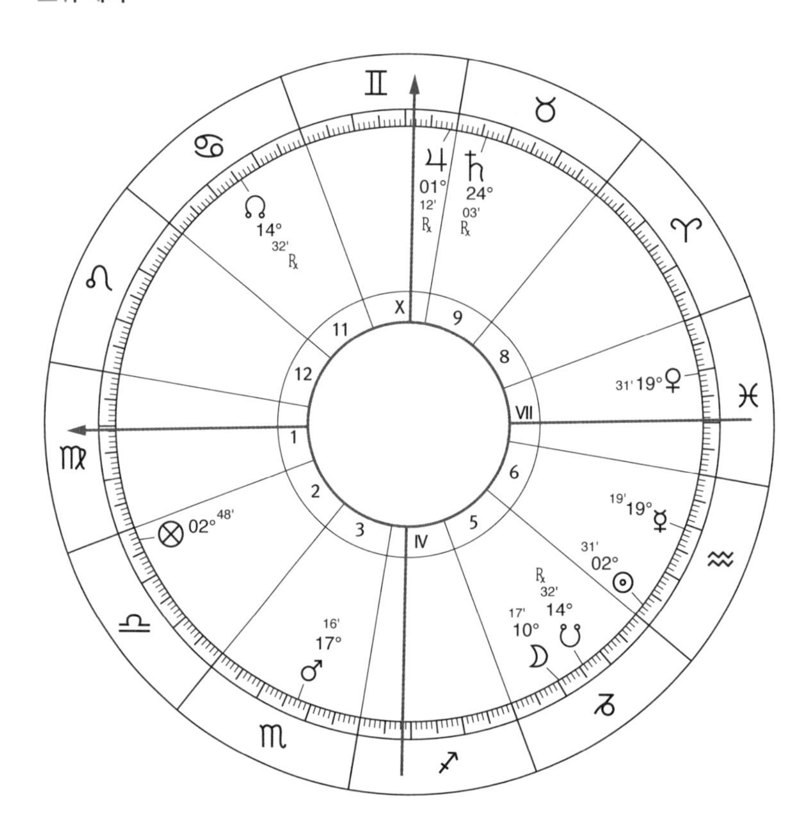

금성이 두 흉성에게 포위되는 과정을 자세히 알아보자.

3하우스 17°16′에 위치한 화성은 7하우스 17°16′에 트라인(120°)으로 빛을 줄 것이고, 9하우스 24°03′에 위치한 토성은 7하우스 24°03′에 섹스타일(60°)로 빛을 줄 것이다.

그럼 7하우스에 위치한 금성(19°31′)은 화성의 도수인 17°16′과 토성의 도수인 24°03′ 안에 갇히게 된다. 그리고 금성이 두 흉성의 빛에 포위될 공간인 <7하우스 17°16′~24°03′>에 다른 네 개의 행성이 애스펙트를 하지 않아야 흉성포위가 성립된다.

달은 7하우스에 애스펙트를 주지만 10°17′이기 때문에 17°16′~24°03′ 안에 끼어들지 못해 금성을 구원하지 못하고, 목성도 7하우스에 애스펙트를 주지만 1°12′이기 때문에 17°16′~24°03′ 안에 끼어들지 못해 금성을 구원하지 못한다. 태양과 수성은 6하우스에 위치해 7하우스를 전혀 보지 못하는 어버젼 관계라 금성을 구원하지 못한다.

이렇게 금성은 화성과 토성에게 포위된다.

포위는 하나의 차트에서 구조만 이룬다면 여러 개도 가능하다. 이 차트에서는 금성 뿐 아니라, 수성도 두 흉성에게 포위를 당한다.

3하우스 17°16′에 위치한 화성은 6하우스 17°16′에 스퀘어(90°)로 빛을 줄 것이고, 9하우스 24°03′에 위치한 토성은 6하우스 24°03′에 스퀘어(90°)로 빛을 줄 것이다.

그럼 6하우스에 위치한 수성(19°19′)은 화성의 도수인 17°16′과 토성의 도수인 24°03′ 안에 갇히게 된다. 그리고 수성이 두 흉성의 빛에 포위될 공간인 <6하우스 17°16′~24°03′>에 다른 네 개의 행성이 애스펙트를 하지 않아야 흉성포위가 성립된다.

목성은 6하우스에 애스펙트를 주지만 1°12′이기 때문에 17°16′~24°03′ 안에 끼어들지 못해 수성을 구원하지 못하며, 태양은 6하우스에 위치하여 컨정션으로 개입하려 하지만 17°16′~24°03′ 안에 끼어들지 못해 수성을 구원하지 못한다. 달과 금성은 6하우스를 전혀 보지 못하는 어버젼 관계라 수성을 구원하지 못한다. 이렇게 수성도 화성과 토성에게 포위된다.

흉성포위가 성립되기 위한 이론을 차트와 함께 익혔다. 행성이 길성에게 포위되는 이론도 이와 동일하며, 흉성포위와 반대로 매우 길하게 해석하면 된다.

• 여기서 영향을 주는 두 행성들과 영향을 받는 행성 사이의 도수 차이가 쟁점이다.

예를 들어, 화성(2°)과 토성(20°)이 수성(15°)을 포위시키려 한다. 하지만 화성과 수성은 13° 차이라서 애초에 화성은 수성에게 영향을 주지 못한다. 그렇다면 과연 수성이 두 흉성에게 포위를 당한다고 말할 수 있을까?

그렇지 않다.

포위가 온전히 이뤄지려면, 영향을 받는 행성은 영향을 주는 두 행성에게 각각의 '오브 내'로 애스펙트 받아야 한다.

• 이번에는 실전에서의 포위 효과에 대한 쟁점이다.

두 길성이 어떤 하나의 행성을 포위시켰을 때 ***길성포위***라는 축복된 이름처럼 거대한 길함이 올까? 반대로 두 흉성이 어떤 하나의 행성을 포위시켰을 때, 호환마마보다 무섭다고 소문난 ***흉성포위***의 이름값을 하는 흉함을 주게 될까?

필자의 임상으로는 그렇지 않다.

길성포위가 길하지 않고 흉성포위가 흉하지 않다는 것이 아니다. 애초에 금성과 목성이 어떤 행성을 포위한다는 것은, 길성들이 모두 ***오브 내***로 그 행성을 잘 도와주고 있다는 의미다. 그 행성은 길성포위라 부르지 않아도 상당히 길했던 것이다. 처음부터 두 길성에게 큰 도움을 받는 그 행성이, 포위되었다 하여 훨씬 더 길해 지는 것은 아니다. 그저 처음부터 매우 길한 행성이었을 뿐이다.

흉성포위도 마찬가지다. 흉성들에게 포위당하는 행성은 애초에 두 흉성들에게 모두 ***오브 내***로 큰 흉을 받고 있는 행성이었다. 원래 흉한 그 행성이 포위된다고 해서 지옥끝까지 치닫는 흉이 되지는 않는다. 그저 처음부터 흉했던 것이다.

포위 이론은 출생차트에서 판단하지 않아도 무방하다.

4. 달의 온도에 따른 영향력

달은 이제까지 길성에게 도움을 받고 흉성에게 고난을 받으며 태양에게 컴버스트 되는, 받기만 하는 존재였다. 하지만 달의 커짐과 작아짐에 따라 온도가 달라지고, 그 현상이 흉성들의 길흉에 영향을 미치게 된다.

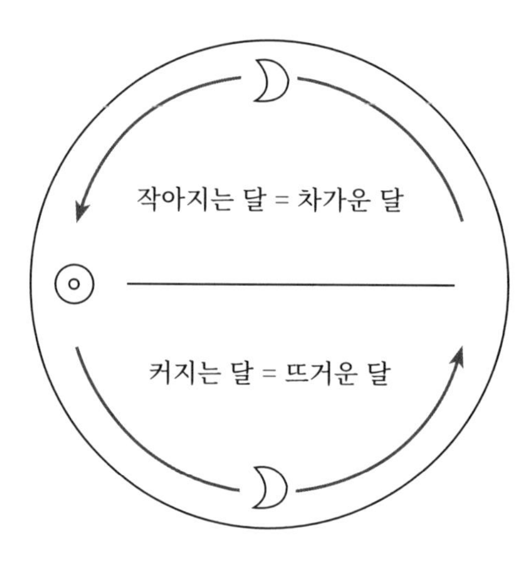

자신의 차트에서 '태양의 위치부터' 반시계방향으로 – 태양의 정반대편 보름달이 되기 전까지의 달은, 삭에서 망으로 가는 커지는 달이다. 반대로 '태양의 정반대편 위치부터' 반시계방향으로 – 태양으로 들어가 삭이 되기 전까지의 달은, 망에서 삭으로 가는 작아지는 달이다.

여기서 '빛 = 열'이라는 가정이 함께한다. 커지는 달은 자신의 빛(열)이 확장되어 뜨거운 달이 되며, 작아지는 달은 자신의 빛(열)이 축소되어 차가운 달이 된다.

이렇게 온도가 결정된 달은, 뜨거워서 흉성인 화성과 차가워서 흉성인 토성에게 애스펙트를 함으로써 영향을 미친다.

뜨거운 달이 화성에게 긴밀한 애스펙트를 주면 화성은 더욱 뜨거워져 더 흉해지는 효과가 있는 반면, 토성에게 긴밀한 애스펙트를 주면 토성의 얼음같은 성질이 녹아 조금은 온화해진다.

차가운 달이 토성에게 긴밀한 애스펙트를 주면 토성은 더욱 차가워져 더 흉해지는 효과가 있는 반면, 화성에게 긴밀한 애스펙트를 주면 화성의 불같은 성질이 내려가 조금은 유해진다. 흉성에게 영향을 주는 힘의 범위는 이론적으로 달의 오브다.

이것은 크게 중요한 이론은 아니다. 행성의 길흉을 판단할 때, 가장 중요한 것은 하우스배치와 길흉성의 애스펙트 등 액시덴탈 디그니티이며, 안티시아, 섹트, 리셉션과 리젝션을 함께 보고, 카운터액션을 적용한다. 여기에 자투리 이론인 노드를 참고하며, 지금 배우고 있는 달의 온도에 따른 영향을 살짝 추가하는 정도다. 실전해석에서는 뜨거운 달이 화성에게 빛을 준다는 단식구조로 화성이 흉해졌다고 단정지을 수 없으며, 차가운 달이 화성에게 빛을 준다는 단식구조로 화성이 길해졌다고 판단할 수 없다.

5. 행성의 도머사일 관리에 대한 논점

관리하지 않은 집이 먼지투성이가 되듯 행성도 마찬가지다. 행성들은 자신의 도머사일(거주지) 하우스를 돌봐야 그곳이 안정된다.

여기서 돌봄이란,

① 애초에 그곳에 위치하여 돌보든지(***주인행성이 자신의 집에 위치하고 있을 때***)

② 멀리 있더라도 망원경으로 계속 감시하든지(***주인행성이 60° 90° 120° 180°의 모든 애스펙트로 자신의 집과 연결 될 때***)

③ CCTV를 달아 감시하든지(***주인행성이 자신의 사인과 안티시아 혹은 컨트라안티시아를 맺는 사인에 있을 때***)

④ 고향친구를 보내 주기적으로 관리하든지(***해당 별자리의 엑절테이션 로드가 있을 경우, 그 행성이 주인행성 대신 위 ①②③내용 중 하나라도 해당될 때***) 등이 있다.

다음 차트에서 10하우스의 주인 금성이 11하우스에 위치함으로, 자신의 집을 외면하고 돌보지 않는다. 하지만 고향친구인 달(황소자리의 엑절테이션 로드)을 그곳에 보냄으로써 10하우스가 대신 관리받고 있다.

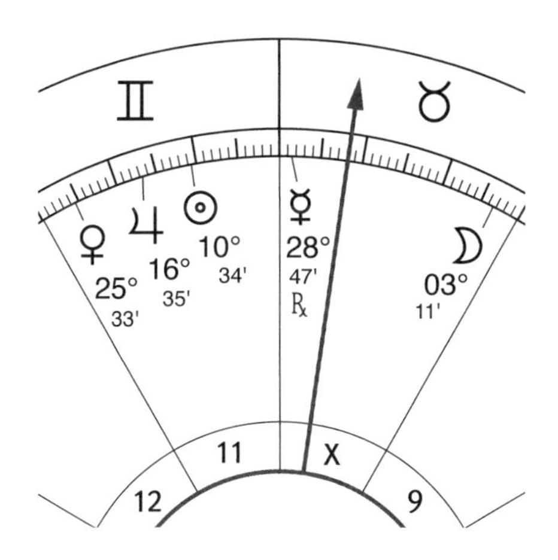

한편 11하우스의 주인 수성도 10하우스에 위치함으로, 자신의 집을 외면하고 돌보지 않는다.

11하우스인 쌍둥이자리는 엑절테이션 로드가 없기 때문에 대신 돌봐줄 고향친구도 없다.

그렇다고 쌍둥이자리와 수성이 위치한 황소자리가 안티시아의 위치이거나 컨트라안티시아의 위치도 아니라 CCTV도 없다.

그렇게 11하우스는 주인에게 내팽겨쳐지고 방치되는 상태가 되며, 이로써 11하우스의 의미인 사회적 인복이 적어진다.

이 논리를 적용시키기 전에, 점성술의 기본이론으로 돌아가 보자.

11하우스의 운을 판단하기 위해서는 첫째, ***그곳에 위치한 길성이나 흉성***을 보고, 둘째, 11하우스 주인행성의 ***하우스배치와 길흉성들이 주는 애스펙트***를 판단하며, 셋째, 11하우스 주인행성의 최종 권한자인 ***디스포지터 상태***까지 파악한다.

차트에서 11하우스에는 두 길성이 위치하여 좋고, 11하우스의 주인 수성은 길하고 강한 10하우스에 위치하며, ***(화성과 토성은 모두 다른 하우스 초반대 도수에 위치한 상태)*** 두 흉성의 개입 없이 무사하다.

수성의 길흉을 평가하는 마지막 처분권자인 디스포지터는 금성이다.

금성은 가장 길한 11하우스에서 목성의 오브 안에 위치하여 후원을 받고 두 흉성과도 관련이 없다. 11하우스의 주인 수성이나 그 디스포지터 금성 모두 온전한 상태이기 때문에 11하우스는 상당히 좋은 평가를 받는다.

그런데 11하우스의 주인이 11하우스와 어버젼 위치에 있다는 것만으로 11하우스가 방치되어 불안정하다고 판단할 수 있을까?

그렇지 않다. 행성의 도머사일 관리이론은 그저 2, 6, 8, 12하우스가 흉한 하우스로 지정받은 근거[3]를 제시할 뿐이며, 출생차트를 해석할 때 큰 의미를 두어서는 곤란하다.

---

3) 가장 중요한 나의 방 1하우스의 입장에서, 주인행성이 1하우스를 외면하는 곳은 양쪽으로 30° 위치인 2하우스와 12하우스, 150° 위치인 6하우스와 8하우스이기 때문에, 그 지역은 나의 방을 보지 못하는 곳이라 하여 2, 6, 8, 12하우스는 고전점성술에서 흉한 하우스가 된 것이다.

6. 스텔리움(Stellium)

출생차트를 보다보면, 특정 하우스에 행성들이 많이 모여 있는 경우를 발견할 수 있다. '행성이 3개 이상 하나의 하우스에 몰려 배치되어 있는 것'을 ***스텔리움***이라 부른다.

예를 들어, 어떤 차트에서 8하우스에 행성이 3개 이상 모여 있으면 '8하우스 스텔리움'이라 부른다.

금성과 수성은 언제나 태양 주변에 머물기에, 태양, 수성, 금성은 스텔리움이 될 확률이 높다. 따라서 금성과 수성은 스텔리움 이론에서 제외시키자는 의견이 있지만, 일곱 행성 모두를 적용해야 옳다.

스텔리움의 평가는 '흉함'이 정석이다. 특정 하우스에 행성이 3개 이상 몰려 있으면, 그곳에 너무 과도한 에너지를 쏟게 되어 다른 하우스에 관심을 갖지 않는다는 생각에서 비롯되었다.

만약 5하우스 스텔리움이라면 쾌락이나 즐거움, 사치나 투기, 자식 등에 너무 과도한 에너지를 쏟아, 인생을 올바르고 균형있게 이끌지 못한다고 판단하는 것이다.

필자는 일곱 행성 모두 모여있는 차트부터 6개 스텔리움, 5개 스텔리움 등 다양한 차트를 상담하고 많은 임상을 끝냈다. ***스텔리움은 그다지 흉하지도 길하지도 않으며, 우주에서 행성들이 몰려 있는 시기에 우연히 배치된 구조일 뿐이다.*** 다만, 5개 이상 몰려 있는 스텔리움은 하우스에 대한 이야기가 인생에서 많이 나올 수 있으며, 과도한 에너지를 쏟는다. 그러나 그것을 결코 흉하다고 판단할 수는 없다.

학업에 몰입하고 정보와 지식에 많은 시간을 투자하는 인생이 있고, 경제활동에 열정을 다하는 삶이 있다. 때로는 애인과 사랑, 배우자에 많은 사랑을 쏟는 인생도 있으니 그것이 흉하다고 감히 누가 판단할 수 있을까?

다만 6, 8, 12하우스의 과도한 스텔리움은 그 각각에 들어있는 흉한 단어들과 긴밀한 인생이기 때문에 고단한 삶을 살아갈 수는 있다.

스텔리움은 호라리점성술뿐 아니라 출생점성술에도 참고용 이론에 불과하다.

총론을 마치며

지금까지 출생점성술을 위한 중요이론을 모두 다루었다. 그 외 일반인의 차트에는 적용되지 않는 '항성 이론' 혹은 호라리점성술에서만 유용한 '비아 컴버스타', '빛의 전달, 빛의 모음, 금지, 좌절 이론' 등 출생차트 해석에 불필요한 것들은 제외했다.

그리고 초보자들이 기본을 익히는데 혼란을 줄 이론들은 다음 책으로 미루었다. '파시스', '카지미', 'Joy' 등이 그것이다.

지금까지 소개한 모든 내용을 학습한 후, 2권 실전서에 들어간다면 출생차트 해석에서는 누구보다 뛰어난 실력을 갖출 것이다.

2권에서는 '성향론, 사랑론, 성공과 풍요론, 직업론, 루미너리론, 수명론, 해외론, 운세론' 등 우리 인생에서 중요하게 생각되는 분야의 관법을 세세하게 전할 예정이니 기대해도 좋다.

고전점성술 핵심용어

ㄴ

네이탈 차트 Natal Chat : 출생차트

네이티비티 Nativity : 출생차트의 주인 혹은 탄생 차트

네이티브 Native : 차트주인공

ㄷ

도라포리, 도리포리 : 명예를 획득하는 구조

도머사일 Domicile(거주지) : 행성의 거주지 별자리

도미네이션 Domination(지배) : 오버컴 중에서 90°의 경우

디그니티 Dignity(위엄, 품위) : 행성의 상태
Essential Dignity 본질적 위계 〈행성의 내적 상태〉 – 행성의 성향 판단
Accidental Dignity 우발적 위계 〈행성의 외적 상태〉 – 행성의 길흉 판단

디센던트 DSC : 하강점, 차트에서 서쪽에 위치한 앵글포인트

디스포지터 Dispositor : 행성의 처분자, 행성이 위치한 별자리의 주인행성

데트리먼트 Detriment(손상) : 이센셜 디그니티 이론에서 흉한 경우 중 하나, 룰러쉽을 하는 위치로부터 반대편 사인에 있을 때.

ㄹ

레트로그레이드 Retrograde : 거꾸로 가는 행성. 차트에서 R로 표시.

루미너리 Luminary(권위자, 발광) : 태양과 달 / 섹트루미너리 : 시간섹트를 얻은 루미너리

룰러쉽 Ruler ship : 이센셜 디그니티 이론에서 길한 경우 중 하나, 수성의 특별한 경우를 제외하고 행성이 자신의 별자리에서 안정된 상태

리셉션 Reception(환영) : 행성이 자신의 집에 위치한 다른 행성과 애스펙트를 맺을 때 호의를 베푼다는 개념 ⇔ 리젝션 Rejection (거부)

ㅁ

머레픽 Malefic(사악한, 유해한) : 토성과 화성

뮤추얼리셉션 Mutual reception : 두 행성이 서로 상대방의 사인에 위치할 때.

미디엄코엘리 MC : 남중점, 차트에서 남쪽에 위치한 앵글포인트

ㅂ

베네픽 Benefic(유익한) : 목성과 금성

보이드 오브 코스 Void of course : 달이 30°를 움직이는 동안 다른 행성의 빛을 만나지 못하는 상태 / 호라리점성술에서는 12°59′을 이동하는 동안이다.

비시지드 Besieged : 포위

비아 컴버스타 : 불타는 길, 천칭자리15°~전갈자리15°, 호라리점성술에서 달에게 고난을 주는 지역

비홀드 Behold(보다) : 애스펙트

ㅅ

석시던트 Succedent(이어지는, 연속의) : 2, 5, 8, 11하우스

솔라리턴 Solar Return : 양력 생일 기준으로 1년 간의 운을 보는 상위 운세기법

스위프트 인 모션 Swift in motion : 행성이

하루 평균 움직임보다 빠르게 움직일 때. 행성의 이점이 상승한다는 이론

스텔리움 Stellium : 하나의 하우스에 행성이 3개 이상 몰려있는 구조

스트라이킹 레이 Striking ray : 열등한 위치의 행성이라도 4° 미만으로 애스펙트를 보낼 때 강력한 힘으로 반격하는 상황

슬로우 인 모션 Slow in motion : 행성이 하루 평균 움직임보다 느리게 움직일 때. 행성의 흉한 점이 강조된다는 이론

ㅇ

아나레타 Anareta : 생명 파괴자, 생명을 단축시키거나 삶에 해를 가하는 행성 혹은 지점

아페타 Apheta : 힐렉, 생명 수여자, 차트주인공의 수명과 건강에 영향을 주는 행성 혹은 지점

애스펙트 Aspect(각도, 방향) : 행성이 보내는 빛

애플리케이션 Application : 두 행성이 시간이 흐를수록 파틸로 접근하는 상황 ⇔ 쎄퍼레이션 Separation(분리)

앤티션 Antiscion, 안티시아 Antiscia(대칭) : 하지와 동지를 기준으로 대칭하는 관계 / 춘분과 추분을 기준으로 대칭하는 관계는 '컨트라안티시아'라고 한다.

앵글 Angle(모서리) : 1, 4, 7, 10하우스

어센던트 ASC : 상승점, 차트에서 동쪽에 위치한 앵글포인트

어스트롤로저 Aatrologer : 점성가 혹은 점성술사

어스트롤로지 Astrology : 점성술. 별들의 말씀

어퀴지션 Acquisition(습득, 취득) : Place Of Acquisition - 포르투나 기준 11하우스, 성공과 풍요의 획득 장소, 돈창고

언더선빔 Under the sun beam : 태양과 15° 이내로 근접한 행성의 상태

엑절테이션 Exaltation(굉장한 행복감, 승격) : 이센셜 디그니티 이론에서 길한 경우 중 하나

오버컴 Overcome(이기다, 압도하다) : 반시계방향기준으로 뒤에서 각을 보내는 행성의 우월함, 뒤에서 빛을 주는 60°, 90°, 120°

오브 Orb : 행성의 힘의 범위

오컬트 Occult : 모든 신비로운 지식체계

이뮴 코엘리 IC : 북중점, 차트에서 정북쪽에 위치한 앵글포인트

일렉션 Election : 특정 사건을 발현시키기에 좋은 날과 시간을 찾는 점성술 분야, 택일시기법

ㅈ

조디악 Zodiac(황도대, 황도12궁) : 열두 별자리로 구성된 하늘의 집

ㅊ

차트 Chart : 천궁도

ㅋ

카디널 Cardinal(기본적인) : 양자리, 게자리, 천칭자리, 염소자리

카운터 액션 : 디스포지터 상태로 인한 결론

카지미 Cazimi : 태양과 17′ 이내로 근접한 행성의 상태(태양과 파틸컨정션 상태일 때라는 의견도 있다)

커먼 Common(공동의) : 쌍둥이자리, 처녀자리, 사수자리, 물고기자리

커스프 Cusp(끝, 사이) : 각 하우스가 시작하는 곳

컴버스트 Combust(연소시키다) : 태양과 9° 미만으로 근접한 행성의 상태 (적용 도수에 대해서는 이견 있음)

케이던트 Cadent(하강하는, 마침의) : 3, 6, 9, 12하우스

ㅌ

트리플리시티 Triplicity : 같은 원소로 묶인 3개의 사인은 같은 주인행성이 있다는 개념, 이센셜 디그니티 이론 중 하나

ㅍ

파시스 : 태양의 오브에서 갓 벗어나 강력한 빛을 내는 행성의 상태

파틸 : 같은 도수로 관계 맺음

페러그라인, 페리그린 Peregrine : 행성이 이센셜 디그니티 중 모든 이로운 점을 갖지 못한 상태

폴 Fall(추락) : 이센셜 디그니티 이론에서 흉한 경우 중 하나. 엑젤테이션을 하는 위치로부터 반대편 사인에 있을 때

프로그래션 Progression : 행성의 진행

프로펙션 Profection : 한 해의 주인 별자리

플래닛 Planet : 행성. 떠돌이별.

픽스트 Fixed(고정된) : 황소자리, 사자자리, 전갈자리, 물병자리

픽스트 스타 Fixed star : 항성

헤이즈 Hayz : 시 & 공간 섹트를 모두 얻고, 길한 하우스에 위치할 때 ⇔ 익스트라컨디션

호라리 Horary : 단시점성술. 질문을 받은 시간의 차트로 사건의 발생과 운을 보는 점성술 기법

색인

R

S

T

V

W

Z

ㄷ